河北大学历史学强势特色学科学术出版基金资助

本书为河北大学研究生示范课程建设项目
“博物馆学历史与理论”的研究成果

博物馆学理论与实践

耿　超　刘　迪　陆青松
彭志才　鲁　鑫　　　编著

科 学 出 版 社
北　京

内 容 简 介

本书结合当前博物馆发展趋势，从理论与实践两个方面较为全面地阐述了博物馆学的相关内容，既系统介绍了博物馆学的基本理论，强调了多学科交叉在博物馆研究方面的积极意义，又论述了博物馆陈列设计、观众服务、文化产品开发与经营等博物馆实务，对新技术、新理念在博物馆工作中的应用前景以及高等院校文博人才的培养，本书也做出了展望。

本书资料丰富，图文并茂，可供考古文博专业本科生、研究生，文博机构研究人员及对博物馆感兴趣的人群参考、阅读。

图书在版编目（CIP）数据

博物馆学理论与实践 / 耿超等编著.—北京：科学出版社，2018.8

ISBN 978-7-03-058543-1

Ⅰ.①博…　Ⅱ.①耿…　Ⅲ.①博物馆学–研究　Ⅳ.①G260

中国版本图书馆CIP数据核字（2018）第187514号

责任编辑：张亚娜　闫广宇 / 责任校对：邹慧卿

责任印制：吴兆东 / 封面设计：美光制版

科学出版社 出版

北京东黄城根北街 16 号

邮政编码：100717

http://www.sciencep.com

北京厚诚则铭印刷科技有限公司印刷

科学出版社发行　各地新华书店经销

*

2018年8月第　一　版　　开本：720 × 1000　1/16

2025年3月第八次印刷　　印张：20 1/2

字数：304 000

定价：86.00元

（如有印装质量问题，我社负责调换）

序

中国有着历史悠久的收藏传统，但无论是以宫廷为代表的官府收藏，还是为数众多的民间收藏，都不以对公众展览为目的，不具备公共展示的功能。相比较而言，欧洲古代也盛行宫廷收藏，但此外还有大量存在的以教堂为承载的教会收藏，后者具有一定的公共展示功能，在一定程度上成为后来近代意义上的博物馆的基础。“博物馆”一词曾经是舶来品，其概念传入中国大约有一个半世纪。中国最早的博物馆——南通博物苑，建立至今才有110余年的历史。但这百余年间，中国的博物馆却在以傲人的速度发展，特别是改革开放40年来，博物馆已经成为具有中国特色的大众文化设施，无论是数量，还是形式、属性、质量，中国的博物馆都蔚为大观，直逼世界顶尖水平，相应的博物馆学研究也达到了一个比较高的层次。

与我国博物馆事业大发展相配合，中国的博物馆教育也在快速进步。20世纪50年代末，文化部文物局的主要领导郑振铎、王冶秋等人先后与郑天挺教授商议在南开大学创办博物馆学专业（当时叫“专门化”）。他们看到了博物馆工作与考古工作的区别，预见到未来可能出现的行业需求和社会需求。遗憾的是，1959年博物馆学专业在南开大学历史系刚刚上马不久，即因国家经济困难而停办。1980年及稍后，南开大学、复旦大学、杭州大学等高校相继设置博物馆学本科专业，开始招收本科生。将近40年过去，文博专业从当时的屈指可数，发展到今天，全国各类大学不同层次的博物馆学专业招生单位遍地开花，数量已达到当年的近20倍。这不能不说是一个奇迹。

一个专业能否办好，经济投入是基础，师资队伍是关键，教材建设则是显著的标志，教材建设的重要性十分突出。耿超博士等5位作者编写的《博物馆学理论与实践》，是一部以河北大学、江西师范大学等高校文博专业授课讲义为基础编成的教材，源自教学实践，具有很强的适用性。该书的大部分作者毕业于南开大学，由此奠定了他们通力合作的基础，也使全书做到了一以贯之。

承蒙作者信任，让我先睹为快。匆匆拜读后我觉得，作为教材的该书具有如下几个特点：

第一，开宗明义。首先从定义、要素、特性、功能等不同侧面阐明了什么是博物馆，继而通过学科历史、理论架构、基本方法等几个方面论证了博物馆学研究什么。这些通常是各类教材最基础、也是最核心的表述。从博物馆学角度来说，首先把这两个核心问题阐述清楚，将会有助于初学者尽快找到入门的路径。

第二，全书框架清晰、概念清楚、繁简得当。基本完整地概述了中西博物馆的历史、属性或功能分类及特点，和展览设计制作、观众服务、文化产品开发与经营等博物馆实务。说到底，博物馆学是一门以实际工作为基础的实践性学问，该书举证实例充分，不仅增强了说服力，而且也突出了博物馆学的特色。

第三，对于博物馆的发展趋势、博物馆学的研究动态有比较好的把握，并吸收了一些最新的研究成果。特别是对于新的科学技术方法和手段在博物馆工作中的应用等给予了充分的关注，如互联网+、手机App、智慧博物馆等。在最后一章中对中国博物馆未来的发展也进行了分析和展望。

第四，给我印象最深的是，该书对于博物馆观众给予较多的关注，设置了“观众”和“教育活动”两章，并且在最后一章中还专门探讨了高等院校博物馆人才培养的问题。我们注意到近年来的博物馆学研究，有一个从以博物馆自身为主体，转换到以原来的客体（观众）为主体的趋势，探索藏品、展陈、宣教等不同工作如何为观众服务。博物馆学范畴中藏品研究的视角转变为如何发掘其内涵，以更好地服务观众。博物馆研究工作的重点从以物（藏品，特别是文物）为核心转移到了以人（观众及受众）为核心。参观博物馆，已经逐渐成为中国百姓日常精神生活的一部分。因此，观众研究实际上是博物馆学中一个永远也做不完的课题。

1980年以前，我国博物馆学的教材寥若晨星，早期仅有费畊雨和费鸿年所著《博物馆学概论》（上海中华书局，1936年），陈端志的《博物馆学通论》（上海市博物馆刊行，1936年），曾昭燏和李济合著的《博物馆》（重庆正中书局，1943年），傅振伦的《博物馆学概论》（商务印书馆，1957年）等。自1985年文物出版社出版文化部文物局编纂的《中国博物馆学概论》（该书的基础是1961年文化学院编辑的文物博物馆干部学习班内部铅印稿）以来，先后有多部博物馆学概论性的著述问世，可用作教材的博物馆学通论、专论性著述亦如雨后春笋般增多。但《博物馆学理论与实践》具有教材的适用性，而且有其独到之处和突出特点。因此，这部书依然值得推荐。

刘　毅

2018年6月9日于天津

目 录

第一章

什么是博物馆

博物馆储藏着世界各民族的记忆与文化，是具有多种性质的社会公共文化机构，在当今社会中发挥着越来越重要的作用。“什么是博物馆”是博物馆学的基础问题与核心问题。本章主要从定义、要素、特征、功能等不同侧面阐明“什么是博物馆”。

第一节 博物馆的定义

“博物馆”一词源于希腊语Mouseion，指“供奉缪斯（Muses）及从事研究的处所”。缪斯指掌管学问与艺术的九位女神。17世纪后期，英国贵族阿什莫林（Elias Ashmole）将其收藏的货币、徽章、武器、服饰、美术品、考古出土文物、民族民俗文物和各种动植矿物标本全部捐献给牛津大学，建立了向公众和学者公开开放的博物馆，即阿什莫林博物馆（The Ashmolean Museum）。此后，Museum 成为博物馆的通用名称，用来表示收藏和展出历史古物、艺术品和自然标本的一种机构。18世纪，欧洲一些国家相继成立了博物馆，如不列颠博物院（大英博物馆，British Museum）、爱尔兰国家博物馆（National Museum of Ireland）、西班牙国立自然科学博物馆（National Museum of Natural Science）等。

第一个将英文Museum译成“博物馆”的人是林则徐。1839年3月至1840年11月，林则徐组织翻译了许多外文书籍，其中包括英国人休·慕瑞（Hugh Murray）1834年所著的《世界地理大全》，林则徐加以润色、编辑，撰成《四洲志》一书。1841年，林则徐把《四洲志》书稿交给魏源，魏源据此编写了《海国图志》。在《四洲志》中即写到“兰顿建大书馆一所、博物馆一所”，可见林则徐实为中国翻译介绍西方博物馆的第一人[①]。清代改良主义政论家王韬1867年至1870年随英国人理雅各（James Legge）去英国译书，此间漫游英、法、俄等国，并将这段经历写成《漫游随录》，书中把博物馆称为“博物院”，记述所见博物馆不下15处。与此同时，日本也派遣使团访问西方。日本近代思想家福泽谕吉根据使团的

---

① 陈建明：《汉语“博物馆”一词的产生与流传》，《回顾与展望：中国博物馆发展百年——2005年中国博物馆学会学术研讨会文集》，紫禁城出版社，2005年，第211～218页。

见闻整理成《西洋情况》一书，书中用“博物馆”一词来表示使团在西方所参观的各种有关机构，日本博物馆学家田中芳男对日本博物馆的产生和发展也起了重要的推动作用①。19世纪70年代以后，有关外国情况的著述越来越多地使用这一名称，“博物馆”一词逐渐成为固定译语。

一、欧美等国对博物馆的定义

关于博物馆的定义，各国博物馆学者有着不同的看法。1951年日本发布的《博物馆法》对博物馆的定义为：“收集、保管（包括培育）、陈列展出有关历史、艺术、民俗、产业、自然科学等资料，从教育角度出发提供一般市民公众利用、为有助于提高其文化修养，供其调查研究、休息娱乐等而举办必要的事业，并对此资料进行调查研究为目的的机构。”《苏联大百科全书》对博物馆的定义为：“博物馆是征集、保藏、研究和普及自然历史标本、物质及精神文化珍品的科学研究机构、科学教育机构。”意大利国家统计局1995年为统计目的而制定的博物馆定义为：“向公众开放的文化机构，调查、征集、研究、展出和宣扬作为文化的物证的物品，其职能是为公共利益而保存、科学研究、教育和宣扬文化财产。”

美国博物馆协会（American Association of Museums）②于1962年通过的博物馆定义为：“博物馆是非营利的常设性机构，其存在的主要目的不是为了组织临时陈列，该机构应享有免交联邦和州所得税的待遇，向社会开放，由代表社会利益的机构进行管理，为社会利益而保存、保护、研究、阐释、收集、陈列具有教育和欣赏作用的物品及具有教育和文化价值的标本，包括艺术品、科学标本、历史遗物和工业技术制成品。符合前述定义的还包括具备上述特点的植物园、动物园、水族馆、天象厅、历史文

① 严建强：《博物馆是什么》，《美术报》2016年5月21日第7版。
② 美国博物馆协会创立于1906年，2012年更名为美国博物馆联盟。

化学会、历史建筑遗址等。”2012年，美国博物馆协会更名为美国博物馆联盟（American Alliance of Museums），在其通过的《职业道德准则》中称：博物馆通过收藏、保管和诠释这个世界上的事物为公众做出其特有的贡献……它们包括政府和私人经营的人类学、艺术史和自然历史博物馆，水族馆、树木园、艺术中心、植物园、儿童博物馆、历史遗址、自然中心、天文馆、科学技术中心和动物园……虽然它们的宗旨有所差别，但是它们非营利的组织形式和为公众服务的义务是相同的。

英国博物馆与美术馆委员会（Museums and Galleries Council）1984年关于博物馆的定义为：“博物馆是为公众的利益而收集、记录、保护、陈列、阐释物质证据及相关信息的机构。”2002年，英国博物馆协会（Museums Association）发布的《博物馆职业道德准则》关于博物馆的定义则体现了观众自主学习、能动参与的特点，其具体表述为：博物馆促使人们通过探索藏品获得灵感、进行学习和娱乐。它们是受社会所托收藏、保管人工制品和标本并向公众开放的机构。

通过各国博物馆定义的调整可以看出，随着时代的发展与文化环境的变迁，人们对博物馆在社会中的功能与作用越来越重视，也越来越强调博物馆与公众的关系及互动。

二、国际博协对博物馆的定义

（一）定义

博物馆定义是对博物馆性质、特点、职能、目的和任务的科学表述[①]，应该能容易地被外界认知，作为博物馆行业最大的国际性非政府组织的国际博物馆协会（International Council of Museum，简称ICOM）也在不断地修改、完善博物馆定义，使之能够更加面向社会，因为社会是博物

① 宋向光：《博物馆定义要促进当代博物馆的发展》，《物与识——当代中国博物馆理论与实践辨析》，科学出版社，2009年，第20页。

馆依赖的基础。自1946年成立伊始，国际博物馆协会就对博物馆定义进行过多次修订，大致经历了两个阶段：

第一阶段：强调博物馆的本身职能，没有涉及博物馆与社会的关系

1946年《国际博协成立决议》对博物馆的定义为："博物馆是指向公众开放的美术、工艺、科学、历史以及考古学藏品的机构，也包括动物园和植物园，但图书馆如无常设陈列室者除外。"

1951年国际博协通过的协会章程对定义进行了第一次修订："博物馆是运用各种方法保管和研究艺术、历史、科学和技术方面的藏品，以及动物园、植物园、水族馆的具有文化价值的资料和标本，供观众欣赏、教育而公开开放为目的的，为公众利益而进行管理的一切常设机构。"

1962年国际博协对博物馆的定义又进行了概括："以研究、教育和欣赏为目的，收藏、保管具有文化或科学价值的藏品并进行展出的一切常设机构"，并进一步说明"向公众开放的历史纪念物、寺庙的宝物、宗教建筑及其附属物品、史迹、遗址及自然风景地区，均应视为博物馆"。

此时期博物馆的定义凸现了博物馆的特性，将博物馆与其他科研、教育机构相区别。

第二阶段：把博物馆与社会的关系纳入到博物馆的定义，强调了博物馆在社会体系中为社会发展服务的角色定位

1974年，国际博协在哥本哈根（Copenhagen）召开第11届会议，为博物馆下的定义是："博物馆是一个不追求营利、为社会和社会发展服务的公开的永久性机构。它把收集、保存、研究有关人类及其环境见证物当作自己的基本职责，以便展出、公之于众，提供学习、教育、欣赏的机会。"这一定义强调了博物馆的公共属性和基本职能，与以往的定义相比，更重视博物馆与社会的关系，强调博物馆为社会及社会发展服务。

1989年，国际博协在荷兰海牙（Hague）举行第16届全体大会，又将博物馆定义修订为："博物馆是为社会和社会发展服务的向公众开放的非营利性永久机构，以研究、教育和观赏为目的进行搜集、保存、研究、传播并展示人类及其生存环境的物证。”

2007年8月24日，国际博物馆协会维也纳（Vienna）大会召开，通过了经修改的《国际博物馆协会章程》，章程对博物馆的定义表述为：“博物馆是一个为社会及其发展服务的、向公众开放的非营利性常设机构，为教育、研究、欣赏的目的征集、保护、研究、传播并展出人类及人类环境的物质及非物质遗产。”这个定义体现了21世纪博物馆发展的新趋势，不少博物馆学论著引用这个定义，许多国家修订本国博物馆定义时也往往以此为依据或参照。

（二）阐释

1. 非营利性

“非营利性”强调的是博物馆的根本性质，也是博物馆组织的目的，表明博物馆是社会公益事业，是代表社会最广大民众利益的社会公益机构，不是为了获得利润，但博物馆对“公益性”的强调并不是博物馆运作方式和组织行为的简单规定。

“非营利性机构”是西方国家从法律、经济学、社会学角度对特定社会机构、团体组织的称谓，此类机构的大部分收入不是以在市场上出售商品或服务获得的，而是通过其成员或支持者的会费或捐赠获得的，非营利性机构存在的目的是推进社会的积极变革和发展，提高公共素质，改变公众的信念和行为，提供社会需要的物品和服务。非营利机构包括文化与休闲，教育、科研，环境，住宅发展、建设，健康保健，法律、辩护、慈善、义务工作，国际，宗教，商务、专业团体以及其他。在西方发达国家，非营利性组织享受很多优惠待遇，包括免税。以美国为例，非营利性组织所能享受的特殊待遇有：免除联邦政府、州政府和地方政府的所得税；绝大多数情况下可免除地方财产税；在某些地方可免除失业保险支付；较低的邮资费率等[1]。非营利性机构的性质使博物馆在与其他机构的竞争中能获得有利的位置，为其生存和发展提供良好的条件，也规范了博物馆的活动领域和运作方式。博物馆的非营利性性质并不意味着对博物馆经营活动的约束和制约，而是对博物馆公益性的重要保障。博物馆可以通过艺术纪念品销售、餐饮服务、场地出租、专家咨询、版权出售等方式获得收入，只不过博物馆从事营销活动不能有悖于其公益性组织的宗旨与使命，营销活动的规模也要以公益事业的合理发展为目的，经营收益要继续用于博物馆自身的建设，不得分配给任何组织和个人。同时政府与社会也不能因博物馆的营销活动而减少对博物馆事业的支持与引导。

作为社会公益事业的博物馆必须以实现社会利益和价值为出发点，非营利性使之不为经济利益所左右。作为社会公益事业，博物馆应根据社会需求、社会利益来制定工作规划，组织任何展览和社教活动都必须考虑到社会效益。

2. 为社会及其发展服务

“为社会及其发展服务”强调的是博物馆的目标与宗旨。博物馆是公共文化服务的重要基础性设施，在保护物质与非物质文化遗产、传承优秀传统文化、传播科学知识、加强民族文化认同以及激励文化创新等方面发挥着重要的作用。

“为社会及社会发展服务”，表明新时期的博物馆更重视与社会的关系，积极关注社会发展提出的新问题，回应公众的发展需求，为社会的稳定和创新提供智力支持。2014年国际博物馆日的主题是“博物馆藏品架起沟通的桥梁”，是说要通过提炼主题、组合器物关系、创造视觉美感，让公众认知、理解历史进程与社会发展，从而架起过去与现在、传统与创新、生活与艺术乃至不同文化之间的桥梁。简言之，就是促使博物馆创新理念、加强藏品阐释、改进陈列，更好地为公众提供服务。为了更好地为社会发展服务，还要做好博物馆的营销工作，营销的目的是增加公众对博

---

① 杨志刚：《博物馆的非营利性及营销战略》，《中国文物报》2006年5月12日第5版。

物馆的认同和了解，以更好地服务公众与社会。美国大都会艺术博物馆（The Metropolitan Museum of Art）就把营销定为“服务博物馆的品牌战略、发展趋势，而在公众中推介博物馆的行为”[①]，有效地营销能提高博物馆的综合效益与公共服务水平。

现在，博物馆观众不仅是博物馆文化产品的享用者和受益者，他们更是博物馆的参与者。博物馆要鼓励与支持观众积极利用博物馆的资源，通过各种方式吸引公众走进并融入博物馆。

3. 为教育、研究和欣赏的目的

“为教育、研究和欣赏的目的”表明的是博物馆的功能。2007年国际博协对博物馆的定义将“教育”调整至功能首位，而将原居于首位的“研究”下降，反映了国际博物馆界对社会责任的强调，表明博物馆对社会效益的关注，也反映了博物馆在工作态度上采取更外向的选择。由此可知，已把“教育”视为“征集、保护、研究、传播、展出”等项博物馆基本业务的共同目的，也就是说博物馆的各项业务活动都应贯彻“教育”的目的[②]，从过去的以“收藏”“研究”为主，改变为以“教育”为主，收藏、教育与研究并重。

4. 人类及人类环境的物质与非物质遗产

博物馆是从皇室贵族的私人收藏发展起来的，这些收藏的目的主要是为了满足贵族个人欣赏、炫耀或好奇心。因此，自博物馆诞生之日至20世纪70年代之前，国际博协用来指称博物馆藏品的词汇为objects（物件）、specimen（标本）、artifact（人工制品），我国对博物馆的定义中强调的也是“文物”“标本”。

1971年国际博协对博物馆定义时，用“人类和自然的物质见证

① 龚良、毛颖：《全球视野下中国博物馆的建设发展：借鉴大都会博物馆——龚良院长专访》，《东南文化》2014年第3期。

② 宋向光：《国际博协“博物馆”定义调整的解读》，《中国文物报》2009年3月20日第6版。

（material evidence）”代替了传统定义中使用的“objects”，反映了博物馆收藏与展示的对象由有形的、具有历史与艺术价值的物品扩展到无形文化领域，标志着博物馆藏品范围与工作对象变革的开端。1974年国际博协又用“人类和人类环境的见证物”（material evidence of people and their environment）来界定博物馆藏品，虽占主流的仍是可移动的文物，但其内涵已大大扩展，不再局限于人的行为的直接结果，而是人的行为和认知能力在物质世界的反映和折射。

2004年国际博协通过的《国际博协博物馆职业道德》中提到博物馆工作原则之一是：应对实物的或非实物的自然和文化遗产负责。可见博物馆的藏品界定已明显扩大至文化遗产，其后所附的词汇表中明确界定博物馆收藏展示的文化遗产包括任何具有美学、历史、科学和精神意义的物或概念[①]。

2007年国际博协修改博物馆定义中的“人类及人类环境的物证”为“人类及人类环境的物质与非物质遗产”[②]：一方面使博物馆藏品与研究对象的外延不再局限于实物，而是延伸到非物质文化遗产，博物馆不仅要收藏、保管、展示物质文化遗产，同时也要调整工作方向、业务流程和工作规范，成为保护、传承、管理、展示非物质文化遗产的积极力量；另一方面这也为博物馆的工作提出了新的挑战，面对新的工作对象，除借鉴对物质文化遗产的工作经验外，还要根据非物质文化遗产的特殊性，逐渐摸索新的理论与方法，使博物馆能更好地发挥职能，为社会及社会发展服务。

“人类及人类环境的物质与非物质遗产”反映了新时期对博物馆的认知水平，也表明博物馆不仅要收藏那些具有较高经济和艺术价值的物品，也要重视那些没有特殊经济与艺术价值，但能够帮助人们认识自己及其环境的物品。

---

① 国际博物馆协会：《国际博物馆协会博物馆职业道德》，《博物馆法规文件选编》，科学出版社，2010年，第143页。

② 2003年联合国教科文组织对非物质文化遗产的定义是：“指被各社区、群体、有时是个人，视为其文化遗产组成部分的各种实践、观念表述、表现形式、知识、技能以及相关的工具、实物、手工艺和文化场所。”其应涵盖“口头传说和表述，包括作为非物质文化遗产媒介的语言，表演艺术；社会风俗、礼仪、节庆；有关自然界和宇宙的知识和实践；传统的手工艺技能”。联合国教科文组织：《保护非物质文化遗产公约》（2003年），《国际文化遗产保护文件选编》，文物出版社，2007年，第228页。

三、中国对博物馆的定义

随着博物馆事业的不断发展，受国际博物馆协会对博物馆定义的影响，我国对博物馆的定义也在不断完善，其变化过程体现了我国对博物馆认识的不断深化。1956年全国博物馆工作会议上提出了博物馆的三重基本性质和两项基本任务，即博物馆是科学研究机关、文化教育机关、物质文化和精神文化遗存或自然标本的主要收藏场所的三重性质，和应为科学研究服务、为广大人民服务的两项基本任务（简称“三性二务”）。同时这三项基本性质之间是不可分割的辩证关系。在此基础上，1961年《博物馆工作概论（初稿）》中把博物馆的定义表述为“文物和标本的主要收藏机构，宣传教育机构和科学研究机构，是我国社会主义科学文化事业的重要组成部分”，强调的是对藏品的保护和管理以及博物馆工作的规范化和专业化。这一定义体现了当时我国博物馆的发展状况和工作环境，反映了我国博物馆工作者对博物馆业务特点的认识①。1979年《省、市、自治区博物馆工作条例》（草案），重申“三性二务”，对博物馆定义的表述与之相同。1985年出版的《中国博物馆学概论》和1993年《中国大百科全书·文物博物馆卷》也持这种观点。

随着博物馆事业的发展，为了更准确地表达博物馆的状态和工作任务，2005年通过的《博物馆管理办法》中，对博物馆的定义作了调整：“博物馆是指收藏、保护、研究、展示人类活动和自然环境的见证物，经过文物行政部门审核、相关行政部门批准许可取得法人资格，向公众开放的非营利性社会服务机构。”

2015年国务院第78次常务会议通过的《博物馆条例》对博物馆定义又作了修订，具体表述为：“以教育、研究和欣赏为目的，收藏、保护并向

① 宋向光：《博物馆定义的时代发展特征》，《国际商报》2004年2月18日第6版。

公众展示人类活动和自然环境的见证物，经登记管理机关依法登记的非营利组织。博物馆包括国有博物馆和非国有博物馆。利用或主要利用国有文物、标本、资料等资产设立的博物馆为国有博物馆。利用或主要利用非国有文物、标本、资料等资产设立的博物馆为非国有博物馆。”①

博物馆的定义是随着社会的前进与博物馆事业的不断发展以及人们对博物馆认识的逐渐深化而不断发展的，由文物保护机构转变为具有特定功能的文化设施，它既是收藏保管中心、研究机构，也是传播知识的学校或提供娱乐的场所，正如苏东海先生所言，“博物馆是多功能、多职责的统一体”②。博物馆定义的变化反映出当前更关注服务公众及与社会的关系，博物馆承担着为社会和社会发展服务的责任，具有特定的工作对象和专业化的业务领域。

第二节　博物馆的构成要素

一般意义上的博物馆通常由四个要素构成：一定数量的藏品；馆舍及其他硬件设施、设备；有基本陈列及持续向社会公众开放；掌握专业知识与技能的人才。

一、一定数量的藏品

藏品指博物馆收藏的有关历史、民俗、艺术、技术及自然科学等领域的各种资料，既包括物质资料也包括非物质资料。博物馆藏品是博物馆业务活动的基础，藏品质量的高低和数量的多少是博物馆定级的重要

① 国家文物局：《博物馆条例释义》，中国法制出版社，2015年，第7页。
② 苏东海：《什么是博物馆》，《博物馆的沉思——苏东海论文选（卷三）》，文物出版社，2010年，第128～143页。

标准以及衡量其社会作用的一个主要条件，也是博物馆声誉之所在。世界上一流的博物馆都是藏品实力雄厚的博物馆，如美国史密森博物学院（Smithsonian Institution）的藏品有1.4亿件，建立于1753年的大英博物馆现有藏品800余万件，故宫博物院有藏品180万件，中国国家博物馆有藏品130万件。博物馆藏品具有实物和信息复合性的特点，藏品在博物馆中的地位和作用由社会发展所产生的社会需求决定。

二、馆舍及其他硬件设施、设备

作为社会文化机构的博物馆必须拥有馆舍及其他硬件设备、设施以保障博物馆的正常运行。博物馆馆舍必须能满足和适应博物馆的运作，安全是博物馆馆舍最根本的要求之一，展览厅、会议室、餐厅、卫生间等空间的设计与装修布置也应该有服务博物馆运作的意识，在“形式必须服从功能”的基础上，建筑风格应与博物馆的位置与主题相协调。

三、有基本陈列及持续向社会公众开放

陈列展览是博物馆主要的业务活动形式，也是参观者评价博物馆的重要依据，有基本陈列并持续向公众开放是博物馆实现其基本功能的重要途径。只有根据社会需求和观众特点，利用藏品、信息、视觉形象、空间环境等因素，设计陈列，并吸引观众去参观陈列，博物馆才能真正地实现为社会公众服务。有基本陈列及持续向社会公众开放是博物馆的重要构成因素之一。

四、掌握专业知识与技能的人才

博物馆的一切活动都是由具备博物馆专业知识的人才主持和管理的。人才是博物馆事业发展的关键，博物馆事业的发展最终决定于博物馆人才。博物馆的各种人才既包括博物馆的管理者也包括经营、管理、研究藏品、开展社会教育的专业人员。首先，现代博物馆的发展需要具有现代经营管理理念的人才，管理者的行政能力、对外交往能力、专业素质直接决定了博物馆事业发展的成败。其次，博物馆社会功能的实现需要掌握博物馆学理论知识、具有创新精神和较强实践能力的各种专业人才。

第三节　博物馆的特征

所谓特征是指一个事物区别于其他事物的特别显著的标志，博物馆是以文物或标本为基础，组成形象化的科学的陈列体系，对群众进行直观宣传教育的公共文化机构，其特征可表述为：实物性、直观性、广博性与开放性。

一、实物性

虽然博物馆也收藏非物质文化遗产，但实物仍然是博物馆一切活动的基础和出发点，“实物”既包含“自然物”，也包含各种“人工制品”，收藏和利用实物是博物馆的最基本特征。

2009年美国学者史蒂芬·康恩（Steven Conn）提出“未来的博物馆还需要实物吗”，认为随着图像复原、科技手段的发展，可以弥补“实物”的不足，甚至取消对“实物”的依赖，并认为“物质收藏已经丧失了曾经在博物馆建设的前一个时代拥有的视觉或者认识论的力量”[①]。笔者认为，这种说法是片面的。虽然“实物”在陈列过程中可以被各种各样的技术性实现的物质转换形式替代，但是，“物像”本身就是“物质”的一种形式[②]，而且非物质文化遗产的收藏与展示也要借助物质的介质与手段。因此，随着科技的进步、信息化的发展，博物馆物质属性的特征并不会发生动摇，数字博物馆、虚拟博物馆与智慧博物馆等博物馆的出现也不能改变博物馆的物质特征，博物馆的物仍然是区别于一切其他文化形式的根本界限，未来的博物馆非但不可能离开物质，相反有必要更好地发掘物质的意义和价值。

二、直观性

博物馆中的实物并不能直接发挥作用，必须在科学而完整的陈列体系中，才能与观众进行交流，通过内容表现与视觉表达手段，向观众的各种感官输送知识、艺术、历史、情感等多元化信息。以文物、标本为主，辅以模型、图表等实物性辅助展品的陈列，比其他文字资料和图片资料更直观生动和有吸引力，更有助于加强观众的记忆。所以直观性是博物馆的又一特征。随着现代科技在展陈中的应用，观众不仅能多角度观察藏品，而且可以通过亲自操作实验，获得身临其境的情感体验，使博物馆的直观性特征更为明显。

三、广博性

随着社会的发展，博物馆呈现多元化的局面，博物馆的收藏内涵不断

① Conn S. Do Museums Still Need Objects? Philadelphia: University of Pennsylvania Press, 2010:56.

② 徐坚：《名山——作为思想史的早期中国博物馆史》，科学出版社，2016年，第9页。

丰富，涉及文物、艺术、科技、自然等多个方面，从文物到日常用品，从物质文化到非物质文化，从标本到活物等资料都是博物馆收藏和研究的对象，博物馆类型不断增多，专门性博物馆大量涌现，并且出现了许多新形态的博物馆。可见广博性是博物馆区别于其他文化机构的显著特征，而且随着社会的前进与博物馆的发展，这个特征日益显著。

四、开放性

博物馆的开放性不仅体现在对公众开放，更体现在对社会的广泛关注以及与观众的交流互动。陈列在设计之前要进行观众调研，明确目标观众群，确立陈列定位；设计过程中，要接受观众代表的优化建议，考虑观众的特点，选择适宜的知识背景和语言表达方式；展陈阶段，欢迎观众进入陈列场所，允许观众基于自身的知识解读陈列内容，鼓励观众将参观成果转化为有利于个人发展的资源和动力，并收集整理观众反馈意见，对陈列效果做出科学评价。

第四节　博物馆的功能

西方博物馆学界对博物馆的功能有诸多看法。20世纪70年代，曾任美国博物馆协会主席的约瑟夫·维奇·诺贝尔（Joseph Veach Noble）在《博物馆宣言》中提出博物馆的五大功能说：Collect（收藏）、Conserve（保存）、Study（研究）、Interpret（解释）、Exhibit（展览）。80年代，有学者把博物馆的功能概括为三E，即“Educate（教育国民）、Entertain（提供娱乐）、Enrich（充实人生）”，纽约自然历史博物馆（American Museum of Natural History）馆徽中包含着Education（教育）、Expedition（探索）、Research（研究），表示对本馆功能的认识。荷兰学者彼得·冯·孟石（Peter Van Mensch）也认为博物馆具有三种功能，即“Preserve（保藏）、Study（研究）和Communication（交流）”。

我国对博物馆功能的认识始于20世纪初，南通博物苑的创立者张謇认为博物馆的社会价值是“留存往迹、启发后来”“为政治、学术参考之大部以补助于学校者”，体现了中国博物馆人对博物馆功能的最初认识。20世纪30年代，杨钟健提出博物馆的“三使命”为“搜集”“研究”“保存陈列”。40年代，曾昭燏在《博物馆》论著中提出了四大功用说，即“保存有价值的物品”“辅助研究工作”“实施实物教育”“实施精神教育”。50年代，博物馆“三性二务”表述博物馆的功能为“科学研究、文化教育、收藏”。1961年《博物馆工作概论（初稿）》中把博物馆的功能总结为“收藏、宣传教育、科学研究”。在此基础上，《中国博物馆学基础》认为“收藏、研究、教育概括了博物馆的基本功能，反映了博物馆工作的主要内容”[①]，姜涛、俄军《博物馆学概论》亦持相似看法，并指出当代博物馆兼具信息中心、公共交流、休闲娱乐和文化象征等新型功用，是对博物馆三大基本功用的扩展和延伸[②]。博物馆的功能随着社会的演进和博物馆自身的发展而不断发展，现代博物馆已发展成为一个多功能的社会公共文化设施，笔者认为当前博物馆的功能可表述为收藏、保管，科学研究，教育，娱乐。

一、收藏、保管功能

博物馆现象起源于收藏珍品，中国古代收藏书画、彝器、古玉、玺印的现象起源很早，在商周时期即已出现。古希腊、罗马等文明古国贵族对奇珍异宝的收藏是现代博物馆产生的基础。藏品是人类文明的重要见证，是博物馆工作的核心与基础，收藏、保管也是博物馆首要功能与最基本的功能。

① 王宏钧：《中国博物馆学基础（修订版）》，上海古籍出版社，2001年，第46页。
② 姜涛、俄军：《博物馆学概论》，兰州大学出版社，2014年，第42页。

随着社会的发展，目前博物馆收藏、保管的对象已不限于珍贵文物与艺术品，而是涉及人类与人类生存环境的各种见证物，既包括物质遗产，又包括非物质文化遗产。只有博物馆能最广泛、最全面地保藏着人类活动和自然发展的真实物证，并把它永久地传给后人，这是博物馆特有的功能。

博物馆获得收藏的途径主要有文物征集、获得馈赠和遗赠、从私人收藏家或拍卖会上购买藏品、田野考古发掘和调查等。

二、科学研究功能

博物馆最初的研究主要是对藏品本身的基础研究以及应用性研究，大量藏品只有进行深入的研究，所具有的历史价值、艺术价值与科学价值才能被揭示，明确主题、挑选藏品、设计展览与撰写解说词等过程都需要进行科学研究，可以说研究工作贯穿博物馆工作的全过程。随着时代的前进与社会的发展，博物馆作为全民共享的文化机构，其研究对象已不再局限于藏品本身，而是扩展到博物馆实践以及博物馆公众研究等方面。

博物馆研究的目的是为了社会利用、展览和教育普及服务，只有达到较高的研究水准，才能保证博物馆各项工作的水平与服务的质量，许多著名的博物馆不只藏品丰富，同时也是重要的学术研究重镇，如：美国史密森博物学院、大英博物馆、芝加哥艺术博物馆（The Art Institute of Chicago）等。一些博物馆为了加强研究，还专门设有研究部门并主办学术刊物，如：中国国家博物馆设有学术研究中心，故宫博物院设有故宫研究院，河南博物院设有研究部等。

三、教育功能

教育作为博物馆的基本功能之一，是收藏与研究功能的延伸与扩展。博物馆对外开放后，观众走进博物馆，通过观看展览受到教育与启发。博物馆教育的对象为整个社会的全部成员，从儿童到老人，从一般群众到残疾人，从国内观众到外国旅游者，从个人到团体，博物馆都对他们开放。因此，博物馆不只是学校的第二课堂，也是家庭教育与社会教育的第N个课堂[①]，人们可以自由地出入各个陈列室，通过参观展览、参与博物馆的各项活动，吸取科学文化知识。

博物馆的教育方式生动形象，通过大量运用文物标本、模型等实物资料，作用于观众的感官。这无论从人的生理机制或者认知过程来说，都会使观众感到亲切，易于接受和理解。此外，博物馆还通过讲解服务、公众讲座、出版物以及举办丰富多彩的文化活动等方式来加深观众对博物馆陈列的理解。

2007年国际博协对博物馆的定义将“教育”调整至功能首位。2015年，我国《博物馆条例》正式颁布，借鉴了国际博协对博物馆的定义，亦将教育功能提升，虽然只是顺序的调整，但表明了博物馆学界对博物馆认知的提升与社会责任的强调。国家文物局近年在对博物馆的评审工作中，也已经将教育以及相关的比重提升，博物馆观众研究越来越得到重视，从以藏品为中心到以观众为中心，是博物馆发展的趋势和潮流。

四、娱乐功能

美国人类学家弗朗茨·博厄斯（Franz Boas）在20世纪初就提出应关

① 史吉祥：《博物馆在现代社会中的功能》，《中国文化遗产》2005年第4期。

注博物馆的娱乐功能，“我们一定不能忽视博物馆作为公众娱乐场所的价值……观众有很多在博物馆这种健康而充满生气的环境中享受闲暇时光的机会……这样能减少酒吧和赛马场等其他场所带来的不良影响”[①]。无论是对儿童还是成年人，教育与乐趣都是紧密联系在一起的。随着博物馆的发展，国内的博物馆学者也越来越认识到博物馆娱乐功能的重要性，苏东海在《博物馆演变史纲》中指出，“在文化生活高档化趋势下，一个值得重视的现象就是文化娱乐的需求。在工业社会紧张喧嚣的生活中闲暇时间是很宝贵的。高尚的文化娱乐活动是休息和积蓄精神再生产能力的积极方式。博物馆是提供高尚文化娱乐，培养生活情趣，满足美感要求的场所，博物馆应该强化这方面的职能”[②]。

随着博物馆的免费开放，博物馆已成为公众休闲娱乐的必选，博物馆与文化创意、旅游等产业相结合，参观博物馆也已成为旅游的重要日程，许多博物馆成为旅游热点。这是博物馆面临的机遇与挑战，一方面博物馆的陈列设计要融入休闲娱乐的文化元素，使专业知识通俗化，向观众提供趣味性强的展览，另一方面要增加扩大这方面的项目设施，积极开办具有吸引力的各种欣赏娱乐活动[③]。

而且，博物馆教育功能的实现，在很大程度上取决于观众自觉自愿的自发行为（自觉地走进博物馆）。据众多调查和研究结果表明，出于娱乐性动机和目的参观博物馆的观众在数量上远远多于以接受教育为动机和目的的观众，因此现代博物馆既要重视教育，也应关注观众的娱乐性需求，吸引观众，“寓教于乐”，使观众在接受教育的同时又能获得愉悦、新奇、惬意等娱乐性的享受。值得注意的是，博物馆娱乐功能的发挥必须以博物馆的藏品为基础，以教育为最终目的，博物馆并不是纯粹的娱乐机构。

① 〔美〕爱德华·P.亚历山大、玛丽·亚历山大著，陈双双译：《博物馆变迁——博物馆历史与功能读本》，译林出版社，2014年，第14页。
② 苏东海：《博物馆演变史纲》，《中国博物馆》1988年第1期。
③ 吕济民：《中国博物馆事业一百年》，《中国博物馆》1992年第2期。

第二章

博物馆学及其学科体系

博物馆学是一门具有跨学科性和实践性的社会科学，与考古学、历史学、教育学、传播学有着千丝万缕的联系。作为一门独立的学科，博物馆学有着其特定的理论体系，由一系列的定义、概念、结构与研究方法等构成，并随着博物馆实践的发展而不断完善。

第一节 博物馆学的历史与定义

一、博物馆研究简史

博物馆的研究职能与生俱来。博物馆早期研究完全将精力投注于藏品，17世纪出版了一批博物馆藏品目录，其中最具代表性的为《特拉德斯坎特博物馆目录》。将机构本身有意识地纳入研究范围则相对较晚。从1885年英国人杰·格拉瑟（J. Graesser）第一次提出并使用博物馆学（Museology）这一术语算起，距博物馆诞生，中间二百余年的时间里，除了藏品分类、保护及陈列方法的博物馆志（Museography）式探索，机构意义上的研究几近空白。

19世纪，博物馆教育功能日益引起关注，在此背景下美国博物馆学家古德（George Brown Goode）于1888年起相继发表了《博物馆历史和历史博物馆》《未来的博物馆》和《博物馆管理原则》等论著，系统地论述了博物馆在知识传播、社会进步等方面的作用。1904年，英国博物馆学者大卫·默里（David Murray）发表了三卷本的《博物馆的历史及其利用》，进一步论述了博物馆传播、教育、娱乐、研究等方面的作用。迟到的博物馆学最终使机构价值的发掘和实现具有明确性，并成为机构得以“类聚”的学术基础。

20世纪初，博物馆学得到进一步发展。1934年，国际博物馆事务局出版了两卷本的《博物馆学》，被译成多种文字，对博物馆学在世界范围的发展起到了促进作用。第二次世界大战后，博物馆学进入新的发展时期。苏联和东欧国家建立了以辩证唯物主义理论为指导的博物馆学体系。西欧、北美和日本均有博物馆学研究成果问世。维特林（Alma Stephanie Wittlin）的《博物馆：它的历史及其教育任务》一书，对于收藏活动和博物馆的起源、博物馆发展的各个历史阶段、各类型博物馆、博物馆在教育中的作用等均有新的论述。1970年，在联邦德国出版的论文集《未来的博物馆》、在美国出版的维特林新著《寻求有用的未来博物馆》等著作，着重探讨了当代博物馆面临的种种问题，强调博物馆应为大多数公众服务的思想。英国人肯尼斯·赫德森（Kenneth Hudson）所著《八十年代的博物馆——世界趋势综览》以及其他著作则对新技术革命的到来与博物馆面临的新任务进行了探讨。在日本，继棚桥源太郎之后，鹤田总一郎、仓田公裕等人都对博物馆学的研究做出了贡献。

中国的博物馆学发展与实践同步。张謇在筹建南通博物苑过程中，提出博物馆是政治和学术参考的重要部门，是学校教育的有力助手，并对博物馆的社会功能、性质、藏品征集与保管、陈列、行政管理、人员选配及馆舍规划等都做了探讨。1935年，中国博物馆协会成立，协会出版会报，刊登博物馆学论文，推动了中国博物馆界的学术交流。费畊雨、费鸿年的《博物馆学概论》与陈端志的《博物馆学通论》均在1936年出版。1943年，曾昭燏、李济的《博物馆》问世。这些专著代表了当时中国博物馆学的认识水平。

1949年以后，中国博物馆学研究有了新的发展。20世纪50年代借鉴苏联博物馆学理论，确定中国博物馆的基本性质和任务。1957年，傅振伦编著的《博物馆学概论》出版。1961年，文化部编写了《博物馆工作概论（初稿）》。80年代初，中国自然科学博物馆协会和中国博物馆学会相继成立，对中国博物馆发展具有重要意义。《博物馆研究》《中国博物馆》等博物馆学期刊相继创刊。这一时期还出版了有关博物馆群众教育工作、博物馆藏品保管工作、遗址博物馆、纪念馆、博物馆陈列艺术等多种专著，并出版了《中国博物馆学基础》《中国大百科全书·文物博物馆卷》等。

二、对博物馆学的认识

从字源上看，博物馆学是“博物馆的学问”。但世界上不同地区对这一概念的认识存在差异。

法国的乔治·亨利·里维埃（Georges Henri Riviere）认为：“博物馆学是一门应用科学，也是博物馆的科学。它研究博物馆的历史与社会角色、研究、保存、展示、推广活动的特殊形态、组织与功用、建筑、基地、分类法及道义学。”①

奥地利博物馆学家瓦达荷西（Friedrich Waidacher）洞察且强调“博物馆学”与“博物馆技术”的分野，认为博物馆学是一门植根于哲学根本的专业科学，其研究对象不是博物馆或博物馆的收藏，而是博物馆性。博物馆性是人与现实状况之间认知、建立价值的特殊关系。透过博物馆学，人们得以在人类与自然间选择物质加以保存、研究和传递，达到社会思考的功能；藉着博物馆学，博物馆能以符合社会未来发展的趋向建构本身②。

自20世纪60年代起，在东欧国家，博物馆学逐渐被视为一门探究现实的真正学问领域（一门正在成形的科学）以及一个独立的学科，将博物馆学视为一种研究人们与其环境的特殊关系的学问，其认识对象在于人类对其现实采取的一种特殊手段，这种特殊手段在客观层面上透过历史上不同的博物馆所表现出来，同时也是记忆系统的表现与局部反映。博物馆学在本质上是一种社会科学；它附属于记录记忆的学科领域且对于理解人类社会有特殊贡献③。

1972年，国际博协（ICOM）提出：“博物馆学是博物馆科学（museum science）。博物馆学必须研究博物馆的发展历程和背景，博物

① 安德烈·德瓦雷、方斯瓦·梅黑斯指导，张婉真译：《博物馆学关键概念》，Armand Colin，2010年，第41页。

② 〔奥〕弗德利希·瓦达荷西著，曾于珍等编译：《博物馆学：德语系世界的观点（理论篇）》，五观艺术管理有限公司，2005年，第62页。

③ 安德烈·德瓦雷、方斯瓦·梅黑斯指导，张婉真译：《博物馆学关键概念》，Armand Colin，2010年，第41页。

馆的社会任务，博物馆研究、保护、教育和组织的专门系统，与物质环境的关系，以及不同形态博物馆的分类。”①

国内主流观点认为，博物馆学是研究博物馆的性质、特征、社会功能、实现方法、组织管理和博物馆事业发展规律的科学。博物馆学的研究对象是保存、研究和利用自然标本与人类文化遗存，以进行社会教育，为社会和社会发展服务的理论和实践，包括博物馆事业的历史及其与社会的关系，也包括博物馆社会功能的演进、内部机制的运营和相互作用的规律②。

博物馆学作为一门独立学科的观点正在为越来越多的人所接受，尽管这门学科尚处在走向成熟的过程之中。

三、新博物馆学

（一）新博物馆学产生的背景

新博物馆学产生于20世纪下半叶，源于人类在面临生态环境破坏和全球化社会道德下降的双重危机下对传统博物馆学的反思。20世纪70年代，生态环境日趋恶化，空气污染、水污染、废弃物污染、森林植被锐减等，造成温室效应、酸雨蔓延、土地荒漠化，这些都威胁到人类生存。与此同时，二战以后，世界性战争虽然停止，但局部战争从未停歇，社会发展进程中的诸多问题日益突显，种族歧视、恐怖活动、凶杀等仍然存在，贫富差距加大，使得人际关系紧张疏离，全球范围内出现了社会与道德危机。在危机面前，人们意识到作为社会教育机构的博物馆在人的素质教育和环境保护教育等方面大有作为。而20世纪70年代以前，博物馆虽对社会开放，具有教育功能，但其作用与社会的需求相距甚远。1972年，国际博

① 宋向光：《知识维度的博物馆学结构》，《东南文化》2014年第2期。
② 《中国大百科全书》总编委会：《中国大百科全书》，中国大百科全书出版社，2009年，第275页。

物馆协会在智利首都圣地亚哥（Santiago）举行圆桌会议，议题为“博物馆与当代社会”，会上讨论了博物馆与农村环境、博物馆与农业发展、博物馆与社会及其环境文化、博物馆与科技的发展、博物馆与终生教育等内容。会议强调，博物馆应伴随社会发展而不断变革，博物馆是为社会、社区及其发展服务的机构。这次会议是博物馆思想史上一次重大转变，改变了博物馆哲学，扩大了博物馆工作内涵，使博物馆不再脱离社会而存在。在对传统博物馆角色反思的基础上，人们认识到对博物馆存在目的以及社会功能有必要重新定位，以缩短博物馆与社会需求之间的差距。以社区博物馆和生态博物馆为实践基础的新博物馆学由此诞生。

（二）新博物馆学的主要内容

“新博物馆学”运动在20世纪60年代就已展开，而“新博物馆学”这一名词的确切提出始于20世纪80年代。1984年《魁北克宣言》、1985年“国际新博物学运动”组织的建立，以及1989年《新博物馆学》一书的出版，共同奠定了“新博物馆学”的理论基础[①]。在《新博物馆学》一书序言中，主编彼得·弗格（Peter Vergo）将“新博物馆学”定义为：就最简单的层面来说，所谓的“新”其实是来自博物馆专业和外界对“旧”博物馆学的不满。旧博物馆学之所以被广泛质疑，是因为它谈了太多有关博物馆的“方法”而甚少着墨于其“目的”的阐述；作为一门学科，过去的博物馆学很少触及理论或人文层面的探讨[②]。

1993年，美国博物馆学家哈里森（J. D. Harrison）发表《90年代博物馆观念》一文，其中指出：新博物馆学的观念是相对于“传统”博物馆学的观念而言的，并尝试对过去的概念做一番全面的检讨与批判。它的重心不再置于传统博物馆所一向奉为准则的典藏建档、保存、陈列等功能，转而关怀社群与社区的需求，成为博物馆经营的最高指导原则[③]。

---

① 段阳萍：《西南民族生态博物馆研究》，中央民族大学出版社，2013年，第53页。
② 甄朔南：《甄朔南博物馆学文集（续）》，中国大百科全书出版社，2008年，第104页。
③ 甄朔南：《甄朔南博物馆学文集》，中国大百科全书出版社，2004年，第289页。

新博物馆学的主要内容涉及五个方面（表2-1）：第一，以人为本，强调要将传统博物馆以“物”（藏品）为导向转变为以“人”（观众）为导向；第二，强调博物馆终生教育的作用；第三，关注人类的可持续发展，提倡环境教育；第四，主张博物馆陈列应该有贯彻博物馆功能的非常明确的主题，一切内容都是为了突出主题；第五，反对文化一元化，强调宣扬文化的多样性，保护原住民文化。

表2-1　新博物馆学与传统博物馆学对比表①

	传统博物馆学	新博物馆学
以何为本	物	人
侧重	技术、方法	目的、理论
基础理论	藏品管理、保存技术、陈列设计、历史学等	博物馆应为社会及其发展服务。政治学、社会学、教育学等
发展策略	学术研究、专家为主、精英主义	观众需求为主、大众主义、专家参与
使命	巩固主流文化、提升文化素养、改善社会行为	尊重文化的多样性、关注环境保护教育和社区，强调终生教育，提高观众素质

如果说传统博物馆学关注的是博物馆本身的管理与符号表达的话，那么新博物馆学关注的核心是博物馆与社会之间的互动。比起传统博物馆学将博物馆视为单一强有力的感受文化认同的地点，新博物馆学则聚焦于博物馆和社会的互动式进化发展。新博物馆学鼓励博物馆成为社会服务、教育和文化传播的促进者与推动者。

新博物馆学的社会关注转向在理论与实践两个方面的贡献均是显而易见的。它使博物馆学由内在视角转向外部视角，更多地从博物馆外部生存环境的现实需求去强调和主张博物馆的社会角色，而不再局限于从内部功能的运行去强调博物馆的对外工作。它将博物馆的关注和思维引向博物馆围墙之外，从社会大视角去认识博物馆。可以说，新博物馆学是传统博物馆研究视角和方法的一种突破。

① 甄朔南：《甄朔南博物馆学文集》，中国大百科全书出版社，2004年，第289页。

第二节　博物馆学的基本结构、性质与定位

一、博物馆学理论体系的基本结构

当今博物馆已成为一种全球普遍的社会机构与文化现象。博物馆学作为围绕这一社会机构及相关现象构建起的理论体系仍处于不断完善与发展之中。博物馆学若想成为一门成熟的科学，就必须建立一套科学而严谨的理论体系。尽管建立起比较科学完善的博物馆学理论体系仍存在一定困难，但许多中外学者都朝着这一目标做出了卓有成效的努力。

苏联学者把博物馆学分为三大块：理论、历史、实际工作①。

荷兰学者琳内·蒂彻（Lynne Teather）认为博物馆学的结构包括三部分：博物馆过程（哲学、文化组织与社会架构中的博物馆之历史与角色）、内部活动（收藏品及维护的资源，如人事、建筑、文件等）、外部活动（沟通、教学机会、博物馆的公共服务）②。

日本博物馆学家鹤田总一郎认为，博物馆学体系包括个体博物馆学、博物馆分类学、结构形态博物馆学、功能博物馆学、专门博物馆学、群体博物馆学、社会博物馆学、博物馆管理八个部分③。

美国爱达荷大学博物馆学系主任乔治·艾利斯·博寇（G. Ellis Burcaw）教授认为博物馆学应包括普通博物馆学、专门博物馆学和应用博物馆学（博物馆技术学）三个部分。其中博物馆技术学是博物馆实际应用层面的理论，它包括一切实际工作，诸如与博物馆功能有关的工作活动和技术以及文献登记④。

捷克学者吉瑞·内乌斯图普尼（Jiri Neustupny）认为博物馆学可划分

---

① 姜涛、俄军：《博物馆学概论》，兰州大学出版社，2014年，第5页。

② 〔奥〕弗德利希·瓦达荷西著，曾于珍等编译：《博物馆学：德语系世界的观点（理论篇）》，五观艺术管理有限公司，2005年，第175页。

③ 姜涛、俄军：《博物馆学概论》，兰州大学出版社，2014年，第5页。

④ 〔美〕乔治·艾利斯·博寇：《怎样理解博物馆学》，《中国博物馆通讯》1986年第6期。

为一般博物馆学、应用博物馆学、专门博物馆学三个分支学科。一般博物馆学研究藏品保护、研究与传播的一般原则以及这些业务的组织框架，研究社会条件对专业工作目标的影响；应用博物馆学关注博物馆一般原则在博物馆实践中的应用；专门博物馆学研究一般博物馆学、藏品及藏品研究相关学科的联系，如艺术、人类学、自然史等，也研究特定类型的博物馆，如特定地理区域、国家、大洲或地区的博物馆[①]。

捷克斯洛伐克博物馆学者斯特兰斯基（Stransky）认为博物馆学是一门独立学科，在分析博物馆学理论体系形成过程基础上，将其划分为历史博物馆学（包括认识和应用两方面）、理论博物馆学（包括选择、积累与交流三个方面）、实用博物馆学（传统观点、运用理论知识的方法及技术手段三方面）三个部分[②]。

中国博物馆学者对博物馆学理论体系也进行了具有深度的思考，形成了相关认识。

《中国大百科全书》第二版中认为博物馆学一般包括以下分支：①理论博物馆学。主要探讨博物馆的基本性质、社会功能与特点以及博物馆与社会发展及政治、经济和文化的关系。②历史博物馆学。探讨博物馆事业发展的过程及其规律以及博物馆在不同社会发展阶段的不同性质、作用和特点。③博物馆方法学。研究博物馆藏品的征集、鉴定、分类编目、保管、修复，以及陈列展览的设计、组织和对观众的服务、教育等工作原则及方法。随着博物馆事业的发展，这些领域又分别发展为藏品管理学、陈列学、博物馆教育学。④博物馆管理学。从宏观上研究博物馆事业的国家或地区的发展规划和管理制度，从微观上研究博物馆内部职能、机构组织、资金筹措、人员配备、管理制度和管理方法。⑤普通博物馆学。综合上述各个分支学科进行研究阐述的学科。⑥专门博物馆学。把一般博物馆学的理论与技术应用于某些专门博物馆领域的学科。此外，信息博物馆学作为一个新的分支学科将逐渐形成[③]。

---

① 宋向光：《知识维度的博物馆学结构》，《东南文化》2014年第2期。
② 〔捷克〕斯特兰斯基：《博物馆学是一门科学》，《博物馆研究》1985年第4期。
③ 《中国大百科全书》总编委会：《中国大百科全书》，中国大百科全书出版社，2009年，第576页。

宋向光反思前人相关研究的不足，从知识的维度对博物馆学研究成果进行梳理整合，将知识创新作为推动博物馆学研究的动力，在此基础上建构知识维度的博物馆学结构，即包括博物馆志、理性博物馆学、元博物馆学三个子系统的博物馆学体系。博物馆志是对博物馆现象、博物馆专业活动、技术在博物馆业务中的应用及效能、博物馆机构等客观现象的真实描述，回答“是什么”的问题。理性博物馆学侧重解释博物馆志所描述的各种现象的普遍性属性、价值、意义以及相互性的关系，在历史和“语境”的背景下，探讨博物馆存在的合理性和意义。元博物馆学则力求在不同博物馆学范式的基础上，构建普适性的博物馆学体系，力求在不同博物馆学范式的表述中，归纳出普遍关注的对象和问题，建立博物馆学的基本架构，明确博物馆学的基本周界①。

理论体系需要通过一定的结构进行表达，没有结构的知识永远无法形成一定的体系。博物馆学作为一门独立学科，建构自身理论体系势在必行。博物馆理论体系的建构过程就是对其内在无序而松散的知识进行不断关系梳理的过程，最终使各部分内容形成有机而统一的整体。同时，活态的博物馆机构，在与社会互动发展中，也不断吸收与借鉴其他学科的知识与方法，博物馆学的知识与理论体系也随之处于动态发展之中。或许只有在与相关学科的碰撞中，博物馆学才能获得不竭的发展动力，其理论体系才能向更高层次进化。

二、博物馆学的学科性质与定位

（一）博物馆学的学科性质

博物馆学是一门具有跨学科性和实践性的社会科学。

首先，从博物馆学的研究内容、任务与所涉及的知识领域来看，博物

---

① 宋向光：《知识维度的博物馆学结构》，《东南文化》2014年第2期。

馆学属于社会科学。社会科学是指用科学的方法研究人类社会种种现象的学科。从研究内容看，博物馆学将作为社会客观存在的博物馆现象视为核心研究对象，具体研究内容涉及博物馆史、博物馆功能、特征与类型等基础理论，以及藏品收集与保护、陈列、教育、研究等业务工作的方法、流程与原则等。从研究任务看，博物馆学力求揭示博物馆产生、发展的客观规律及各项工作的基本原则，以推动博物馆机构的发展，使之更为有效地为社会和社会发展服务。这些均与社会科学范畴相符。虽然，在藏品保护与陈列技术方面涉及一些自然科学的知识与方法，但整体而言博物馆学显现出较为典型的社会科学特征。

其次，博物馆学具有较强的跨学科性。博物馆学聚焦于博物馆这一研究对象，但在具体问题的研究中大量借用其他学科的方法与研究手段。如在博物馆教育研究中借用教育学研究方法；在博物馆观众研究中利用社会学、心理学及行为学研究的研究方法与范式；在博物馆陈列研究中借助设计学的方法与手段等。由此，从博物馆学研究整体上看来，研究体现出较强的跨学科性。在博物馆学的某些具体研究领域中也存在学科交叉的情况，如博物馆藏品的保护与研究，其中便涉及历史学、考古学、艺术学及自然科学等学科领域。

最后，博物馆学具有较强的实践性。博物馆学研究的意义很大程度上体现在对博物馆实际工作的指导性，因而这一学科从诞生之初便具有较强的实践性与实践意识，即探索如何运用各种方法与技术进行具体的实践活动，是侧重解决“怎样做”的学问。当下，博物馆学的实践性更表现为一种对社会的关注，即更加关注博物馆赖以生存的社会，研究现实社会需求和现实问题，重视博物馆与社会的关联；着眼于博物馆的社会角色、责任、义务；研究博物馆如何介入社会等①。博物馆已然成为社会变革的工具。

（二）博物馆学的学科定位

博物馆学在现代学科体系中的定位一直存在较大争议。

① 张文立：《当代西方博物馆学研究的主流趋势》，《中国博物馆》2014年第2期。

博物馆学的学科定位在相当大的程度上具体体现为学科的隶属关系。在图书馆学视域下，《中国图书馆图书分类法》将博物馆学归入文化类下的“G2信息与知识传播”，与信息与传播理论、新闻学、出版事业、群众文化事业、图书馆学、档案学等并列。在国家标准《中华人民共和国学科分类与代码简表》（GBT 13745-2009）中，博物馆学被归入“870图书馆、情报与文献学”，与图书馆学、文献学、情报学、档案学等相并列。在现行高校的专业分类中，博物馆学被与文物研究合并，称为“文物与博物馆学”，在历史学科门类中隶属于考古学。中国高校中博物馆学的隶属关系在很大程度上影响并制约着中国博物馆人才培养的规格以及学科本身的走向。此外，有学者认为博物馆学应当从属于管理学，也有人认为应该把它作为教育学的分支，还有人认为应将其划归传播学的范畴①。

虽然博物馆学的学科定位仍存争议，但可以肯定的是博物馆学并不应隶属于历史学或考古学，博物馆学与二者在研究方法与研究对象方面截然不同。但也不可否认考古学与历史学对博物馆史、博物馆藏品研究与解读中的重要作用，它们是博物馆学的支撑学科。而管理学、传播学、教育学等学科也仅是一些认知博物馆的重要角度，很难对博物馆学的整体起到统领作用。

博物馆学的学科定位仍需继续探讨。

第三节　博物馆学的相关学科与研究方法

一、博物馆学的相关学科

博物馆学并非一门孤立的学科。博物馆在发展过程中，博物馆学在形成过程中，均从其他学科中获得理论支持与养分。除考古学与历史学外，

① 姜涛、俄军：《博物馆学概论》，兰州大学出版社，2014年，第4页。

还与其他学科有着千丝万缕的联系。尤其在学科发展综合化趋势加强的当代，博物馆学与其他学科的关系变得更为紧密。

（一）博物馆学与教育学

随着博物馆从藏品立本走向公众服务，博物馆教育在博物馆诸功能中的地位日益提升。博物馆教育虽因其自身教育资源及开展形态的特殊性有异于其他教育形式，但仍具有教育的共性。因此，无论是博物馆教育的理论研究或是博物馆教育实践均需借鉴更为成熟的教育学的理论、方法、基本结论与假设，以提升研究与实践水平。教育学能够帮助博物馆认识其特殊的教育现象、把握教育问题、分析教育事实，从而揭示博物馆教育、教学的规律性，从而更好地指导博物馆教育实践；教育学为博物馆教育研究提供了研究范式与研究方法；教育学可为博物馆教育过程提供教育模式、教育策略参考，以及现代教育技术；教育学还可以帮助博物馆教育对观众的学习状况进行有效的测评，并为博物馆教育质量建构评价体系。教育学是博物馆教育研究必须的支撑。

（二）博物馆学与传播学

在博物馆学领域，博物馆陈列已被普遍视为一种传播媒介，由此传播学与博物馆学产生了密切的交织。传播学与博物馆学一样也是一门新兴学科，它是一门探索和揭示人类传播本质与规律的科学，也是传播研究者在最近几十年对人类传播现象与传播研究成果进行系统分析和有机整合而发展成的知识体系[①]。借助传播学，博物馆学可以认识自身机构的传播特点、传播模式；可以探究博物馆作为“媒介组织”的特点与功能，及其所具有的传播制度；可以深度认识博物馆信息的基本形态与特征，分析博物馆的传播符号；可以掌握并运用传播技巧，为博物馆陈列传播服务。借助

① 邵培仁：《传播学》，高等教育出版社，2000年，第2页。

传播受众相关理论，博物馆学可以探讨博物馆受众的形貌、心理与相关机制。借助传播环境理论，博物馆学可以研究博物馆传播环境的性质与博物馆的媒介环境与社会环境。借助传播效果理论，博物馆学可以研究博物馆传播效果的实质、形成及评估等内容。

（三）博物馆学与管理学

博物馆管理关系到博物馆功能的正常发挥，是博物馆能够顺利、高效开展各项活动的基本保证。管理学是一门综合性的交叉学科，是适应现代社会化大生产的需要产生的，是系统研究管理活动的基本规律和一般方法的科学，其目的是研究在现有条件下如何通过合理的组织与配置人、财、物等因素，提高生产力水平①。管理学可以帮助博物馆认清自身使命、远景与目标；可以帮助博物馆完成各项工作与活动规划程序，使之更为合理化；帮助博物馆认清自身的组织结构，从而实现可能的组织变革；帮助博物馆建立激励机制，从而有效地调动工作人员与博物馆志愿者的积极性；帮助博物馆建构良好而有效的内部与外部沟通；帮助博物馆分析战略环境，进行战略计划选择，进行战略规划，从而推动机构的可持续发展。

（四）博物馆学与人类学

博物馆学与人类学有着深厚渊源。首先，博物馆藏品征集中，人类学田野方法得到广泛应用。其次，博物馆中的民族志物品按照人类学民族志的原则与方法进行研究，其研究的实质是民族志物品的意义诠释，这一过程体现了人类学对文化普同论、全貌论、整合论、适应与变迁论、文化相对论等重要论题的关注。再次，人类学帮助博物馆学从文化建构与诠释角度重新审视博物馆展示与教育的过程。最后，人类学帮助博物馆学对博物馆理论与实践进行反思，并引发新的议题，如社区博物馆的在地化思考、

---

① 袁淑清：《管理学基础》，北京交通大学出版社，2015年，第1页。

信息时代的博物馆知识建构与文化多样性、博物馆知识生产与非遗保护呈现的文化政治等[①]。

（五）博物馆学与社会学

社会学是关于社会的科学，它的研究对象极其丰富，包括社会整体、个人及其社会行为、群体及其群体生活、社会组织与社会制度、社会关系[②]。博物馆作为一种社会现象，要在现代社会中存在与发展，并为社会带来影响，仅将博物馆内部问题从理论上加以考察是不够的，借助社会学的方法与视域对博物馆进行探究必不可少。日本学者仓田公裕提出“博物馆社会学”这一概念，认为博物馆社会学是以博物馆和社会学的诸问题为研究对象和研究领域的学问，是构成博物馆学体系中一个环节的基础科学之一，即它的目标是运用社会学的方法，深刻分析博物馆现象，从而使博物馆学得以确立起来，并为博物馆的发展做出贡献[③]。

（六）博物馆学与心理学

心理学是一门研究心理过程和行为的科学，心理学的任务是要探索心理规律[④]。博物馆学中涉及博物馆观众或博物馆公众的研究便需要利用到心理学。尤其在观众因素日益受到重视的今天，心理学在博物馆研究中显得更为重要。研究博物馆的观众，便需要借助心理学的理论和方法分析各种不同观众的心理状态，剖析其心理特征与实质，探讨博物馆参观及教育活动中影响观众的心理因素。这些问题并非是博物馆学或心理学所能独立解决的，只有博物馆学与心理学相结合才能揭示博物馆观众心理活动的客观规律。

---

① 桂榕：《博物馆人类学刍议》，《青海民族研究》2012年第1期。
② 杨淑琴：《社会学导论》，上海交通大学出版社，2009年，第3页。
③ 〔日〕仓田公裕著，沈燕译：《博物馆社会学》，《伪皇宫陈列馆年鉴1989》（内部资料），第202页。
④ 白学军：《心理学概论》，北京师范大学出版社，2015年，第3页。

（七）博物馆学与其他社会人文科学

教育学、传播学、管理学、人类学、社会学、心理学等学科是一般博物馆存在与功能发挥均需依赖的相关学科。除此以外，具体博物馆因自身特有的主题与藏品类型也会与其他一些社会人文科学产生联系。历史类博物馆在各类博物馆中占比最高，因此，博物馆还与历史学、考古学有着密切的关系。历史学与考古学主要帮助博物馆藏品进行研究，辨别藏品真伪，挖掘藏品信息与内涵，从而为博物馆的陈列设计与教育活动开展提供帮助。诸如此类的学科还有文学艺术、宗教学、政治学、经济学、伦理学、民俗学、法律学、军事学等，它们都对特定博物馆主题、陈列主题及相关类型藏品的研究与利用起到帮助，在特定博物馆中起到科学支撑的作用。此外，历史学的理论与研究方法对博物馆史研究也具有很强的理论指导作用。

（八）博物馆学与自然科学

自然科学是研究无机自然界和包括人的生物属性在内的有机自然界的各门科学的总称，包括天文学、物理学、化学、地球科学、生物学和地理学等学科。博物馆与自然科学的关系主要表现为两个方面。一方面，自然科学是自然科学类博物馆的支撑学科，对其藏品研究及陈列、教育等职能发挥有着直接的影响。另一方面，自然科学的相关研究成果也为藏品的保护、信息采集与挖掘、陈列展示等提供技术支持，并对博物馆的形态与各项工作带来深刻影响，如虚拟博物馆、智慧博物馆等都是在现代科技带动下诞生的新的博物馆现象。

从内部看，博物馆学不断吸收其他学科的知识与理论，站在其他学科的肩膀之上，实现着自身的跨越式发展。从外部看，博物馆构成了一个新生的热点研究领域，日益吸引其他学科的目光，不断产生出跨学科的研究成果，这在一定程度上也丰富了博物馆学的知识体系，使其逐步完善。

二、博物馆学的研究方法

博物馆学作为一门独立的学科，虽不一定有独特的研究方法，但应具有一定的研究方法，从而展开研究。从研究的性质看，博物馆学具有两种研究范式：哲学研究范式（质化研究、质的研究）与实证科学范式（量化研究、定量研究）。

（一）哲学研究范式的方法

哲学研究范式是一种基于描述性的研究，在本质上它属于一个归纳的过程，即从特殊情境中归纳出一般结论。与实证研究（量化研究）所追求的精准化、定量化、具体化不同，哲学研究范式探寻对事物“本质”的认识，以了解事物本来面貌与真相。主要方法有：文献研究、访谈调查、观察研究、个案研究、解释学等方法。

1. 文献研究法　搜集、鉴别、整理相关文献，并通过对文献的阅读与研究形成对事实的科学认识。

2. 访谈调查法　访问者通过与被访问者面对面的接触、有目的交谈，从而收集、获得研究资料的方法，包括结构型访问法、半结构型访问法、无结构型访问法等具体形式。

3. 观察研究法　研究者凭借自身的感觉器官和其他辅助工具，进行有目的、有计划的考察博物馆及相关现象的一种研究方法。此研究方法包含三个要素，即观察手段、观察对象与观察对象的状态。

4. 个案研究法　对单一研究对象进行具体而深入研究的方法。

5. 解释学方法　解释学是关于理解的学问，是对“理解”的理解。对“理解”本身进行反思与研究。哲学研究范式诸多方法的关键在于对研究过程和研究结果的解释，因此，解释学方法是哲学研究范式的核心和决定性要素。

（二）实证科学范式的方法

所谓实证科学范式，是指在研究过程中，通过实验等量化形式揭示事物变化规律的研究范式。主要有实验法、问卷法等。

1. 实验法 根据研究目的，创设一定的实验条件，充分控制实验环境，科学地选择研究对象，以确立自变量与因变量之间的因果关系。其具有以下特征：①揭示现象之间的因果关系。②有目的地操纵自变量。③实验过程控制严密。④有严谨的实验设计和程序。⑤具有可重复性。

2. 问卷法 运用问卷形式进行调查研究的方法。问卷是研究者用来收集资料的一种技术。通过问卷，获知有关被测者对某项问题的态度、意见等，再进行分析与比较，其结果为研究者所参考。

信息论、控制论、系统论等相关理论的发展，为包括博物馆学在内的社会科学的研究提供了更为广阔的思维空间和方法论基础。

第三章

博物馆的历史

只有了解博物馆的起源与发展历史，才能把握博物馆的未来和发展方向。人类收藏的天性与对知识天生的好奇心是博物馆诞生的基础。可以视作近现代博物馆前身的各种收藏、展示活动，早在原始社会晚期就已出现。随着人类文明的进步，近现代意义上的博物馆于17世纪诞生于欧洲。19世纪末，美国博物馆事业发展异军突起。中国博物馆事业起步较晚，开始于20世纪初。1949年以后，伴随着社会主义建设事业的发展，中国博物馆事业进入了快速发展的繁荣阶段。

第一节　西方博物馆发展史

一、古典时期

在追溯西方博物馆的起源时，一般会提到托勒密王朝（Ptolemaic Dynasty）于公元前4世纪末或3世纪初在亚历山大建立的Mouseion，这是一个希腊语词汇，是今日英语中Museum（博物馆）一词的语源。不过在希腊语中，Mouseion首先是指奉献给掌管艺术与学问的缪斯女神的圣殿，也指在缪斯女神的庇护下工作的学者和艺术家团体。古希腊地理学家斯特拉博（Strabo）在他的《地理学》一书中是这样描写亚历山大的缪斯圣殿的："缪斯圣殿也是王宫的一部分，它有公众散步的地方和半敞开式带座椅的建筑物，还有一个大房间，一个供圣殿学者们使用的公共餐厅。这一群人不仅共同掌握财产，而且还有圣殿的管理人——祭司。"与今天的博物馆相比，亚历山大的缪斯圣殿更像是一家由王室赞助的学术机构或者研究院。至于Museum一词与文物艺术品的收藏发生直接联系的时间，应该是在文艺复兴时期。

后世的人们之所以将博物馆与缪斯圣殿联系在一起，主要是因为古希腊人用来供奉诸神的圣殿已经具备了艺术品的收藏、保护甚至公共展示等功能。虔诚的朝拜者奉献给神明的祭品包括金银制成的奢侈品、青铜器、武器、宝石镶嵌物以及雕塑、木板画等，这些祭品就存放在各座圣殿中，有些圣殿为此甚至特别修建了藏宝屋。慕名而来的参观者只需向圣殿的祭司缴纳一笔费用，就可以徜徉在这些艺术品间尽情欣赏。当收藏品达到一定数量时，管理者的工作也逐渐复杂，他们开始像今天的博物馆工作人员一样，从事藏品的分类与保护。根据保萨尼阿斯（Pausanias）《希腊志》的记载：为了达到防腐的目的，人们在雅典斯多葛柱廊中陈列的盾牌上涂抹沥青；在巴特农神庙，著名雕刻家菲迪亚斯（Pheidias）制作的雅典娜雕像下放有一罐罐的橄榄油，以对抗干燥环境对雕像的不利影响。

能够与亚历山大的缪斯圣殿相媲美的，是小亚细亚半岛帕加马（Pergamum）王国的雅典娜圣殿，圣殿内建有一座著名的图书馆。希腊史学家普鲁塔克（Plutarchus）说，帕加马图书馆藏书达20万卷。除了图书，帕加马图书馆还收藏了大量的伟人雕像和半身像。通过考古发掘可知，这里收藏的伟人雕像主要是用来纪念那些著名的诗人、艺术家、哲学家和历史学家，如荷马（Homer）、莎孚（Sappho）、阿尔凯奥斯（Alkaios）和希罗多德（Herodotus）。有学者将帕加马图书馆的雕像收藏看作历史纪念馆的雏形。

公元前2世纪，罗马从武力上征服了希腊，但希腊的文化反过来又征服了罗马。来自希腊的精美艺术品成为罗马贵族展示自己权力、财富和品味的工具。从希腊带回的战利品先在凯旋仪式上展示，然后被分赠给各个神庙，胜利者也会保留自己的一份。于是在罗马城市的广场、柱廊、浴室和喷水池周围布满了雕塑以及从异邦运来的纪念物。罗马达官贵人的宫殿和乡间别墅中，到处装饰着从东方带来的雕像、象牙、玳瑁、青铜家具、金线织成的挂毯等物；他们的图书室里庋藏着柏拉图、亚里士多德等人作品的珍贵抄本。

在这种风气的影响下，艺术品的价格持续走高，一件琥珀雕像比一个奴隶还要值钱，一件科林斯（Corinth）青铜器甚至要用等重的黄金来交换。为了更好地储藏这些艺术品，罗马的建筑师们设计了不少集收储与保护于一体的建筑物。如奥古斯都时代的建筑师维特鲁威（Vitruvius）设计的画廊是朝北的，因为这样可以使得画廊中的光线在一天里绝大多数时间保持恒定。而同样由他设计的图书馆则是朝东的，因为这样可以避开从西、南两面飘来的潮湿空气，以减少虫蛀和书籍发霉的危险①。

① Germain Bazin. The Museum Age. New York: Universe Books, 1967: 18.

总之，在古典时期的希腊与罗马，文物艺术品的收藏、保护、研究以及一定程度上的公共展示活动都已出现。但是，这些活动尚未集中到某一类特殊机构之下有目的、有意识地进行。所以，这一时期还属于博物馆的萌芽期，作为一种“以教育、研究和欣赏为目的，收藏、保护并向公众展示人类活动和自然环境的见证物”的特殊机构的博物馆还没有出现。

二、中世纪时期

在中世纪神学的影响下，人类的历史以基督降生为分水岭被分成截然不同的两个时期：黑暗时期与光明时期。当人们的注意力都集中在来世和永生上时，过去的历史究竟如何已经不再重要。大多数人仅仅通过《圣经》来了解基督降生之前的那段历史。这种厚今薄古的历史观并不是有利于博物馆生长的土壤。

不过，人类收藏的天性依然存在。教堂的金库取代了古希腊神庙的藏宝屋和罗马贵族的私人储藏室。各种有着趋吉避凶功能的圣物取代了大理石雕刻与青铜塑像。这些神奇的圣物包括圣地的泥土，被殉道者鲜血浸染的裹尸布，曾在耶路撒冷圣殿附近被点燃过的油灯中的灯油，以及圣徒们的遗骸。盛装圣物的容器多用金、银等贵重金属打造，以宝石、象牙镶嵌，可谓穷尽奢华。这些兼具艺术价值和神圣意义的藏品也并非总是秘不示人，为了传教的目的，教堂也会向朝圣者展示他们的收藏。

中世纪王公贵族们的收藏兴趣要更广泛一些。除了圣物之外，那些来自拜占庭和穆斯林地区的充满异域风情的浮雕宝石、玉石图章、丝绸、织金锦等也是他们搜罗的对象。相比教会收藏，王公贵族们的藏品较少有对外展示的机会，而且当他们面临财政匮乏的危机时，中世纪的王公贵族会毫不犹豫地将那些金银质地的收藏品送进铸币厂，这种行为在今天的收藏家看来简直匪夷所思。

中世纪的收藏家对自然界中珍奇物品的兴趣不亚于其对圣物的追求。

例如，传说中独角兽的角可以挫败投毒者或行刺者的阴谋，于是大量的犀牛或独角鲸的角被当成独角兽之角而小心收藏；原始人的石斧被当成自天空劈落的雷霆；鲨鱼牙齿的化石被当成毒龙的舌头。意大利曼托瓦（Mantua）的波拿柯西家族曾统治当地百年之久，在他们豪华的宫殿中，有几个收藏奇珍异宝的房间：其中一个全是珊瑚、壳类生物和海洋中的稀奇生物，一个房间装满珍宝、钻石和奇花异草，还有一个用来存放珍禽异兽，里面甚至包括由一具河马尸体制成的标本①。这种收藏可以视作此后自然历史类博物馆的滥觞。

三、文艺复兴时期

文艺复兴重新唤起了人们对古典时期艺术品的兴趣。意大利的农夫在犁地或挖掘新建筑的地基时，古罗马时期的雕像、钱币、宝石纷纷出土，古老的石棺被制成新的坟墓，古代大理石雕塑被组合到新的建筑中。正如有学者所言，在意大利并不存在古典文明的复兴或重生，因为古罗马的“遗体”从来就未被完全埋葬过②。在这种情况下，饶有资财的意大利资产阶级群体自然近水楼台先得月，首开欧洲古代艺术品收藏的风气之先。

佛罗伦萨的美第奇家族（Medici Family）通过商业和金融创造了巨额的财富，他们统治佛罗伦萨长达两个世纪。在此期间，他们竭力收藏古希腊罗马的艺术珍宝。根据美第奇家族的皮耶罗（Piero di Cosimo de' Medici）在1456年为其家族藏品所做的清单来看，其中包括300枚银质纪念章，17枚金质纪念章，17枚玉石印章以及一批拜占庭的徽章，除此之外还有大量的绘画和雕像。从1463年编写的另一份清单看，短短7年，藏品的数量就增加了一倍③。16世纪，美第奇家族开始将其藏品向公众开放，

---

① 〔美〕爱德华·P.亚历山大、玛丽·亚历山大著，陈双双译：《博物馆变迁——博物馆历史与功能读本》，译林出版社，2014年，第59页。

② 〔英〕伊芙琳·韦尔奇著，郭红梅译：《文艺复兴时期的意大利艺术》，上海人民出版社，2014年，第36页。

③ Germain Bazin. The Museum Age. New York: Universe Books, 1967: 44.

只是参观者需要付给仆人一笔昂贵的小费。值得一提的是，美第奇家族的洛伦佐（Lorenzo de' Medici）最早使用Museum（意大利语作Museo）这个词汇来称呼他用于收藏珍贵抄本和宝石的房间。

教皇是意大利资产阶级在艺术品收藏方面强有力的竞争对手。根据一份1457年编写的目录，我们知道教皇保罗二世的藏品包括宝石，玉石印章，成套古钱币，小件青铜器，挂毯，金银器，用黄金装裱的绘画，马赛克作品，圣物匣，以及一些拜占庭器物——特别是象牙雕刻成的写字板。教皇尤里乌斯二世也收藏了大量奇珍异宝，其中包括群雕《贝尔维德的阿波罗》（Apollo Belvedere）和《拉奥孔》（The Laocoon and His Sons）。利奥十世在庭院花园里竖立了很多雕像，他还任命拉斐尔（Raffaello Sanzio）作为其监管人。

在自然历史的收藏方面，大约在1550年，苏黎世的一位医生康拉德·格斯纳（Conrad Gesner）建立了一座自然历史博物馆，这是同类型博物馆中最早的几家之一[①]。历史纪念馆方面，意大利的一位主教保罗·乔维奥（Paolo Giovio）于1520年收集了280幅肖像画，并把它们分为四大类陈列：已故诗人和学者、健在诗人和学者、艺术家、政治领袖。乔维奥也将他的展室称为博物馆，此类博物馆在当时被视为一大创举。美第奇家族的科西莫曾派专人去临摹乔维奥收藏的画像，用来充实自己的收藏。

四、启蒙运动时期

17至18世纪的启蒙运动用理性之光驱散了黑暗，当时先进的思想家们著书立说，积极批判专制主义和宗教的愚昧，宣传自由、平等和民主。在这种社会风气的影响下，博物馆的展示功能与教育功能得到了极大的重视和发展。

① 〔美〕爱德华·P.亚历山大、玛丽·亚历山大著，陈双双译：《博物馆变迁——博物馆历史与功能读本》，译林出版社，2014年，第58页。

1661年，巴塞尔收购了阿默巴赫陈列室，其藏品中包括一些荷尔拜因（Hans Holbein the Younger）的伟大作品。1671年，陈列室的藏品被放在巴塞尔大学的图书馆公开展出，这是世界上第一座大学博物馆[①]。

1683年，牛津大学在特雷德斯坎特（Tradescant）父子收藏的基础上建立了阿什莫林博物馆，这是世界上第一家公立自然史博物馆。根据1714年博物馆用拉丁文印发的管理规定，每次仅接待一组参观者，门票价格依据游览时间的长短而定，团体参观者还可享受优惠[②]。1753年，英国国会下议院决定，在汉斯·斯隆（Hans Sloane）爵士藏品的基础上创建一座综合性的博物馆兼国家图书馆——大英博物馆，1759年博物馆正式对外开放。观众虽然可以免费参观，但是需要凭票入场，而且至少去两次才能拿到门票；儿童不得参观大英博物馆，观众的参观时间也被限制在1小时以内[③]。

法国路易十四统治时期，凡尔赛宫花园对外开放，观众可以参观宫殿及其中的绘画，前提是必须戴上有羽毛装饰的帽子，并佩挂宝剑，这两样东西可以在保管员那里租得[④]。法国大革命以后，帝制被推翻，原来属于帝室的艺术品收藏变成共和国公民的共同财富。1793年，卢浮宫（图3.1）正式对外开放，它是世界第一座国家艺术博物馆。此后的十年中，卢浮宫按照10天一个周期来安排展览，其中5天专门为艺术家与临摹者服务，2天用来清洁藏品，只有3天向普通观众开放。1794年，法国大革命时期的国民议会开始创建国立工艺学院，这座科学技术博物馆的藏品包括机械设备、发明物、模具、工具、图纸等，其目的在于为学员提供艺术和工业方面的应用科学。

---

① Germain Bazin. The Museum Age. New York: Universe Books, 1967: 144.

② 〔美〕爱德华·P.亚历山大、玛丽·亚历山大著，陈双双译：《博物馆变迁——博物馆历史与功能读本》，译林出版社，2014年，第63页。

③ 〔美〕爱德华·P.亚历山大、玛丽·亚历山大著，陈双双译：《博物馆变迁——博物馆历史与功能读本》，译林出版社，2014年，第65页。

④ 〔美〕爱德华·P.亚历山大、玛丽·亚历山大著，陈双双译：《博物馆变迁——博物馆历史与功能读本》，译林出版社，2014年，第31页。

图3.1 卢浮宫维纳斯雕像

1782年，美国人皮埃尔·尤金·迪西莫蒂埃（Pierre Eugene du Simitiere）的收藏室在费城正式向公众开放，其藏品包括蛇类和其他自然历史标本。1784年，费城人皮尔收购了迪西莫蒂埃的藏品，加上他自己的收藏，创建了费城博物馆（Philadelphia Museum），皮尔将自己的博物馆标榜为“自然杰作的宝库”。费城博物馆的藏品按照林奈的分类系统进行分类，馆内还设有一个洞室，以便将蛇类和爬行动物放在自然环境中展示。

17至18世纪，欧洲列强的殖民地遍布全球，因此出现了很多殖民地风格的植物园。殖民地的新奇物种被引入欧洲，以满足人们对新物种的好奇心。如赫尔曼·布尔哈夫（Herman Boerhaave）于1709至1730年期间担任荷兰莱顿植物园的园长，他将郁金香引入荷兰，并将马铃薯引种到欧洲。1740年，莱顿植物园向公众开放，参观者需要支付小额门票即可入内，但“热恋情侣禁止入内”[①]。18世纪林奈植物分类系统的建立对植物园的科学规划起到了重要作用。

① 〔美〕爱德华·P.亚历山大、玛丽·亚历山大著，陈双双译：《博物馆变迁——博物馆历史与功能读本》，译林出版社，2014年，第150页。

五、博物馆的黄金时代

19世纪，欧洲的工业革命与资产阶级革命在社会经济、政治、文化领域都产生了巨大影响。博物馆的数量日渐增多，馆藏日益丰富，有学者将此阶段称为博物馆的黄金时期。导致这一时期博物馆大发展的原因主要有以下四个方面。

第一，民族主义的兴起使得西欧各国热衷于通过建设博物馆来宣扬国家荣耀和构建民族认同。1798年，远征意大利的拿破仑·波拿巴凯旋，队伍满载从意大利掠夺来的艺术瑰宝、科学仪器和珍禽异兽回到巴黎。无数装满战利品的车辆围绕战神广场依次排开，以自由纪念碑为中心，足足环绕三圈①。围观的民众不计其数，欢呼声震耳欲聋。这些战利品作为国家荣耀的象征，被卢浮宫、法国国家图书馆和巴黎植物园收藏。1803年，拿破仑将卢浮宫更名为拿破仑博物馆，他还同其在艺术方面的助手德农一起，为法国及其附属国制定了一整套博物馆体系，最优秀的艺术作品均被运到法国，收藏在卢浮宫及法国的22个省会城市。拿破仑的做法显然有悖于博物馆的收藏伦理。

1818年，捷克在布拉格建立了一座博物馆，并将其作为研究捷克和斯洛伐克文明的中心，以增强民族认同。布拉格博物馆所回应的正是在梅特涅统治奥地利时期，日耳曼民族主义的蓬勃兴起。1895年，在挪威独立运动的感召下，诺斯克福克博物馆（Norsk Folke Museum）于奥斯陆成立，其创建者声称，这座博物馆将成为一座“为纪念我们种族的进化，纪念我们国家思想与文化发展而竖立的丰碑”②。

第二，考古学的诞生使大量考古发掘品进入博物馆的收藏。19世纪下半叶，随着以地层学为基础的发掘方法以及以类型学为基础的断代方法的

---

① 〔美〕爱德华·P.亚历山大、玛丽·亚历山大著，陈双双译：《博物馆变迁——博物馆历史与功能读本》，译林出版社，2014年，第34页。

② Germain Bazin. The Museum Age. New York: Universe Books, 1967: 194.

建立，考古学正式发展成为一门学科。19世纪，古埃及和美索不达米亚文明被欧洲探险者发现，用以构建两处古代文明基本框架的文字资料——古埃及文字与楔形文字也相继被破译。与此同时，爱琴海文明与美洲文明也吸引了大批的考古工作者在希腊和美国开展发掘活动。

这一时期没有专门赞助考古学研究的机构，很多考古学者的发掘经费是由欧洲各大博物馆提供的，而博物馆赞助的目的很明确，即扩充自己的馆藏。此外还存在由各国政府赞助的考古发掘工作，其成果也往往被捐献给博物馆。1843年，法国驻摩苏尔领事保罗·埃米尔·博塔（Paul Emile Botta）在美索不达米亚的赫尔萨巴德发掘了所谓的“尼尼微（Nineveh）遗址”（实为杜尔沙鲁金遗址），出土的雕刻品经海路运抵巴黎，卢浮宫为此特辟两间展室，创建亚述博物馆。博塔的成功刺激了英国人，1845至1847年，大英博物馆资助奥斯丁·亨利·莱亚德（Austen Henry Layard）在尼姆鲁德从事发掘工作，他在那里发现了几处亚述国王的宫殿遗址。莱亚德的发掘品大多于1848年运到大英博物馆，其中的巨型带翼牛、萨尔玛纳萨尔三世的黑色方尖碑、亚述那西尔帕的雕像都成为大英博物馆的镇馆之宝[①]。1877至1900年，法国驻巴士拉副领事厄内斯特·德·萨尔宅科在泰罗丘开展了11次发掘工作，发掘结果揭示了公元前第3千纪苏美尔古城拉加什的面貌。1881年，发掘活动的第一批成果被运抵巴黎，卢浮宫用13万法郎将其从萨尔宅科手中买下。普鲁士国王也曾向致力于研究巴比伦王国的亚述发掘基金会提供了5万法郎的赞助，虽然最后的发掘成果令人失望，但是柏林博物馆仍然得到数箱文物。

第三，一系列世界博览会的成功举办对博物馆运动产生巨大影响。1851年，英国在伦敦南肯辛顿区（South Kensington）举办了万国工业博览会。这是首次世界级的博览会，取得了巨大的成功，政府从中获得了巨额利润。政府利用这笔资金购置土地，又在南肯辛顿区建立了几座博物馆，其中一座经过发展壮大，于1909年更名为维多利亚和阿尔伯特博物馆

① 〔英〕格林·丹尼尔著，黄其煦译：《考古学一百五十年》，文物出版社，1987年，第62页。

（Victoria and Albert Museum）。1855年，法国在巴黎举办世界博览会，引发了观众对于装饰艺术的兴趣，于是在1882年，法国中央装饰学会建立了一家装饰博物馆[①]。1889年巴黎世界博览会上，展出了非洲12个部落的成员，还有中国人、爪哇人、越南人和日本人。他们住在仿建的土著房屋中，身着传统服饰，展示传统绘画技术或演奏传统音乐。这为不久以后阿图尔·哈赛柳斯创建露天博物馆提供了灵感。

第四，作为博物馆大国崭露头角的美国为博物馆理论和实务的发展注入了新的活力。1846年，位于美国首都华盛顿的史密森博物学院成立，旨在“推动知识的增长和传播”。最初的史密森博物学院是一个纯粹的科学研究机构，不愿接受藏品。1873年，乔治·布朗·古德（George Brown Goode）加入史密森博物学院。此后，史密森博物学院开始向“一个致力于科学、人文及艺术领域的公众教育、基础研究和国家服务的独立机构”转变。今日的史密森博物学院已成为一个融合了科学和博物馆项目的庞大建筑群，被称为“国家广场上的综合性高等学府”。

1870年，美国纽约大都会艺术博物馆（图3.2）成立，它采用向市政府和由私人组成的受托委员会负责的模式：市政府出资兴建博物馆大楼，所以博物馆要以纽约市冠名，但是馆内藏品的所有权和管理权却属于受托委员会。除这种管理模式外，美国大多数博物馆由私人开办，博物馆的管理者努力从多种渠道获得资金支持，如政府支持、私人捐赠、基金会赞助甚至包括门票收入，这种“创业”精神是美国人对博物馆实务的独特贡献[②]。

六、20世纪以来

20世纪上半叶爆发了两次世界大战，战争期间，世界上许多博物馆

---

① 〔美〕爱德华·P.亚历山大、玛丽·亚历山大著，陈双双译：《博物馆变迁——博物馆历史与功能读本》，译林出版社，2014年，第42页。

② Joel J. Orosz. Curators and Culture: The Museum Movement in America, 1740-1870. Tuscaloosa, AL: University of Alabama Press,1990.

图3.2 美国纽约大都会艺术博物馆

及其藏品都遭到了不同程度的损毁。1933年至1939年，欧洲的100多座博物馆被迫撤下所有的绘画、雕塑和其他艺术品。仅1941年，苏联就有427座博物馆毁于战火。二战后随着社会经济的复苏，科学技术的发展，以及国际交往的增强，人们对博物馆的认识不断深化，博物馆事业也由此呈现出空前的繁荣局面。20世纪世界博物馆发展的成就主要体现在以下四个方面。

第一，博物馆数量激增。据不完全统计，1933年全世界博物馆约7000座；到了1973年，全世界博物馆数量已超过2万座；截至2014年，这一数字更是达到5.5万座以上。以美国为例，两次世界大战之间，美国建设新博物馆的速度是每周一座，20世纪60年代以来加快到每3.3天建立一座。伴随博物馆数量的增加，参观人次也持续增长。1944年有5000万美国人参观博物馆 ，1979年增至3.5亿万人次，而据 1980年的调查，博物馆观众已占美国人口约68% ，比观看体育赛事的观众还多3%。

第二，新型博物馆不断出现。在传统的艺术博物馆、历史博物馆、自然博物馆、科技博物馆、植物园和动物园之外，20世纪的博物馆大家庭中又增加了一些新的成员，如儿童博物馆、生态博物馆、社区博物馆、数字博物馆、野生动物园等（图3.3、图3.4）。

图3.3 美国菲尔德自然历史博物馆

图3.4 美国国家邮政博物馆

1899年，布鲁克林儿童博物馆（Brooklyn Children’s Museum）成立。1900年，在其发放的传单中，布鲁克林儿童博物馆宣称：“男孩们、女孩们，在生活中，你们经常会发现很多稀奇古怪的动物、植物和矿石，你们也想了解关于这些东西的知识，那么请带上这些东西来参观儿童博物馆，因为在这里，会有人为你们解答这些生活中的谜题。”[①]布鲁克林儿童博物馆致力于服务儿童的兴趣和需求，它拒绝收藏那些稀有和易碎的物品，而是收藏那些可供儿童使用、触摸或做实验的物件。打开展柜，让观众可以近距离观察展品和触摸展品，这是布鲁克林儿童博物馆的策展人安娜・比林斯・盖洛普的创见。

19世纪末，露天博物馆作为一种新的博物馆类型在北欧出现。世界上最早的一座露天博物馆是1891年由阿图尔・哈赛柳斯在瑞典斯德哥尔摩创建的斯堪森博物馆。斯堪森博物馆（Skansen Open-Air Museum）收集来自斯堪的纳维亚各个地区的房屋和建筑，包括庄园、农舍、谷仓、商店、手工业作坊等。博物馆导览员身着古代服饰，为观众讲解当地文化传统和早期居民生活。哈赛柳斯“把历史文物放置在其原本的功能背景之中”的理念是20世纪生态博物馆理论的先驱。20世纪60年代，在法国博物馆学者乔治・亨利・里维埃的推动下，法国的诺曼底、布列塔尼等一些具有特殊历史意义且环境独特的地区建立了一系列博物馆，这些博物馆建立在真实的社区中，更为重要的是，社区居民成为博物馆的“管理员”和“讲解员”，他们向观众展示的是一个“富有生命力的群体”。

1967年，史密森博物学院在美国华盛顿特区的一处以黑人居民为主的街区成立了安那考斯提亚社区博物馆（Anacostia Neighborhood Museum），这是世界上第一家社区博物馆。这座博物馆主要围绕非洲文化遗产、安那考斯提亚地方史以及现代城市问题三大方面举办展览。除此之外，它还是一座文化艺术中心，一座都市规划中心，一个能为社区居民提供集会之地和精彩文艺表演的机构。安那考斯提亚社区博物馆还为社区居民提供与博物馆展览工作相关的技能培训。

20世纪末以来，随着计算机技术和网络技术的飞速发展，通过数字技

---

① 〔美〕爱德华・P.亚历山大、玛丽・亚历山大著，陈双双译：《博物馆变迁——博物馆历史与功能读本》，译林出版社，2014年，第183页。

术手段构筑数字空间的博物馆已成为博物馆发展的新趋势之一。1993年，美国国家信息基础设施建设把数字化博物馆与图书馆列为重要组成部分。加拿大遗产信息网络通过与各博物馆合作，将其馆藏资源整合到加拿大虚拟博物馆中。欧洲的卢浮宫和大英博物馆等著名博物馆，也纷纷挑选精美藏品进行数字化处理和多媒体展示。2002年，由德国科隆工学院负责管理和运营，建立了“欧洲文化遗产网络”，其目标包括“提高公共官方信息和科学知识的利用率”“为遗产保护创建在线工作手段”“为自学和终身学习奠定基础”等[①]。数字化博物馆的建立消除了时间和空间对博物馆观众造成的限制，提高了藏品资源开放和共享的程度，其出现对依据实体博物馆给出的博物馆的定义造成了一定程度的挑战。

1902至1907年，动物园建设领域发生了一次革命。卡尔・哈根贝克（Carl Hagenbeck）在德国汉堡市的郊区建设了一座动物园。园区外围深挖壕沟，区内建造人工丘陵和山地，动物生活其中，传统的兽笼和铁栅被取消，以使动物的生活环境更接近于自然[②]。这座开放式动物园是当今大型野生动物园的雏形。

第三，博物馆的概念发生了变化。19世纪的博物馆将重心放在藏品上。从保存至今的一些能够反映19世纪博物馆陈列形式的影像资料来看，那时博物馆展厅中藏品的密度极高，留给观众的活动空间很有限。众多藏品给博物馆观众带来巨大的压迫感，甚至令人望而生畏。20世纪以来，各种教育和阐释项目的出现给博物馆带来巨大变革，博物馆概念的重心逐渐由藏品转移到观众，博物馆的职能也从收藏和研究转移到公众教育。

1942年，西奥多・L・洛在为美国博物馆协会教育委员会撰写的《博物馆：一种社会工具》中倡导，博物馆应该把大众教育作为其最主要的目标，并认为这一目标包括且高于博物馆的其他目标[③]。1984年，美国博物馆协会发布的《新世纪的博物馆》报告指出：“若藏品是博物馆的心脏，

---

① 陈刚：《数字博物馆概念、特征及其发展模式探析》，《中国博物馆》2007年第3期。

② 〔美〕爱德华・P.亚历山大、玛丽・亚历山大著，陈双双译：《博物馆变迁——博物馆历史与功能读本》，译林出版社，2014年，第167页。

③ Theodore Lewis Low. The Museum as a Social Instrument, New York: the Metropolitan Museum of Art and the American Association of Museums, 1942.

教育则是博物馆的灵魂。”为了强调和突出博物馆的教育使命，2007年国际博物馆协会对博物馆的定义进行了修改，将“教育”置于博物馆目的之首：“博物馆是一个为社会及其发展服务的，向公众开放的非营利性常设机构，为教育、研究、欣赏的目的征集、保护、研究、传播并展出人类及人类环境的物质及非物质遗产。”

第四，国际博物馆组织的建立。1946年，国际博物馆协会成立，联合国教科文组织的博物馆部门为这一协会提供部分资金支持。截至目前，国际博物馆协会已在119个国家设立国家委员会，它还拥有30个国际委员会，涉及艺术博物馆、考古与历史博物馆、教育博物馆、大学博物馆、露天博物馆、玻璃博物馆、军事博物馆等诸多领域。国际博物馆协会致力于在世界范围内振兴文化与知识，保护物质与非物质文化遗产，制定博物馆行业标准，抵制非法文物交易。从1977年开始，国际博物馆协会将每年的5月18日定为国际博物馆日，借此机会宣传博物馆在现代社会的重要性。据统计，近些年来有超过120个国家和地区的近3万家博物馆都会配合国际博物馆日的主题开展宣传和教育活动。

博物馆的诞生源自人类两种根深蒂固的天性，一是收藏的本能；二是对知识的好奇和追求。对文物艺术品和自然标本有意识地收藏和研究肇端于古希腊、罗马时期。文艺复兴打破了神学对欧洲人思想的桎梏，点燃了人们探求古代艺术、文化的热情。启蒙运动宣传了自由、民主、平等的思想，文化与知识属于全体人民的意识逐渐形成，昔日仅贵族独享的画廊、藏宝屋、奇物室等不得不向普通民众敞开大门，兼具收藏、研究和展示功能的近代意义上的博物馆遂于17世纪诞生于欧洲。资产阶级革命以后，随着欧洲民族主义的勃兴、近代考古学的诞生以及世界博览会的成功举办，博物馆进入发展的黄金时期。

进入20世纪以后，随着博物馆概念的重心从藏品转移到观众，博物馆工作者在阐释和教育方面付出的努力日渐增多，博物馆学的研究也逐渐从对藏品的研究转移到对观众的研究上来，教育学、心理学、管理学、人体工学等一系列与人相关的学科被引入到博物馆学的研究中，其核心目的是为观众服务。当前，随着数字化信息技术的不断发展，数字化博物馆、观众大数据分析、3D打印技术、虚拟现实技术等逐渐被引入博物馆领域，这些将成为21世纪博物馆发展的契机。

第二节　中国博物馆发展史

一、古代中国的博物馆意识（公元前1600—1840年）

“博物”一词的最早记载见于《左传》昭公元年（公元前541年），晋平公称赞子产为“博物君子”，晋代张华著有《博物志》一书，在这些文献中，“博物”有博览通识天下之物的意思。

在中国，有意识地对文物艺术品进行收藏和保护的行为出现得很早。河南安阳殷墟遗址已经发现多处埋藏甲骨的窖穴，这是商朝人集中存放卜用甲骨的遗存。周原地区发现的青铜器窖藏是西周贵族用来埋藏和保护本家族青铜礼器的地方。《春秋》桓公二年记载，鲁国在得到宋国赠予的“郜大鼎”后，将其“纳于太庙”，可知鲁国的太庙也设有收藏珍贵礼器的府库。公元前478年，在孔子去世后的第二年，鲁哀公特命将孔子在阙里居住的三间房屋作为纪念孔子的庙堂，陈列孔子的衣、冠、琴、书和生前所乘的车辆。司马迁曾经到此参观，瞻仰孔子遗风，并将其参观经历写入《史记・孔子世家》。这里已经具备了后世历史纪念馆的某些特征。

汉代以后，历朝皆设有收藏名人肖像、礼器法物和奇珍异宝的机构。西汉宣帝时曾在未央宫中建麒麟阁，并在甘露三年（公元前51年）将11位功臣像绘于阁上。东汉明帝永平三年（60年）建云台，将东汉中兴功臣28人肖像悬于台上，史称“云台二十八将”。隋炀帝时曾建“妙楷台”“宝迹台”，专门用于收藏魏晋以来的书法名画。《隋书・经籍志》记载，隋炀帝“聚魏已来古迹、名画，于殿后起二台，东曰妙楷台，藏古迹，西曰宝迹台，藏古画”。宋代崇古之风大盛，金石之学勃兴。宋徽宗宣和年间，皇家先后修建宣和殿、保和殿、稽古阁、博古阁、尚古阁等，专门用来收藏铜器、书画、古玉、印玺等各种古物，藏品总量多达万余件。宋代民间也有不少收藏家从事古器物的收藏和研究工作，如吕大临、赵明诚、欧阳修等。这一时期对古器物的研究催生了许多著录、题跋类的作品，如官修《宣和博古图》、吕大临的《考古图》、欧阳修的《集古录》、赵明诚的《金石录》等。明代，随着商品经济的繁荣，民间古物收藏、赏鉴之风大盛，甚至专门出现了一些古器物消费指引性质的书籍，如《长物志》《考槃馀事》《遵生八笺》等。清朝皇室极为重视对古器物的收藏，乾隆敕撰的《西清古鉴》《西清续鉴》《宁寿鉴古》诸书收录青铜器达4115件，而著录皇室书画藏品的《秘殿珠林》《石渠宝笈》两书则收录上起魏晋下至清朝中期的书画作品7757件。

我国古代除了有专门的文物收藏机构外，历朝历代还建立了许多苑囿、园林，这些可以被视为近现代植物园和动物园的雏形。周文王时曾建灵囿，其中麋鹿成群，鸟飞鱼跃。西汉上林苑广植四方果木花卉，达3100多种。隋唐所建苑囿，如西苑、北苑都开辟有专植某种果木的区域，如樱桃园、桃园、葡萄园和梨园，已具有农业试验场的意义。宋代汴梁的艮岳“括天下之美，藏古今之胜”。明清时期园林颇盛，既有皇家所建，如北京的圆明园、颐和园、静宜园等，也有私人所修，如苏州的拙政园、留园之类。

综上所述，我国古代已经出现艺术博物馆、自然博物馆以及历史纪念馆的萌芽。但是这些并不是真正的博物馆，因为其收藏只为少数统治阶级和贵族官僚所有，并没有向社会公众开放。即便如此，当近代西方博物馆的概念传入中国时，我国博物馆界的先驱很快将中国古代的博物馆萌芽同博物馆的概念联系起来，通过其内在的逻辑关系，使得博物馆这一舶来品迅速深入人心，为中国近现代博物馆的诞生奠定了坚实的基础。

二、近代中国博物馆事业的起步（1840—1911年）

从19世纪中叶开始，中国和西方在经济、政治、文化等方面加强了交流，中国社会逐步进入近代化。最早一批开眼看世界的中国人走出国门，以游记等方式记录了他们在西方国家的所见所闻，其中便有对西方博物馆的介绍。鸦片战争打开了中国的门户，来华经商或传教的外国人开始有意收集包括历史文物、动植物标本在内的各种藏品，在中国建立起最早的一批博物馆。国内有识之士出于启迪民智、发展科学的愿望，以西方博物馆为范本，开始创办中国人自己的博物馆。

（一）对西方博物馆的早期认识

鸦片战争以后，国内有识之士试图从西方借鉴经验，寻求治国强军的良策。他们在关注西方政治、经济制度的同时，也开始了解西方的教育、科学、文化制度。从这时开始，博物馆作为西方教育、文化制度中的一个重要机构，开始进入国人视线。

1849年，林鍼在赴美游历后，写成《西海纪游草》。该书将美国的博物馆称为"博古院"，作者似乎更多关注到了博物馆的娱乐功能："有一院集天下珍奇，任人游玩，楼上悬灯，运用机括，变幻可观。"[①]徐继畬于1848年完成《瀛环志略》，书中提到欧洲各国的军事博物馆，作者称其为"军器局"或"军工厂"，谈到西班牙的历史博物馆时则使用了"古玩库"这个称谓。1867至1870年，王韬在漫游英、法、俄等国后，将其经历写成《漫游随录》，书中述及西方国家博物馆的一些情况："英人于画院之外，兼有画阁。四季设画会，大小数百幅，悬挂阁中，任人入而赏玩。入者必予画单，画幅俱列号数，何人所画，价值若干，并已标明。"

① 林鍼：《西海纪游草》，《"走向世界"丛书》，岳麓书社，1985年，第36页。

通观上述著作，其中对于西方博物馆的记述还局限在介绍风土人情的感性层面，不是对博物馆的专门考察。虽然有人已经指出博物馆能够“广见闻，增智慧”，但是要求在中国建立博物馆的呼声并不强烈。19世纪后叶，维新派宣传“维新变法”思想，开始主张在中国建立博物馆。

维新派代表康有为曾在意大利详细考察博物馆，写成《意大利游记》，这是中国最早的一本西方博物馆指南，书中所记大部分是作者在意大利半岛瞻仰古迹和参观博物馆的经过。观览之余，康有为不由发出“甚憾吾国人之不能保存古物”的慨叹①。1898年，光绪帝接受康有为“劝力工艺、奖募创新”的建议，详定奖励章程十二款，其中特别提到奖励民办博物馆的办法：“第七款，如有独捐巨款，兴办藏书楼、博物院，其款至二十万两以外者，请特恩赏给世职。”虽然这些建议由于维新运动的失败而未能实行，但是在一定程度上扩大了博物馆的影响，为我国近代博物馆的建立奠定了舆论基础。

（二）外国人在华开办的博物馆

中国境内最早出现的近代意义上的博物馆是由外国人开办的。1829年，东印度公司的约翰·罗素·里夫斯等人在澳门创办了中国不列颠博物馆，该馆藏品多为在华英人于澳门及附近地区采集的动植物标本。中国不列颠博物馆在收取一定费用的基础上向所有英籍人士开放。1834年，英国东印度公司对华贸易垄断权终结，博物馆随之关闭②。

1872年，法国天主教神父韩伯禄（Pierre Heude）开始在上海规划建设“徐家汇博物院”。1883年，徐家汇博物院馆舍落成，每日午后准人参观，不收门票，但“须先投刺于法教士请其准许”，即会有人招待导观。1930年，博物院迁至震旦大学校内，由学校进行管理，更名为震旦博物院，内设生物研究部及古物部，收藏了大批中国植物及历史文物标本。震

---

① 康有为：《意大利游记》，《“走向世界”丛书》，岳麓书社，1985年，第131页。
② 李军：《19世纪西人在华博物馆的两种类型——兼论中国最早的博物馆》，《东南文化》2015年第4期。

旦博物院于1933年正式开馆，每周除星期二外每天下午开放，门票为国币20分。每年来这里进行研究的各国科学家很多，该院还经常选择标本中有特色的，分寄世界各处，以供专家考定。

1874年亚洲文会北中国支会（North China Branch of the Royal Asiatic Society）创办上海亚洲文会博物院，内设考古、动植物、古生物、地质等组，并对外举办展览和讲座。博物院开办后即向社会全面开放，“观者每日早九时起至晚五时止，星期六则下午二时起至四时止，任人入览，不取游资。所置物品，均有玻璃罩，观者不得擅动”。亚洲文会博物院内藏品种类丰富，陈列品分为考古、动植物、泉币、地质和古生物五组。1933年，亚洲文会大楼在原址重建为5层楼的上海博物院。震旦博物院与亚洲文会博物院共同构成当代上海自然博物馆的前身。

1904年，法国传教士赫立德（S. L. Hart）在天津法租界海大道新学中学内创办华北博物院，它是这所教会学校的附属博物馆，标榜“化鄙陋为文明，起衰颓为强盛”。华北博物院被西方人称为“有趣的博物馆”，因其藏品有当时中国的奇异物品和古物、禽兽标本、地质矿产标本以及王懿荣旧藏甲骨等，还有海南岛的一些民族学资料。

1904年英国浸礼会教士怀恩光（John Sutherland Whitewright）在山东济南开办广智院，其前身为1887年在青州建立的“博古堂”。广智院的陈列品主要是动物、地理、人文风俗、科技模型、历史文物等。该院除礼拜天外，其他6天对外开放。据统计，仅1912年观众就达23万人次。该院当时在全国影响很大，确实对增广民智发挥了积极作用。

此时期外国人在华开办的博物馆多由教会人员创建，因而与教会学校关系密切。另外，为了实现其在宗教宣传方面的职能，这些博物馆对公众教育活动也较为重视。从陈列内容和展览形式来看，这些博物馆均受到19世纪盛行于西方的自然历史博物馆的极大影响。总之，博物馆与教育的密切关系，以及自然历史类型的陈列取向，这些都深深影响到随后由中国人自己开办的博物馆。

（三）中国博物馆的建立

20世纪初中国民族资本主义工业迅速发展，实业兴国、教育兴国的理念深入人心。在此背景下，中国人创办的第一座博物馆——南通博物苑诞生了。

张謇（1853—1926），江苏南通人，清末状元。他主张实业和教育是“富强之大本”。1896年，张謇在南通创办大生纱厂，纱厂利润丰厚，成为张謇兴办教育和公益事业的经费来源。1903年，张謇去日本考察实业和教育，参观了日本的博览会和博物馆，受到很大启发，于是大力倡议创办博物馆。他向张之洞和清朝学部分别递交《上南皮相国请京师建设帝国博览馆议》和《上学部请设博览馆议》，建议在京师建立合图书、博物二馆为一体的“帝室博览馆”，然后“可渐推行于各行省，而府而州而县”，但是清朝政府对他的倡议并不热心。

1905年，张謇以个人财力筹建“南通博物苑”。张謇设计的南通博物苑（图3.5）是一座中国古代苑囿与西方博物馆理念融合的“园馆一体”式综合性博物馆。初建时，藏品分天产（即自然）、历史、美术、教育四部，1933年统计藏品总数为3605号。博物苑的室内展品包括古物、标本、艺术品、模型，室外展品有活体动植物、大型文物标本等。说明文字均使用中、日、西三国文字标明。1938年日寇占领南通，博物苑沦为日军马厩，馆藏文物大部分被损毁和掠夺。1949年中华人民共和国成立后，南通博物苑重获新生，其初建时的大体格局被保留下来。1988年，南通博物苑被国务院公布为“全国重点文物保护单位”。

南通博物苑创设的重要目的之一，是为了给张謇创办的通州师范学校提供博物学科实习所需的场地和标本。博物苑的功能定位被表述为“为本校师范生备物理上之实验，为地方人民广农业上之知识”。事实上，不仅通州师范学校，博物苑建成后，南通各学校的教师在讲授动、植、矿物课程，都会带领学生前往参观，时人称其为“南通各校专设之标本室”[①]。

---

① 徐坚：《名山——作为思想史的早期中国博物馆史》，科学出版社，2016年，第55页。

图3.5　南通博物苑

张謇将博物苑的办苑宗旨概括为“设为庠序学校以教，多识鸟兽草木之名”，也明确提示了博物苑的教育功能。

南通博物苑的出现开风气之先，带动了中国博物馆事业的初步发展，此后各地多有博物馆、陈列所之设。1905年，清学部侍郎严修在天津城隍庙开办了教育品陈列馆。1906年，北京乐善园被辟为农商部农事试验所，陈列自然标本。1908年，泰安创设教育博物馆。这一时期，还出现了一批反映民族工商业发展的陈列馆。如1906年湖南开办的商品陈列馆，1907年沈阳成立的华产商品陈列所，1908年江西设立的农工商矿总局陈列所等。

中国有着悠久的文物艺术品收藏历史。但是，中国人最早创办的一批博物馆却不是沿着文物艺术品收藏的路线水到渠成地发展而来，究其原因有二。其一，在中国人创办博物馆的过程中，被当成“范本”的西方博物馆理论及价值取向的影响不容忽视。19世纪末至20世纪初，恰逢西方博物馆与学校合作模式兴起，以及世界博览会对西方博物馆产生重要影响之时。其二，在中国人最早创办的一批博物馆中，自然史类和工业技术类博物馆占绝大多数，这些以工商业陈列和服务教育为目的的博物馆有效回应了中国民族资产阶级在社会文化方面的强烈呼吁。

三、中国博物馆的第一次发展（1911—1937 年）

1911年的辛亥革命推翻了清王朝的统治，1912年中华民国成立。临时政府明确规定，由教育部社会教育司负责博物馆业务。此后，在新政权接受皇室收藏和筹建国家博物馆的过程中，古物陈列所、故宫博物院、国立历史博物馆共同组成国家层面博物馆发展的群像。此外，近代化城市发展的需要，民众教育活动的促进，田野考古工作的推动等因素，也催生了一系列地方博物馆。伴随博物馆事业的发展，学术刊物、研究专著的出版以及专业组织的建设也相继实现。

（一）古物陈列所、故宫博物院与国立历史博物馆

民国初年，清废帝溥仪仍然居住在紫禁城，民国政府以“待各外国君主之礼相待”，并承诺“其原有之私产，由中华民国特别保护”。此时，以太和、中和、保和三大殿为核心的外朝划归民国政府内务部管理。1913年，内务部宣布利用紫禁城外朝空间成立古物陈列所。1914年，内务部将沈阳故宫和热河行宫的文物共20多万件陆续运至北京，作为古物陈列所的基本馆藏。陈列所将武英殿与文华殿辟为展室，并在武英殿以西的咸安宫旧址上建宝蕴楼，作为库房保存文物。古物陈列所规定，陈列品每周都进行更换，稀世珍品随时更易，不作长时间展陈，以便慎重保护。据不完全统计，从1928年7月中旬到1934年，该所共接待观众42.2万人次。1946年，古物陈列所并入故宫博物院。

1924年，冯玉祥将溥仪驱离紫禁城。民国政府成立“办理清室善后委员会”，负责清理清室财产和处理善后事宜。1925年9月善后委员会通过《故宫博物院临时组织大纲》，10月10日故宫博物院在乾清门广场举行成立大会，对公众开放。《北洋画报》如此记载当日情景：“故宫实行开放，都中人士趋之若鹜。而双十节之三路齐开，票资仅收半元，尤为创

举。禁城之内，六宫之中，无处不如蚁聚焉。”1928年，南京国民政府接收故宫博物院，并颁布了《故宫博物院组织法》和《故宫博物院理事会条例》，规定“故宫博物院直隶于国民政府”。1928至1931年间，因时局安定，故宫博物院稳步发展。除在部分宫殿展区实施复原陈列外，博物院还新辟宋元画陈列室、明画陈列室、清画陈列室、玉器陈列室、铜器陈列室等37个专门陈列室，出版影印字画、图书文献二百余种，定期刊物七八种。据统计，仅1934年故宫博物院的观众数量就高达52776人次。

1912年，在教育总长蔡元培的主持下，国民政府教育部在国子监筹办国立历史博物馆，以“搜集历代文物，增进社会教育”为宗旨。1917年，博物馆迁至紫禁城午门，以午门城楼和东西亭楼为陈列室，东西朝房和端门城楼为文物库房。国立历史博物馆除接收社会捐献和政府移交文物外，还积极通过考古发掘活动扩充馆藏。博物馆先后参与河北钜鹿宋代古城、山西万荣荆村遗址、河南信阳擂鼓台汉墓等处的发掘工作[①]。截至1926年，历史博物馆藏品达到21.5万余件，分为石器、玉器、陶器、兵器等26类。经多年筹备，国立历史博物馆于1926年10月10日正式开放，当月参观者即达18万人次。但是，1928年北伐胜利之后的政权更迭，使得国立历史博物馆失去了作为国家象征的地位。1929年，国立历史博物馆先由大学院古物保管委员会接收，后又改属教育部，再被划归国立中央研究院历史语言研究所。1933年，隶属于国民政府教育部的中央博物院筹备处于南京成立，国立历史博物馆划归其下，改名为国立中央博物院筹备处北平历史博物馆。在日军大举进犯华北的威胁下，历史博物馆的部分重要藏品也被运往中央博物院筹备处保存。

（二）地方博物馆的建设

中华民国成立后，随着近代科学教育和学校在全国的兴起，各界开明

---

① 徐坚：《名山——作为思想史的早期中国博物馆史》，科学出版社，2016年，第108～110页。

人士呼吁建立科学和教育博物馆。1916年，保定各学校和教育机关联合成立保定教育博物院。1918年，直隶省教育科及天津劝业所联合各级学校建立天津博物院。同年，江西教育厅筹设的省立教育博物馆正式开馆。1919年，山西省成立教育图书博物馆。1920年教育部在北京筹办教育博物馆。1928年以后，随着民众教育活动的兴起，各省出现兴办符合民众教育方针博物馆的高潮，甚至在县一级也出现了附属于民众教育馆的收藏。

在城市近代化的过程中，博物馆的兴建也成为近代都市展现文化面貌、塑造城市景观的重要手段。1933年，吴铁成主持下的上海市政府组织“上海市博物馆、图书馆、体育场筹备委员会”，拟在市中心区建设博物馆、图书馆、体育场各一座，“使上海成为真正典雅与健康的都市”①。在上海市博物馆的展陈设计中，展览主题分为历史和艺术两个部分。历史部分以上海本地历史为主题，其中不仅包括古代文物、文献，还包括上海新建设模型。在设计者的构想中，“历史部分专以表现上海发展的过程为宗旨……将使阅览者一瞥而亲受此世界六大都市之一的视觉的历史教育”。1937年1月，上海市博物馆试开放，但随之而来的上海沦陷，结束了上海市博物馆短暂的实践历程。

1928年10月，在广州市政府第107次市政会议上，广州市教育局局长陆幼刚提议：“查各国都市，均有宏伟之博物馆，即吾国北平市，亦有古物陈列所之设，革命策源地之广州，自应亟为创办。”这显然是将创建博物馆作为明确广州在全国城市中定位的重要手段。1929年广州市立博物院成立，在其馆藏结构中，包括总理遗物、刘师复之假手、七十二烈士之遗像在内的革命文物成为最有特色的组成部分②。这与广州市“革命策源地”的城市定位密切相关。

20世纪20年代以来，近代考古学指导下的田野考古发掘工作在中国多地开展，这为部分文物大省的博物馆建设带来契机。1928年10月10日，河南民族博物院正式开幕。为扩充馆藏，院长何日章组织人员于1929至1930

---

① 《上海市博物馆建设经过》，《民国丛书》第四编第81册，上海书店出版社，1992年，第366页。
② 徐坚：《名山——作为思想史的早期中国博物馆史》，科学出版社，2016年，第152页。

年，在安阳小屯殷墟遗址连续发掘两季，获得包括甲骨、铜器和陶器在内的诸多遗物，发掘遗物的整理报告也由博物院刊行。1930年，河南民族博物院更名为河南博物馆。此后，由河南古迹研究会主持的浚县新村、汲县山彪镇、辉县琉璃阁等处发掘所获也陆续纳入其馆藏。抗战全面爆发前，河南博物馆的藏品总数已达37万余件，每年参观人数可达25万人次。1925年，原山西教育图书博物馆更名为山西公立图书馆。1931年，山西公立图书馆参加了卫聚贤组织的万泉荆村遗址发掘活动，出土物包括石器、陶器、骨器、人骨等，并发现新石器时代陶窑一座。此次发掘所得被纳入山西公立图书馆的馆藏①。

与科学考古发掘并存的，还有民间盗掘古物的行为。为保护古物，民国政府先后颁布《限制古物出口令》（1914）、《保存古物暂行办法》（1916）、《古物保存法》（1933）等政令法律，使得古物归公观念深入人心。大批盗掘出土的文物被政府收缴后，也被纳入各地博物馆的馆藏。例如河南新郑李家楼器物群被收归河南博物馆，安徽寿县朱家集李三孤堆大墓器物群被收归安徽省立图书馆下设的博物馆。

（三）中央苏区博物馆的筹建工作

1931年11月，中华苏维埃临时中央政府成立之后，革命文物的征集和革命纪念馆的建立就被提上了议事日程。在第一次全国苏维埃大会决议的“中国工农红军优待条例”第16条中，明确提到博物馆一事：“死亡战士之遗物应由红军机关或政府收集，在革命历史博物馆中陈列，以表纪念。”1932年9月，中华苏维埃共和国临时中央政府发布《人民委员会对于赤卫军及政府工作人员勇敢参战而受伤残废及死亡的抚恤问题的决议案》，其中第四条规定：“凡赤卫军及政府工作人员，因作战而死亡者……但有革命意义的物品，应保存于革命陈列馆。”1933年6月，中华苏维埃共和国临时中央政府教育部决定在瑞金附近的叶坪建立中央革命

---

① 徐坚：《名山——作为思想史的早期中国博物馆史》，科学出版社，2016年，第254页。

博物馆，并向各级政府机关、党组织、部队和各群众团体征集革命文物，但残酷的战争环境使得这项工作未能实现。此外，在当时的中央革命根据地，还举办过一些展览会，如三次反围剿战利品的展览等。兴国县还设立了农产品陈列所，推广先进技术和改良品种。

（四）专业协会与学术著作

1912至1936年间，中国博物馆数量大增，各项教育活动逐步开展，国际交流日益频繁，政府也制定了有关博物馆的法规。在此形势下，博物馆界开始进入理论自省和学科定位阶段，于是博物馆学方向的研究著作出现，专业协会也建立起来。

1936年，中华书局出版费畊雨、费鸿年《博物馆学概论》一书，该书撰成于1931年，是中国博物馆学的开山之作。1937年，上海市博物馆刊行《上海市博物馆丛书》第一期，其中包括陈端志《博物馆学通论》，胡肇春《征集品之修复与保存》，徐蔚南《上海棉布》《顾绣考》，郑师许《铜鼓考略》《漆器考》，胡肇春译滨田耕作《古玉概说》，胡肇春、郑师许合译蒙特柳斯的《考古学研究法》，内容涉及博物馆学、考古学、文物学、藏品保护等多个领域。

1935年4月，中国博物馆协会成立，协会宗旨是："研究博物馆学术，发展博物馆事业，并谋博物馆之互助。"首任会长由故宫博物院院长马衡出任。中国博物馆协会会员分为机关会员、个人会员、永久会员、名誉会员四种，首批机关会员30家，个人会员116名，此后历次会议皆有增加。截至1936年，机关会员达到45家，基本涵盖国内主要的博物馆。中国博物馆协会设有专门委员会，分工研究博物馆学及与博物馆相关的各项学术，评审有关博物馆学论著。协会还负责编印博物馆丛书，出版双月刊《中国博物馆协会会报》。1936年中国博物馆协会编印了《中国博物馆一览》，列入博物馆62座。这是中国博物馆群体第一次整体亮相，为后世博物馆学者研究这一阶段博物馆的发展历史提供了宝贵的第一手材料。

四、抗日战争及解放战争时期的博物馆事业（1937—1949年）

从1937年到1949年，中国陆续爆发了抗日战争和解放战争。连年战争使得社会经济、政治、文化教育遭受严重打击，在这一时期，博物馆事业也遇到挫折，基本上处于停滞状态。

1938年10月出版的《时事月报》登载《抗战以来我国教育文化之损失》一文，提到沦陷区和战区42所博物馆、54所古物保存所损失藏品“共计二千九百八十四箱”，若以财产损失而论，“就可知者，中央博物院五十五万元”。1945年10月，国民党“战时文物保存委员会”曾举办全国公私文物损失登记，根据调查所得材料，分类编成《战时文物损失目录》，列有书籍、字画、碑帖、古迹、仪器、标本、地图、艺术品八项，文物损失总共3607074件，又1870箱，古迹741处。

战争虽然给博物馆事业带来严重灾难，但是，为了继续国民教育、激发爱国热情，国民政府在后方也新建了一批博物馆。如1939年在兰州创建的甘肃科学教育馆、1941年在成都建立的四川博物馆和1943年在重庆北碚创立的中国西部博物馆等。其中，中国西部博物馆是一所自然科学性质的博物馆，由多家国立科研机构共同筹建。该馆包括工矿、农林、生物、地质、医药卫生、气象地理六馆，陈列室28间，展出科学标本106077件，模型397件，图表、绘画700多张。据统计，从1944年12月底到1947年8月，中国西部博物馆共计开放827天，观众达16万余人次。

在中国共产党领导的抗日根据地，抗日民主政权广泛利用民众教育馆、展览馆、庙会举办展览，向人民群众进行反侵略的爱国教育和科学文化教育。例如，1939年陕甘宁边区举办了规模巨大的工业展览会，展品2.1万多件，观众数万人。1940年秋，八路军一二九师为庆祝百团大战胜利，追悼死亡烈士，举办了“军民死难烈士遗物展览会”，展出烈士的血衣、照片、遗物、图籍等，介绍烈士的英雄事迹。从1943年开始，延安每年都要举行一次大规模的、包括解放区工农业生产、军事、财政、司法、文教卫生等内容的综合性展览。据不完全统计，抗日战争时期，延安等地举办的文教、美术、生产、卫生等重要展览会不下一百场。

1945年抗日战争胜利后，故宫博物院、中央博物院、河南博物馆等博物馆陆续恢复工作。同时，国民政府对日伪地区的博物馆也进行了接收。但是，1946年国民党发动内战，博物馆事业再度陷入困境。1948年冬，中国人民解放战争胜利在望。国民党政府决定将北方一些大型博物馆中的文物南运，同时将故宫博物院、中央博物院和河南博物馆留存在南京的文物精品劫运台湾。1948年12月至1949年1月间，国民党政府将故宫博物院收藏的文物总计2920箱，约合231910件，分三批运往台湾。中央博物院收藏的文物852箱，计11729件，也在此时被运往台湾。这些文物构成台北故宫博物院（图3.6）的藏品基础。

图3.6　台北故宫博物院

五、中华人民共和国成立后博物馆事业的复兴（1949—2000 年）

中华人民共和国成立后，博物馆事业又蓬勃发展起来。在中国共产党的领导下，不仅原有博物馆得到了恢复与改造，针对新形势下经济、政治和文化的需求，新型博物馆也不断出现。

（一）原有博物馆的改造与整顿（1949—1952年）

中华人民共和国成立之初，所遗留的博物馆还有25座，其中尚包括9座外国人经营的博物馆。这些博物馆经过战火的摧残，多数已经陷入瘫痪或半瘫痪状态，亟待恢复和改造，以适应新社会的需要。

为明确对旧有博物馆的改造方向，文化部于1951年颁布《对地方博物馆的方针、任务、性质及发展方向的意见》，其中明确提出："博物馆事业的总任务是进行革命的爱国主义教育，通过博物馆使人民大众正确认识历史，认识自然，热爱祖国，提高政治觉悟与生产热情。"在这一方向指引下，故宫博物院举办了"皇帝与农民生活对比""清代革命史料""帝国主义侵华史料"等陈列，北京历史博物馆组织了"中国社会发展史"展览。

地方各级行政单位对外国人遗留博物馆的接收和改造工作也有条不紊地展开。例如，1951年天津市人民政府接收法国人创办的北疆博物院，筹建天津市人民科学馆，后更名为天津自然博物馆。1952年上海文化局接收亚洲文会博物馆，将其改组为上海历史与建设博物馆筹备处。同年，山东省自然科学研究所接管英国人兴建的济南广智院，后成为山东博物馆的东馆和自然陈列室。

（二）中国博物馆的第二次发展（1953—1966年）

1953年，我国开始执行国民经济建设第一个五年计划，1957年“一五计划”超额完成，国民经济进入快速增长阶段。伴随社会主义建设的全面展开，我国博物馆事业进入新的发展阶段。

1956年，全国博物馆工作会议在北京召开，会议第一次明确规定了博物馆的社会地位和作用，提出博物馆的基本性质是“科学研究机关”“文化教育机关”“物质文化和精神文化遗存以及自然标本的收藏所”。博物馆的基本任务是“为科学研究服务，为广大人民群众服务”。这就是中国博物馆界熟知的“三性二务”。

1958年9月，中共中央北戴河会议决定在天安门前建立中国历史博物馆和中国革命博物馆。1959年1月，两馆筹建领导小组制定了中国历史博物馆中国通史陈列原则，其中强调 “以阶级斗争为主线”，时代从五十万年前的中国猿人时期开始直至1840年封建社会末期，分为原始社会、奴隶社会、封建社会三个历史阶段。中国历史博物馆的通史陈列为此后各级地方博物馆的基本陈列提供了范本。中国革命博物馆是反映中国革命史的专门性博物馆，它主要收藏自近代以来的革命文物和党史资料，举办党史或中国革命史内容的陈列展览。1961年7月1日两馆正式对外开放。中国历史博物馆与中国革命博物馆成为新中国“文物博物馆事业进入发展新阶段的里程碑”。1958年9月，中央军委决定在北京兴建中国人民革命军事博物馆。该馆主要收藏中国人民革命战争和人民军队军史方面的文物资料，是陈列、研究中国人民革命战争和军队建设历史的专门性博物馆。1960年8月中国人民革命军事博物馆正式对外开放。

北京三大馆的建立，是20世纪50年代我国博物馆事业繁荣发展的重要标志，它们不仅集中了中华人民共和国成立10年来全国文物工作的新成果，也集中了10年来全国博物馆工作的丰富经验，在陈列的思想性、科学性、艺术性上都达到了我国博物馆事业前所未有的高度，显示出中国自己的特色①。

---

① 王宏钧：《中国博物馆学基础（修订版）》，上海古籍出版社，2001年，第107页。

在此时期，全国各地还陆续建立起一批具有相当水平的中、小型博物馆和各具特色的专门性博物馆。截至1957年，仅文化部门领导的博物馆即达73个，相当于1949年的三倍。除青海、西藏两地外，各省市自治区都有了博物馆。73个博物馆中，地志性博物馆31个，专门性博物馆19个，纪念性博物馆23个。博物馆藏品总数达350多万件，年观众1200万人次。中国博物馆事业在布局和类型等方面都朝着更合理的方向发展。

这一时期，博物馆事业的发展也经历了一些波折。1958年在全国掀起的博物馆“大跃进”运动，一味追求博物馆建设的速度和数量，提出要在三五年内达到县县有博物馆、社社有展览室的目标，致使博物馆的建设不顾质量，盲目冒进，打乱了博物馆发展的正常秩序。

（三）“文化大革命”时期的博物馆事业（1966—1976年）

“文化大革命”使中国博物馆事业再次陷入停滞。博物馆的“三性二务”被当作修正主义大加批判，许多博物馆的珍贵藏品被诬为“四旧”，许多博物馆的陈列展览被当作“封资修”的“黑货”批判，许多博物馆的业务研究人员和技术人员长时间“下放劳动”，甚至被迫调离本行①。这些都对中国博物馆事业造成了难以估量的损失。

1970年中共九大后，国务院正式批准成立“图博口领导小组”，以期恢复图书馆和博物馆方面的工作。随后，“图博口领导小组”成功筹办了全国出土文物展和出国文物展，大大强化了文物与博物馆工作恢复的势头。1971年7月，在周恩来总理的关心和推动下，关闭五年之久的故宫博物院重新开放。1973年，国务院成立国家文物事业管理局，主管全国的文物、博物馆以及图书馆事业。同年10月，中国历史博物馆的中国通史陈列恢复并对外开放。在这些积极因素的推动下，全国各地的博物馆工作开始逐步恢复。

---

① 王宏钧：《中国博物馆学基础（修订版）》，上海古籍出版社，2001年，第107页。

（四）改革开放时期的博物馆事业（1977—2000年）

1977年，国家文物局组织召开了全国文博图工作学大庆座谈会，会议强调对博物馆进行恢复和整顿，消除“文化大革命”在博物馆工作中造成的混乱。1977年，国家文物局在苏州召开全国博物馆文物保管工作座谈会，制定了《博物馆藏品保管试行办法》和《博物馆一级藏品鉴选标准》。经过近两年的恢复与整顿，我国大多数博物馆完成了对馆藏一级品的编目，藏品库房管理水平也获得显著改善。1979年，国家文物局在合肥召开全国博物馆工作座谈会，提出把博物馆工作重点转移到为实现四个现代化服务上来。会议还制订了《省、市、自治区博物馆工作条例》，这是中华人民共和国成立以来第一个系统、完整的博物馆管理条例。

20世纪80年代以后，随着改革开放的进行，中国博物馆事业再次进入蓬勃发展阶段，其成就主要体现在以下五个方面：

第一，博物馆数量大幅提升。据统计，仅文物系统的博物馆，1978年为349座，1985年增长到711座，到1990年已达1013座。20世纪90年代，博物馆的增长速度开始放缓，但数量仍持续上升，到1999年达到1357座，如果加上其他系统内的博物馆，其数量已超过2000座。再以藏品为例，1980年全国文物系统博物馆的藏品是612万件，1999年增加到930万件，如果加上其他系统的收藏，中国博物馆的藏品总数在2000年已达到2000万件左右。

第二，博物馆类型日益丰富多彩。长期以来，我国历史类和纪念性博物馆的比例一直较高，随着博物馆学理论的不断更新以及社会需求的日益增加，我国博物馆的类型也变得越来越丰富多彩。除历史类和纪念性博物馆外，行业博物馆、生态博物馆、数字博物馆等新型博物馆如雨后春笋般涌现。

出于弘扬行业文化，树立行业形象，保存行业遗产的需求，各种各样的行业博物馆应运而生，如中国宜兴陶瓷博物馆（1980年）、香港茶具文物馆（1983年）、潍坊世界风筝博物馆（1987年）、中国茶叶博物馆（1991年）、中华航天博物馆（1992年）、中国钱币博物馆（1992年）、澳门葡萄酒博物馆（1995年）、台湾三义木雕博物馆（1995年）等。

生态博物馆概念诞生于法国，其倡导者是法国的两位博物馆学家乔治·亨利·里维埃和雨果·戴瓦兰。1986年第4期的《中国博物馆》杂志转载了乔治·亨利·里维埃等学者于生态博物馆的重要论文，生态博物馆概念被正式引入中国。1998年11月，贵州省六枝特区梭嘎乡陇戛村建立了中国第一座生态博物馆。1999年，镇山、隆里、堂安等地也被纳入贵州生态博物馆群的建设计划。

数字博物馆于20世纪90年代在世界范围内兴起。在中国，"数字故宫"建设从1998年开始，以整个故宫博物院的信息化建设为开端，先后完成全院光纤综合布线、开通"数字故宫"网站等工作。故宫博物院还建成虚拟剧院，制作了我国第一部基于虚拟现实技术的关于故宫的作品——《天子的宫殿》，在故宫的部分展厅中还设有多媒体展示设备和电子画廊。

第三，博物馆的营建主体日渐多元化。改革开放以来，全国出现了国家办、部门办、集体办、个人办，多方动手办博物馆的势头。例如，中国铁道博物馆由铁道部作为营建主体建立，中国农业博物馆（1986年）的营建主体是农业部，中国航空博物馆（1989年）以中国航空学会为营建主体，中国丝绸博物馆（1992年）由国家纺织总会筹建。观复博物馆（1997年）、深圳玺宝楼青瓷博物馆（1998年）、中国紫檀博物馆（1999年）等，则都是由私人建立的。

第四，博物馆的规模和布局日趋合理。改革开放后，我国博物馆建设充分吸收和借鉴了国外博物馆中、小型化的有益经验，新建了大量具有灵活性、适应性，并且建设和运营成本也相对较低的中、小型博物馆。与此同时，一批大型博物馆也得到改建和扩建。由此，一个大、中、小型博物馆相互结合、和谐发展的现代化博物馆体系初步建成。

第五，专业学会的建立。1982年3月，中国博物馆学会在北京成立。学会通过举办专题学术讨论会，为博物馆提供咨询、培训专业人员和技术援助等方式，服务于中国博物馆事业的发展。学会还编辑出版了会刊、通讯、博物馆学专著、研究资料等，及时反映中国博物馆学研究的新成果和新动向。1983年7月，中国博物馆学会加入国际博物馆协会，成立国际博物馆协会中国国家委员会，此举有助于促进我国博物馆参与国际交流，扩大国际影响。

六、中国博物馆事业的新发展（2000 年至今）

21世纪以来，随着中国特色社会主义文化事业的蓬勃发展，中国博物馆事业的进步势头有增无减。这一时期，国家推出一系列有利于博物馆事业健康发展的政策法规。中国博物馆数量不断增加，博物馆类型进一步丰富。大量省级博物馆完成改扩建工程，出现了一批具有极大文化影响力的“明星馆”。在“以人为本”的服务型理念指导下，各级博物馆筹措优质展览资源，举办了一系列具有轰动效应的“巨型展览”。

2005年，文化部公布《博物馆管理办法》，其内容包括总则，博物馆设立、年鉴与终止，藏品管理，展示与服务，以及附则在内的五章内容，这是中华人民共和国成立后在博物馆界推出的最具行业法规性质的文件。2008年，中宣部联合国家文物局等有关部门发布了《关于全国博物馆、纪念馆免费开放的通知》。《通知》规定，全国各级文化文物部门归口管理的公共博物馆、纪念馆，全国爱国主义教育示范基地全部免费开放。此举有利于完善我国现代国民教育体系和履行教育功能，有利于发挥博物馆和纪念馆作为公益性文化机构的社会价值。2015年，国务院颁布《博物馆条例》，内容包括总则，博物馆的设立、变更与终止，博物馆管理，博物馆社会服务，以及法律责任在内的六章内容。与《博物馆管理办法》（2005）相比，《条例》凸显了博物馆的社会服务功能，建立并完善了博物馆的法人治理结构，进一步实现了国有博物馆与非国有博物馆在权利和义务上的同一。《博物馆条例》的出台将博物馆法规的效力等级提高到了行政法规的层次。

随着中国特色社会主义建设事业进入新时代，中国博物馆事业也进入新的发展阶段。如何通过博物馆的研究、教育和宣传工作宣扬社会主义核心价值观，培养文化自信？如何界定不同类型博物馆的功能，避免重复建设和资源浪费？如何协调博物馆的收藏、研究、教育、娱乐等社会功能？如何在多源话语权背景下重置博物馆与观众的地位？如何在博物馆工作中充分吸收现代科技发展成果？这些将是21世纪中国博物馆界需要认真思考的问题。

第四章

博物馆的类型

博物馆在演进与发展过程中，随着数量增长，面貌也日益凸显差异化。因而，依据一定标准为博物馆分类并探讨不同类型博物馆的特征则显得十分必要。博物馆类型的探讨也构成了博物馆理论研究与业务活动开展的基础。

第一节 博物馆类型概说

一、博物馆分类的意义

随着博物馆事业的蓬勃发展，博物馆面貌日益多元，呈现出不同的特质。博物馆分类的意义也由此显现。所谓博物馆类型，即指由一定数量的博物馆依据某种共同的标准相互联系所形成的类别。

从宏观层面来看，博物馆分类有利于掌握各类博物馆特点，便于国家博物馆行政管理部门进行分类统筹与管理，也有助于更科学地制定发展规划，指导博物馆事业建设。

从实践层面来看，同类型博物馆在业务活动、工作方式等方面具有较高的一致性，博物馆的分类有利于有针对性地指导不同类型博物馆的工作，从而有效提升某类博物馆的业务水平，创造更大的社会价值。

从理论层面来看，对博物馆进行分类，便于更深刻地认识各类博物馆不同的发展规律，对博物馆学研究具有重要意义。

然而，划分博物馆类型的标准与角度随着博物馆实践发展逐渐增加。不同国家与地区的博物馆事业发展也呈现出差异性。因此，世界各国的博物馆也很难形成公认的统一的分类标准。

二、国外博物馆的分类方法

维基百科认为，博物馆存在不同的类型，包括美术、应用艺术、工艺、考古学、人类学和民族学、传记、历史、文化史、科学技术、自然历史等类型的博物馆，以及儿童博物馆、动植物园。在这些类别中，许多博物馆专门而深入，如现代艺术、民间艺术、地方史、军事史、航空史、集邮、农业、地质等博物馆。而另一大类则属于百科全书式的博物馆，有代表性的世界百科全书式博物馆的收藏通常包括艺术、科学、历史、文化史等方面。

《大美百科全书》中将博物馆分为三大类：历史、艺术与科学。历史博物馆数量最多，有以呈现国家历史全面为主者，如俄罗斯国家历史博物馆（图4.1）；而呈现历史范围较小的，则有地域性博物馆、地方历史学会、城市史博物馆；历史古迹、名宅不论是原址保留或复建，或是大规模重建，都可归入历史博物馆；考古学、人类学及历史上的遗址亦然。艺术博物馆所收藏的不仅有雕塑、绘画等美术作品，也收藏有装饰艺术、民间艺术，以及原始民族的艺术。科学博物馆既有理论科学，也有应用科学类，不过有些科技类博物馆可以视为历史性质的。属理论科学范畴的博物馆包括自然科学博物馆，收藏岩石、植物、骨骼、动物标本等。此外，天文馆、水族馆、动物园和植物园亦属此类[①]。

图4.1　俄罗斯国家历史博物馆

① 光复书局大美百科全书编辑部：《大美百科全书》，光复书局企业股份有限公司，1990年，第399页。

美国的《新博物馆学手册》认为，博物馆的分类主要取决于其藏品。对博物馆的分类之所以会出现模糊或不确定的情况，有时是因为我们对形形色色的藏品的确切性质认识不够。在所有博物馆中，艺术博物馆与其他类型的博物馆之间的区别显得尤为突出，这是由于它们所基于的基本原理的差异所导致的。艺术是指有天赋者所创造的独特的、极其不同寻常的作品。我们称之为“艺术创作”的东西，其价值的衡量，乃在于作品本身。如果艺术家的创作产生了永久性的、物质形态的东西，那么它就会成为艺术博物馆的关注对象。所有其他类型的博物馆则是收藏那些典型、普通、大量生产的以及自然存在的物件，其价值的衡量不在于物件本身，而在于他们是自然界和人类文化的标本。在后一种类型的博物馆中，又存在把手工艺品作为人类历史的范例来收藏，与把自然标本作为自然界的范例来收藏的区别。因此，博物馆可以分为美术馆、历史博物馆和科技博物馆三种类型①。

《不列颠百科全书》将博物馆分为综合性、自然历史和自然科学、科学技术、历史、艺术五大基本类型。综合博物馆具有多个主题的藏品，因此有时被称为多学科或跨学科博物馆。此类博物馆多建于18、19或20世纪初期。它们大多起源于私人收藏并体现了那一时代的百科全书精神。自然历史博物馆和自然科学博物馆与自然界相关。它们的收藏品可能包含鸟类、哺乳动物、昆虫、植物、岩石、矿物和化石的标本。这些博物馆源于欧洲文艺复兴和启蒙运动时期私人的“珍宝柜”。自然标本在早期博物馆中便有收藏，如牛津大学的阿什莫林博物馆、伦敦不列颠博物馆和巴黎国家自然历史博物馆。随着自然科学在19世纪的大发展，展示自然世界的博物馆蓬勃发展，数量成倍增加。科学和技术博物馆关注科学思想和仪器的发展与应用。像自然科学和自然历史博物馆一样，科学博物馆也起源于启蒙运动。一部分科学博物馆发端于学术团体或私人收藏，此后，其发展涉及科学的应用，因此博物馆开始保存技术和科学成果的物质证据。现在，一些科技博物馆则专注于展示科学及其应用。历史博物馆这个术语经常被

① 〔美〕博寇著，张云译：《新博物馆学手册》，重庆大学出版社，2011年，第33页。

用于那些大多数情况下按年代顺序收藏、展示藏品的博物馆中。由于历史的广泛性，此类博物馆很可能拥有众多艺术和科学对象，因此它们更宜被称为综合博物馆。专门展示历史的博物馆可以在国家、省级或地方一级找到，特别是在较新的国家，它们被用来作为唤起民族意识和提供历史观点的手段。艺术博物馆，在一些地方也称为美术馆，审美价值是其接受藏品的主要考虑因素。传统上，这些收藏品包括绘画、雕塑和装饰艺术。许多艺术博物馆自19世纪建成以来，已包括工业美术及良好的工业设计①。

日本博物馆学者将博物馆的各种分类方法加以整理，形成了3个系列、7个类别、24个细目的分类体系，较为繁复而全面。第一系列按形态分类，包括三种具体分类方式，其一按种类分类，包括人文科学系、艺术系、自然科学系、生物科学系、综合系；其二按经营主体分类，包括国立、公立（都道府县市町村）、私立（法人、个人）、学校（大学、其他）；其三其他，如野外博物馆等。第二系列按职能分类，包括三种具体分类方式，其一按制度分类，包括注册博物馆、相当于博物馆的设施、类似于博物馆的设施；其二按学艺活动条件分类，包括学艺型、半学艺型、非学艺型；其三其他，如文化厅指定博物馆等。第三系列按目的分类，其中包括四种具体分类方式，其一按职能目标分类，包括收集保管型、研究调查型、公开教育型；其二按学习权利保证形式分类，包括创造的权利型、学习的权利型、自治的权利型；其三按目标分类，包括中央志向型、地区志向型、观光志向型；其四其他，如博物馆群等②。

三、中国博物馆的分类方法

国家文物局在对全国博物馆的年度统计中，粗略地按“博物馆性质”将中国博物馆分为文物、行业、非国有三类。这主要是出于国家文物局工

---

① https://www.britannica.com/topic/types-of-museums-398830.

② 〔日〕伊藤寿朗、森田恒之编著，吉林省博物馆学会译：《博物馆概论》，吉林教育出版社，1986年，第8页。

作的需要，这种分类方法中混入了隶属关系、所有制性质等不同标准，但有效地区分了国家文物局与三类博物馆间不同的行政关系。

国家文物局为加强博物馆行业管理，充分发挥博物馆的社会服务功能，促进博物馆事业发展，对中华人民共和国境内所有正式登记、注册并接受年检，具有文物、标本收藏保管、科学研究、陈列展览功能的，对外开放的各类博物馆，进行定级。国家文物局组织设立的全国博物馆评估委员会在综合管理与基础设施、藏品管理与科学研究、陈列展览与社会服务等各方面进行综合评议，以打分方式产生博物馆等级。中国博物馆等级从高到低依次为一级、二级和三级。此外，博物馆定级评估为博物馆自主申报，由于未参评或参评而未获得等级的情况存在，因此还有一批“无级别”的博物馆。博物馆的定级评估，可以规范对博物馆行业的管理，同时也对博物馆的发展以及竞争起到促进作用。博物馆的等级证书、标牌由国家文物局统一制作和颁发。博物馆等级一经评定，即向社会公布，接受公众监督，每3年进行一次运行评估，如果出现问题，博物馆存在被取消原有等级资格的可能。截至2017年1月，中国的国家一级博物馆总数达130家。

2015年颁布并实施的《博物馆条例》，按所有制性质将博物馆分为国有博物馆和非国有博物馆两类。利用或者主要利用国有资产设立的博物馆为国有博物馆；利用或者主要利用非国有资产设立的博物馆为非国有博物馆。并规定，国家在博物馆的设立条件、提供社会服务、规范管理、专业技术职称评定、财税扶持政策等方面，公平对待国有和非国有博物馆。截至2017年3月，我国的非国有博物馆数量达到1110 家，占博物馆总数的23.7%，已成为传承中华优秀传统文化的重要力量。

《中国大百科全书（第二版）》认为，划分博物馆类型的主要依据是博物馆藏品、展出、教育活动的性质和特点，其次是它的经费来源和服务对象。书中又将博物馆划分为五种类型：①艺术博物馆，包括绘画、雕刻、装饰艺术、实用艺术和工业艺术博物馆，也有把古物、民俗和原始艺术的博物馆包括进去的，有些艺术馆，还专门展示现代艺术；②历史博物馆，包括国家历史、文化历史的博物馆，在考古遗址、历史名胜或古战场修建起来的博物馆也属于这一类；③科学博物馆，包括自然历史博物馆，内容涉及天体、植物、动物、矿物、自然科学，实用科学和技术科学博物馆也属于这一类；④综合博物馆，主要是地志博物馆；⑤特殊博物馆，包括露天博物馆、生态博物馆、儿童博物馆、乡土博物馆，还有利用计算机和网络技术，模拟产生三维空间的虚拟博物馆等[①]。

中国还存在着其他的博物馆分类方式。较为常见的如按博物馆的隶属关系进行分类。据博物馆隶属的行政区级别，可分为国家级博物馆、省级博物馆、市级博物馆和县级博物馆等。还有按隶属行政系统进行分类的，如文化系统博物馆、教育系统博物馆、园林系统博物馆等。

再如按博物馆的建筑规模进行分类。1991年版《中国博物馆建筑设计规范》中将博物馆分为大、中、小型三类。大型馆，建筑规模大于1万平方米，一般适用于中央各部委直属博物馆和各省、自治区、直辖市博物馆；中型馆建筑规模为4000—10000平方米，一般适用于各系统省厅（局）直属博物馆和省辖市（地）博物馆；小型馆，建筑规模小于4000平方米，一般适用于各系统（地）、县（县级市）局直属博物馆和县（县级市博物馆）。随着近年来博物馆建筑规模日益增大及新功能空间的增加等情况出现，《规范》根据现实情况进行修订。2015年版《中国博物馆建筑设计规范》中按博物馆的藏品和基本陈列内容分类，将博物馆分为历史类博物馆、艺术类博物馆、科学与技术类博物馆、综合类博物馆四种类型。同时，按照博物馆总建筑面积划分为五类：特大型馆，大于5万平方米，如中国国家博物馆，其总建筑面积近20万平方米，河北博物院的总建筑面积为6.3万平方米；大型馆，在2万至5万平方米之间，如总建筑面积为3.5万平方米的江西省博物馆，总建筑面积为4万平方米的保定市博物馆新馆；大中型馆，在1万至2万平方米之间，如涿州博物馆，其总建筑面积为1.2万平方米；中型馆，在5000至1万平方米之间，如建筑面积为5500平方米

① 《中国大百科全书》总编委会编：《中国大百科全书》，中国大百科全书出版社，2009年，第275页。

的中国吉州窑博物馆；小型馆，小于等于5000平方米，如建筑面积为3120平方米的南昌县博物馆。

下文中将根据近年来我国博物馆的发展状况与特点，重点介绍遗址博物馆、高校博物馆、非国有博物馆、生态博物馆与社区博物馆等几种新型或越来越引起关注的博物馆。

第二节　遗址博物馆

一、遗址与遗址博物馆

（一）遗址的概念

目前，关于“遗址”的认识在学界尚未达成一致，1964年《威尼斯宪章》、1972年《保护世界文化和自然遗产公约》、1978年《国际古迹遗址理事会章程》、1982年《辞海历史分册考古学》对遗址定义的阐述不尽相同。《中国文物考古辞典》认为：“古代人类居住过的，或曾经从事过生产活动和战斗过的地方，如城址、宫殿址、洞穴址、村落址、工场作坊址、矿山冶炼址、道路桥梁址以及古战场址等，在考古学上都叫作遗址。”①

虽然学术界对遗址的定义各不相同，但有三个方面具有较强共性，即有人类参与、有周围环境、有突出价值。“有人类参与”表明遗址是人类历史活动的记录，“有周围环境”表明遗址是依托周围的自然和人文环境而存在的，是不可移动的，“有突出价值”表明遗址的珍贵和重要性。

① 何贤武、王秋华：《中国文物考古辞典》，辽宁科学技术出版社，1993年，第7页。

（二）遗址博物馆的概念

早在20世纪50年代，中国文博领域就已出现“遗址博物馆”的称谓[①]。1958 年陕西省西安半坡博物馆（图4.2）的建立标志着中国现代意义的遗址类博物馆的诞生，这是我国第一个以考古遗址为基体建立的博物馆。70年代兵马俑的发现和发掘，对中国遗址保护和遗址博物馆发展具有促进作用，而后建立的秦始皇兵马俑博物馆（现秦始皇帝陵博物院）成为全国乃至全世界的重要旅游地。进入80年代，遗址类博物馆进入发展的高峰期，各地遗址博物馆纷纷建立，同时，中国博物馆工作者也围绕遗址博物馆的相关问题进行研究，提出“遗址博物馆学”。2009年10月，中国博物馆学会考古与遗址博物馆专业委员会成立，成为国内第一个与遗址博物馆相关的学术团体。

图4.2　西安半坡博物馆展厅序厅

国际博物馆界对遗址博物馆的研究，一直落后于中国学术界。直至20世纪80年代，遗址博物馆在全世界范围内都缺乏可借鉴的先例，更没有规范性的定义。日本学者小川光旸与中国学者丁义忠先生在《亚洲的遗址博

① 《我国第一座遗址博物馆开放》，《文物参考资料》1958年第4期。

物馆——现状与课题》一文中就提到："就遗址博物馆而言，如果想从美国或欧洲寻找学习榜样那简直是毫无意义的。"①

1982年，国际博物馆协会对遗址博物馆进行定义，认为"遗址博物馆是以保护移动或不可移动的自然或文化的遗产为目的，建立在原址上，也就是在遗产被创造和发现的地点上的博物馆"。

1999年出版的《遗址博物馆学概论》认为"在古文化遗址上建立针对该遗址文化进行发掘、保护、研究、陈列的专门性博物馆"。借鉴国外对遗址保护类建筑的定义，可定义为展示原址、原貌的博物馆，意为专以博物馆经营的现场保存展示的考古遗址，一般称为考古遗址博物馆②。

郭向东认为："人们为保护这些人类或自然遗存而在这些遗存产生和被发现的原始地方建立的博物馆就是遗址性博物馆，习惯上称之为遗址博物馆。"③

综上所述，我们可以认为遗址博物馆是指依托考古遗址，以发掘、保护、研究、展示为主要功能的专题博物馆。由于考古遗址的空间是"发生历史的地点"，因此遗址博物馆具有其他博物馆所不具备的天然情境。"遗址博物馆是博物馆空间内容与形式在时间上相统一的一种形式，两者的时间都是指向过去的同一点。这是遗址博物馆时空的最根本特点。这种在历史时间上自然统一的时空突破了传统博物馆的局限。"④

（三）遗址对于遗址博物馆的意义

1. 遗址本身对博物馆的重要性

联合国教科文组织发布的《保护世界文化和自然遗产公约》把考古地

① 小川光旸、丁义忠：《亚洲的遗址博物馆——现状与课题》，《中国博物馆》1985年第4期。

② 吴永琪、李淑萍、张文立：《遗址博物馆学概论》，陕西人民出版社，1999年，第7页。

③ 郭向东：《遗址博物馆的分类》，《考古学与博物馆学研究导引（下）》，南京大学出版社，2011年，第155页。

④ 单霁翔：《实现考古遗址保护与展示的遗址博物馆》，《走过关键十年：当代文化遗产保护的中国经验》第3卷《走向"大千世界"的中国博物馆》，译林出版社，2013年，第125页。

址单列出来作为遗址，认为所有的考古发掘点都是遗址。从成因和价值方面看，遗址具有其固有属性——在人类历史发展过程中形成并遗留下来的具有特定价值且不可移动的人类活动遗存。正因为学术界对遗址的界定并不统一，因此关于遗址博物馆的定义，也有不同的观点。也有人说是“在遗址保护区划内，以遗址保护为前提，以遗址价值展示为目的，对文化和自然遗址本体及（或）其附属的可移动文物进行保护、研究、收藏和展示的专门机构”[①]。单霁翔认为遗址博物馆是“依托考古遗址，以发掘、保护、研究、展示为主要功能的专题博物馆”[②]。以上观点或有区别，但其核心都是围绕遗址存在，即遗址博物馆必须在遗址的基础上建立，围绕遗址来开展一系列工作。

2. 遗址博物馆的藏品具有不可替代性

与一般博物馆藏品来源不同，遗址博物馆的藏品，大多数为本遗址发掘出土，且数量相对有限。从藏品收藏范围和种类看，遗址博物馆不如综合博物馆范围广、种类多，而是相对比较集中，主要就是遗址、遗迹和遗址出土文物或标本。在很大程度上讲，遗址是这类博物馆最重要的收藏品。另外，由于遗址具有不可移动性，遗址出土文物或标本亦不能脱离遗址这一母体而单独存在，这种特殊藏品的保存就只能是就地保存；又由于遗址的唯一性和不可再生性，失去它，所谓遗址博物馆就不能存在，所以遗址本身的保护就显得尤为重要。

3. 遗址环境对博物馆的重要性

遗址博物馆物的构成物，除了遗址本身、遗址出土物外，还应包括遗址的所在环境。遗址所在的环境对我们解析遗址是很重要的，有的甚至本身就是遗址的组成部分。如北京山顶洞人遗址、广西白莲洞文化遗址，离

---

① 崔光海：《中国遗址博物馆建筑研究初探》，清华大学建筑学院博士学位论文，2008年，第13页。

② 单霁翔：《实现考古遗址保护与展示的遗址博物馆》，《走过关键十年：当代文化遗产保护的中国经验》第3卷《走向“大千世界”的中国博物馆》，译林出版社，2013年，第125页。

开了洞穴周围的植被及山体，那么这些岩厦洞穴作为远古人类居址的意义就会大大降低，也就无法理解古人在选择居住环境的意图。博物馆的一切工作都是围绕博物馆的遗存开展的。对遗址周围环境的保护是目前遗址博物馆建设中认识的进步和保护的重点。特别是目前中国城市化与遗址保护矛盾突出的情况下，对遗址环境影响、对城市空间的营造是需要格外重视的。因此，遗址环境的保护和展示是需要明确提出的遗址博物馆的重要任务之一。

二、遗址博物馆的建设理念与模式

遗址博物馆的建设必须在科学保护考古遗址的前提下，协调考古科研、遗址保护、社会展示，以及经济社会发展、居民生活改善等诸多方面的关系。因此，建设应具有整体规划性与循序渐进性。

（一）遗址博物馆的建设理念

遗址博物馆建设，首先应当保护遗址本体及其周围环境。伴随考古遗址保护项目的推进，越来越多的遗址博物馆设计者更加关注考古遗址本体与环境的维护，而对博物馆建筑形式的表现保持克制。这种思路以保护考古遗址的真实性和完整性为前提，以对历史信息和背景环境的最小干扰为原则，重新理解遗址博物馆在选址建设、功能组织和表现形式等方面应该遵守的理念和规则[①]。如西汉南越王博物馆，在构思阶段就明确“突出以古墓为主题，保持遗迹的历史纯洁性和历史可读性，参照《威尼斯宪章》的原则，在遗迹与新构筑之间，外观识别要有明显的区分，不以今损古，不以假乱真”，“尊重环境，结合陡坡和山岗地形，上下沟通，将展馆与墓

① 单霁翔：《实现考古遗址保护与展示的遗址博物馆》，《走过关键十年：当代文化遗产保护的中国经验》第3卷《走向“大千世界”的中国博物馆》，译林出版社，2013年，第130页。

室空间有机地连成一个整体”①。即围绕南越王墓本体及其周围环境，在保护遗址原始风貌的前提下，进行博物馆建筑与功能设计，将展馆与墓室作为一个整体统筹考虑。

坚持可移动文物与遗址本体在原生地进行就地保护的原则不是将文化遗产搬移到博物馆建筑里，而是将其保留在原生地和原生环境中。遗址和一般的可移动文物不一样，它是和人的生活相结合，和相应的地理、自然环境风貌的结合体。遗址出土的文物应该作为遗址的一部分就地建设博物馆，进行原址保护。遗址出土的文物一旦脱离了文物原生地，就形成不了独具特色的地域文化，保护也就失去了意义。联合国教科文组织曾在1965年，将遗址保护工作从国际博协分裂出来，另组成国际古遗址理事会，将考古遗址的展示以露天遗址公园为主，而将考古遗址出土文物以易地建设博物馆展示为主。苏东海先生对此做出评价，认为“把遗址与博物馆分离开来是一种倒退，是国际博协决策中的一个重大错误”，“这些年的实践也已经证明了，把遗址和博物馆分离开，不仅不利于遗址的保护，也不利于遗址博物馆的建立与发展。由于错误观点的误导，国际博物馆界对遗址博物馆的实践和研究，至少落后于中国20年以上”②。

（二）遗址博物馆的选址与建设模式

博物馆作为公共性建筑，选址是建筑策划中极为重要的一环，馆址选择是否恰当，不仅关系着博物馆社会效益的发挥、藏品的安全保障以及未来的扩建发展，而且也关系着博物馆对城市环境的影响。一般博物馆的选址，通常具有多种可选择的空间，而遗址博物馆的选址截然不同。遗址博物馆具有选址的相对确定性，遗址博物馆选址不能脱离遗址而存在。一般而言，遗址博物馆的位置应该在遗址之上或遗址附近，远离遗址的遗址博物馆也就失去了建设的意义。遗址博物馆的最大、最明显的展示品就是遗

① 莫伯治：《西汉南越王墓博物馆规划设计》，《莫伯治文集》，广东科技出版社，2003年，第236页。

② 苏东海：《序言二》，《遗址博物馆学概论》，陕西人民出版社，1999年。

址本身，而遗址的位置是固定不变的，同时遗址保护区范围内，可能还有未发掘或未发现的遗址痕迹。因此，遗址博物馆的选址，必须首先确定遗址保护区的范围，搞清楚保护区内遗址的功能与布局情况，再参考遗址的位置选取合适的位置作为博物馆所在地。

遗址博物馆应该与其他旅游文化娱乐设施临近或联合，形成规模效应。当今博物馆的功能已向多元化方面发展，参观博物馆不仅仅是单纯的学习和欣赏，也是一种休闲和娱乐。在遗址博物馆规划建设时，应该充分考虑与其他旅游文化娱乐设施相组合形成规模效应，这样可以为博物馆提供更多的观众来源。如西安市临潼区的秦始皇帝陵博物院、华清池、唐华清宫御汤遗址博物馆相互邻近，处于同一条旅游线上，它们的联合形成一定规模，成为西安一日游的最佳选择。

根据遗址博物馆选址位置和建设方式的不同，可以分为四种基本模式：直接建在考古遗址上面的遗址博物馆；建在考古遗址保护范围内的遗址博物馆；建在考古遗址建设控制范围内的遗址博物馆；建在考古遗址附近的遗址博物馆。[①]

第一种选址和建设模式，即直接建在考古遗址上面的遗址博物馆，往往以建筑物覆盖考古遗址空间，以遗址现场为主要展品，同时达到考古遗址保护的目的。汉阳陵博物馆（图4.3）是中国第一座对考古遗址发掘现场实现全封闭保护的地下展示建筑，成为兼顾考古遗址保护和博物馆建设的成功范例，被业界称为“汉阳陵模式”。而秦始皇帝陵博物院是以秦始皇兵马俑博物馆（图4.4）为基础，以秦始皇陵遗址公园为依托的一座大型遗址博物院，主要参观点包括秦兵马俑一、二、三号坑、铜车马陈列厅及相关临时陈列。同时，秦始皇帝陵博物院也是以秦始皇陵及其背景环境为主体，基于考古遗址本体及其环境的保护与展示，融合了教育、科研、游览、休闲等多项功能的公共文化空间。

---

① 单霁翔：《实现考古遗址保护与展示的遗址博物馆》，《走过关键十年：当代文化遗产保护的中国经验》第3卷《走向“大千世界”的中国博物馆》，译林出版社，2013年，第131、132页。

图4.3　汉阳陵博物馆

图4.4　秦始皇兵马俑博物馆

第二种选址和建设模式，即建在考古遗址保护范围内的遗址博物馆，往往以建筑物覆盖部分重要的考古遗址，与保护范围内的其他考古地点形成整体性的考古遗址保护展示空间。安阳殷墟博物馆（图4.5）是在保护范围内建设考古遗址博物馆的成功范例。出于对考古遗址保护和考古遗址参观流线的综合考虑，殷墟博物馆选址在殷墟宫殿遗址与洹河河道之间，宫殿宗庙保护区东侧的考古遗址保护范围内。殷墟博物馆集中展示在殷墟发掘出土的文物精品，有效整合了国家和地方保管的文物资源，使大批出土文物回归原生地，得到妥善的保护与展示，解决了考古成果社会化、普及化的问题，这种互利双赢的做法被称为“安阳模式”[①]。

图4.5 殷墟博物馆

第三种选址和建设模式，即建在考古遗址建设控制范围内的遗址博物馆，往往将博物馆作为整个考古遗址的展示中心，展示考古发掘成果，并可以就近参观保护范围内的考古遗址。如杭州南宋官窑博物馆（图4.6）位于杭州玉皇山以南乌龟山西麓，地处西湖风景区南缘，著名的郊坛下南宋官窑遗址就坐落在馆区之中，是中国第一座依托古窑址建立的陶瓷专题博物馆。

图4.6 杭州南宋官窑博物馆展示厅

① 单霁翔：《实现考古遗址保护与展示的遗址博物馆》，《走过关键十年：当代文化遗产保护的中国经验》第3卷《走向“大千世界”的中国博物馆》，译林出版社，2013年，第135页。

第四种选址和建设模式，即建在考古遗址附近的遗址博物馆，是将博物馆建在已经探明的考古遗址保护区以外，并与考古遗址密切相关区域，距离考古遗址不远，以展示考古遗址出土文物和相关信息为主。伴随考古遗址公园的建设，一批遗址博物馆相继落成，例如安阳殷墟遗址博物馆、金沙遗址博物馆、隋唐洛阳城定鼎门遗址博物馆等。这些遗址博物馆既对重要考古遗址或出土文物进行保护展示，又通过博物馆选址与建设强化考古遗址的主题。作为考古遗址上的增建内容，遗址博物馆在选址、功能、建造、展示和景观等方面，必须遵守反映真实性和可读性的原则，其中最直接的就是室外建筑形式，清晰的古今并置往往有利于准确传递文化信息①。

三、遗址博物馆的职能

遗址博物馆的最重要职能就是对遗迹、遗物的保存职能，这也是历史类相关博物馆中的基础职能。遗址博物馆建立之后，要继续加强对本遗址出土的文物及遗址本身进行保存、修复、展示等工作。遗迹、遗物的保存设计也是遗址博物馆设计的重点。如秦始皇帝陵博物院下设文物保护修复部，是负责该院文物的科技保护与修复的业务职能部门，具体工作包括负责院藏文物科技保护与修复的科学研究和实施工作和博物院考古发掘出土文物的现场保护与修复工作等。对遗址的保护是其他一切工作的前提，博物馆因遗址而存在。遗址博物馆本身的价值是建立在遗址基础上的，这就要求对遗址保护时保持其原状，保持遗址的原真性。

遗址博物馆具备的博物馆一般职能主要是对遗址的展示、传播等工作。博物馆的教育活动，包括围绕文物藏品和陈列展览开展的讲解、导览等教育活动。而最能体现遗址博物馆特色的就是立足于博物馆情境——

---

① 单霁翔：《实现考古遗址保护与展示的遗址博物馆》，《走过关键十年：当代文化遗产保护的中国经验》第3卷《走向“大千世界”的中国博物馆》，译林出版社，2013年，第134页。

基于博物馆作为收藏人类和人类环境的物质见证的文化机构所体现出的文化氛围——开展的活动①。如金沙遗址博物馆的文化活动包括“金沙太阳节”“金沙找魂”“金沙讲坛”“金沙智慧堂”“金沙鹿苑”等系列活动，尤其是金沙太阳节，是金沙遗址博物馆充分发掘金沙遗址具有的文化内涵，精心打造的金沙文化的子品牌，凭借“精湛的演出、精巧的活动、精彩的夜游”，让游客穿梭时空回到古蜀时代，亲自解密每一个金沙的未解之谜。而杭州南宋官窑博物馆开展的社教活动就包括讲解服务、陶艺活动（含拉坯、捏塑、软陶、彩绘）以及利用官窑商店经营精美陶瓷、工艺品，为观众和游客对外接订各类仿南宋官窑瓷器及现代陶艺产品业务，收到较好的经济效益和社会效益。

第三节　高校博物馆

一、高校博物馆的概念

高校博物馆作为博物馆行业的重要组成部分，是培育大学校园人文精神的特殊教育载体，在传承中华优秀传统文化、塑造大学精神方面扮演着至关重要的角色。《国家文物局、教育部关于加强高校博物馆建设与发展的通知》指出：“高校博物馆是为了教育、研究、欣赏的目的，由高等学校利用所收藏的文物、标本、资料等文化财产设立并向公众开放，致力于服务高等教育发展和社会文化发展的社会公益性组织。”②

高校博物馆的最大特点就是其隶属于高校，“其与主要隶属文化、文物部门的博物院、馆，美术馆，纪念馆，文物保护单位，及部分自然

① 田军：《遗址博物馆的引人求真趋美之路——从遗址谈起》，《跨湖桥文化国际学术研讨会论文集》，文物出版社，2014年，第134页。

② 国家文物局、教育部：《关于加强高校博物馆建设与发展的通知》（文物博发〔2011〕10号）。

保护单位、森林公园、动物园、植物园等既有广泛的共性，也存在着个性”[①]。作为博物馆系统中的一员，高校博物馆具备一般博物馆的全部功能，收藏大量珍贵文物藏品、具有比一般博物馆更强的研究能力、面向观众开放，在社会教育活动方面独树一帜。

二、高校博物馆的发展

（一）高校博物馆的发展历程

博物馆与大学渊源深厚。高校博物馆在国外已有悠久历史。1683年英国牛津大学成立阿什莫林艺术与考古博物馆（图4.7），并正式对外开放。这个博物馆不仅有展厅，还有研究室、教学室、报告厅，将收藏、研究和教育融为一体。该馆成立后很快成为牛津大学一个独立的学术研究机构，并为传统高校博物馆的组织建构和学术角色确定了基本模式——将博物馆收藏、专业人员和教学研究三方面结合在一处，形成一个

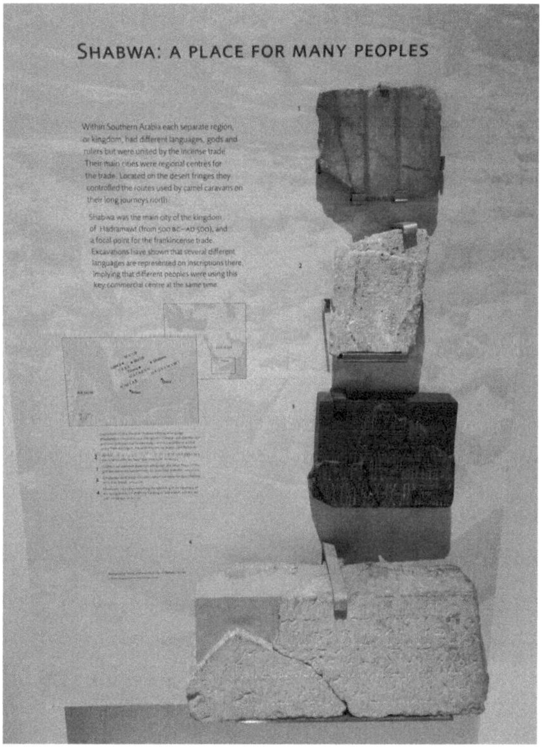

图4.7　阿什莫林博物馆陈列

① 周晓陆、徐燕：《试谈我国高校博物馆的特点》，《中国博物馆》1997年第3期。

相对独立的学术研究机构的博物馆组织和运营机制，对此后三百多年高校博物馆的发展产生了决定性的影响。

在近代学术发展的推动下，欧洲、美洲、大洋洲地区的高校博物馆事业得到长足发展。18世纪英国剑桥大学建立起地质学、动物学和考古学博物馆；位于曼彻斯特的维克多利亚大学创建了曼彻斯特博物馆；德国波恩、慕尼黑等德国主要的大学新建或扩建了自然科学领域的高校博物馆；美国哈佛大学皮波第考古学和人种学博物馆的藏品和服务得到充分重视和拓展；澳大利亚墨尔本大学通过向欧洲订购、征集私人收藏等形式极大地充实了高校博物馆的收藏。由于高校博物馆收藏的专业性和丰富性，一些国家的高校博物馆甚至充当起该领域代表国家水准的国家博物馆角色——如挪威自然历史和考古学领域的国家博物馆便隶属于挪威伯根大学（Bergen University）。

中国最早的博物馆——南通博物苑即建在当时的通州师范学校内。张謇认为教育事业关系着国家命运和民族存亡，而博物馆是普及知识、培养人才的教育机构，是学校教育的后盾，其设立博物馆的目的在于“搜集中外动植矿工之物，乡里金石，先辈文笔，资我学子察识物理”。四川大学博物馆是中国西南地区建立最早的博物馆，也是中国历史最悠久的博物馆之一，其前身是1914年创办的华西协合大学古物博物馆，拥有“中国古物美术品室、中部陈列室和西藏物品陈列室”等大型陈列馆[①]。到20世纪40年代，华西协合大学古物博物馆就已经发展为一座规模较大，海内知名的博物馆，享有“西南最完善之博物馆”的美誉。民国时期的高校博物馆发展迅速，如1933年成立的齐鲁大学成章博物馆，开陈列厅5间，采用当时比较先进的立式联合玻璃橱陈列，向全校师生开放，并有组织地向社会开放。

（二）当代中国高校博物馆的发展

改革开放以来，特别是进入21世纪以来，随着科教兴国和文化大发展

① 卫聚贤：《华西大学博物馆参观记》，《说文月刊》1940年第8期。

大繁荣战略的实施，高校博物馆蓬勃发展，为满足广大人民群众日益增长的精神文化、教育学习需求做出了积极贡献。如吉林大学已与国外10余所博物馆和国内百余所博物馆以及高校博物馆建立了广泛联系，在博物馆建设、学术研究和科学普及等多方面进行了合作交流并面向社会开放，成为当地文化旅游和科普教育的极佳场所。

据国家文物局发布的《2015年度全国博物馆名录》统计，全国共有在省级文物行政部门登记在册的高校博物馆74所，其中国家二级博物馆1所（中山大学生物博物馆），国家三级博物馆1所（中南民族大学民族学博物馆），无级别博物馆72所；按照博物馆所属行业划分，归属文物行业3所（北京服装学院民族服饰博物馆，中国地质大学逸夫博物馆，中国人民大学博物馆），非国有博物馆2所（青岛黄海学院博物馆，西安海棠职业学院中医美容博物馆），教育行业博物馆69所。

在馆藏文物数量方面，以南京师范大学生命科学学院珍稀动植物标本馆为例，其前身为东吴大学和金陵女子学院自然标本室，经过一个世纪的积淀，至今标本已达万余件。在我国高校博物馆中拥有万件以上藏品的博物馆比比皆是，如四川大学博物馆（图4.8）现有文物五万三千余套（八万四千余件），包含石刻、书画、陶瓷、青铜器、古钱币、古印、刺绣、漆器、拓片等几十个门类，其中尤以书画、陶瓷、美术雕刻以及民族文物、民俗文物等方面的收藏最有特色，称誉国内文博界；河北大学博物馆（图4.9）馆藏动物标本150余万件，文物七千多件。

图4.8　四川大学博物馆民族学陈列馆

图4.9 河北大学博物馆

当前，高校博物馆出现一个显著特点——由校友为代表的社会力量广泛参与到高校博物馆的建设过程中。如浙江师范大学陶瓷艺术馆和邱季端捐瓷北师大事件，虽然饱受争议，却反映出社会各界对高校博物馆的广泛关注。未来我国高校博物馆除了保持现在的这种由高校自行投资运营的模式之外，还可能出现其他类型的运行模式，其投资主体可以有地方政府、慈善家、企业家和本校毕业学生“反哺”母校等多种，而投资主体的多样性在一定程度上也决定着运行模式的多样，以及运行理念的多样。这一切都将成为促进我国高校博物馆蓬勃发展的平台与力量[①]。

随着高校博物馆的发展，高校博物馆也逐步走出校园，开始与文物行业进行广泛联系，加强各方面的交流与合作。1994年，“中国博物馆学会高等学校博物馆专业委员会”作为中国博物馆学会下属的一个专业委员会正式成立。“中国博物馆学会高等学校博物馆专业委员会”是中国博物馆学会下属的二级专业学会，是高校博物馆按自愿原则组成的学术性组织，其目的在于团结广大高校博物馆工作者，开展学术交流活动，促进我国高校博物馆事业的繁荣与发展，为社会主义精神文明和物质文明建设服务。该组织自成立后，一直致力于促进高校博物馆之间的联系与合作，组织学术交流，每两年定期举办一次学术研讨会，为有关中国高校博物馆发展的研究工作提供了重要的平台。“中国博物馆学会高等学校博物馆专业委员

① 桑世波：《我国高校博物馆发展刍议》，《中国文物报》2013年3月6日第6版。

会”的成立说明当时越来越多的高校博物馆工作人员已经从博物馆学的角度关注高校博物馆的情况。

为了统筹整合全国高校的博物馆资源，为了全面发挥高校博物馆的文化特色与育人功能，2012年5月30日，“全国高校博物馆育人联盟”在上海成立。该联盟旨在“发挥高校博物馆在人才培养、科学研究、社会服务和文化传承创新等方面的职能”。“全国高校博物馆育人联盟”的成立将成为各高校博物馆沟通交流的平台和纽带，将积极推动各馆的深度合作和资源共享，使得高校博物馆充分发挥其育人功能，创造文化育人的新模式，成为提升大学文化传承、城市文明建设的重要力量。

三、高校博物馆的功能

高校博物馆植根于大学的深厚土壤，是大学深厚学术和文化积淀的重要标志。高校博物馆的社会功能，与一般博物馆完全相同，都是对文物展品的收集保存、研究、陈列展示，对公众进行宣传教育，传播精神文明。同时，高校博物馆除了具备一般博物馆的功能之外，作为学校的教育基地，更多的是侧重为高校的教学、科研和人才培养服务。它不仅具有公共博物馆的共性，即收藏、研究和教育，也具有自身的特殊性，即作为隶属于高校的个性，能更加有效地发挥其教育功能的优势。高校博物馆大多出自教学和科研的需要，对课堂教育有辅助功能，是文化素质教育基地。这是高校博物馆区别于其他博物馆的最有代表性的资源优势①。

（一）服务教学

作为学校教学基地，履行作为教学基层单位的职责，这是学校对所属博物馆的首要要求。剑桥大学历史博物馆馆长认为，高校博物馆是为大学

① 胡彧洁：《关于中国高校博物馆发展的思考》，《中国民族博览》2016年第11期。

服务的，博物馆应该庆幸其唯一性，而不是总是为此不停地作解释。博物馆可以娱乐中学生，但博物馆还有更重要的任务，那就是“为高等教育服务”[①]。

高校博物馆在辅助教学工作中，力争做到形式多样、内容丰富。我国高校博物馆从建立之初就肩负辅助教学的使命，以开拓学生的视野为己任，积极主动与校园文化协调起来，转变工作观念，从对“物”的保管转移到为“人”的服务上来。利用博物馆完整系统的资源更进一步打造强势学科和深化专业教育，弥补空洞和抽象的课堂教学之不足，扩大学生的知识面并培养其兴趣和加深其理解，使学生在欣赏展品的过程中达到对其内涵层次的理解。博物馆也应成为师生创造实践的理想之地，可不时收藏和展出一些代表师生集体智慧与劳动结晶的作品，增强他们的自豪感并激励他们的创作热情。博物馆也是大学良好的科普教育场所，可将最新科技成果通过平台展示给广大学生，这也是生动的励志教育课。如中山大学人类学博物馆的馆藏资源可以为人类学、历史学、民族学、考古学、地质学和古生物学十几个学科的教学研究服务，让学生通过走进博物馆亲身体验的方式，将书本上难以理解的术语变得亲切可感。

（二）服务科研

高校作为实施高等教育的场所，进行科研攻坚是其重要任务之一。高校博物馆的蓬勃发展为大学学术的建设和进步提供了必不可少的研究资源，18世纪初期到19世纪末期，自然科学领域发生的一系列革命性飞跃与当时高校博物馆的专业收藏和研究密不可分。瑞典博物学家林奈（Linnaeus）创立了现代植物学和动物学分类方法——“林奈氏分类系统”，其成果得益于在教学和研究中将实物收藏置于核心地位的科学研究方法。宾夕法尼亚大学博物馆因收藏古代美索不达米亚文明的艺术品而成为学术研究重镇，在西方博物馆界享有盛誉。据统计，全世界高校博物馆

① 刘君：《发生在西方大学博物馆的争论——服务科研还是娱乐大众?》，《教育与职业》2007年第22期。

共有3000多家，其中，美国就有1000多家，英国有400多家。这些博物馆都是依学科而建立，大部分属于研究型的博物馆[①]。

我国高校博物馆馆藏资源丰富且专业性强，是高校开展科研工作的重要资料来源。高校博物馆拥有的丰富馆藏为高校科研提供研究平台，对于促进高校科研进步发挥重要作用。中国美术学院中国国际设计博物馆最重要的财富是拥有数量超过7000件的包豪斯藏品，中国美院的包豪斯研究院立足于这些藏品，聚集全世界的包豪斯研究学者，编辑《包豪斯研究》年刊，成为具有国际影响的现代设计艺术研究中心之一。河北大学博物馆现有生物标本150余万件，研究人员对其馆藏食蚜蝇亚科昆虫进行分类整理鉴定出食蚜蝇亚科4族21属41种，其中还首次发现5个新种，有效填补了学界对食蚜蝇种类研究的空白[②]。清华大学艺术博物馆，在近年高校博物馆的筹建、布展、学术讲座等各方面表现都相当突出，其中“竹简上的经典——清华简文献展”“营造・中华——清华营建学科专题展”都基于本校收藏，促进了相关学科的学术研究。

（三）服务社会

高校博物馆除了以为学术研究和更广泛的领域提供文化服务为主要职责外，更肩负起与公共博物馆相同的社会教育职责。高校博物馆的服务已经超越了大学围墙，渗透到周边乃至更广阔的社会中。高校博物馆不再局限于象牙塔中，它正逐步成为社区、城市、国家的文化承载者和传播者。

欧美高校博物馆除了以为学术研究和更广泛的领域提供文化服务为主要职责外，更肩负起与公共博物馆相似的社会教育职责，将传统教育大学学生的范围扩展到社会教育的广度，而教育的形式也从研究和讲授等正式教育，拓展为展示和娱乐等非正式形式的教育[③]。如牛津大学的7所博物馆

① 刘君：《发生在西方大学博物馆的争论——服务科研还是娱乐大众?》，《教育与职业》2007年第22期。

② 霍科科、任国栋：《河北大学博物馆馆藏食蚜蝇亚科（双翅目）分类学研究》，《内蒙古师范大学学报（自然科学汉文版）》2006年第3期。

③ 刘君：《发生在西方大学博物馆的争论——服务科研还是娱乐大众?》，《教育与职业》2007年第22期。

每年接待观众53万人，其中绝大多数是大学校园外的普通公众，这些博物馆已经成为大学所在的牛津郡及附近城市的主要文化教育机构。剑桥大学的博物馆几乎全年不休地举行各种讲座、演奏会、展览和陈列，除为不同的学院提供教学协作计划外，菲兹维廉姆艺术博物馆一年中还举办各种主题的当代艺术展，提供免费午餐的画廊讲座，周六下午的演奏会，一些晚间演奏会和讲座等，吸引了许多校园外的艺术爱好者。

近年来，随着我国高等教育事业的发展，高校博物馆也取得了令人欣喜的发展成绩，不仅数量增加，博物馆专业化建设也迈上了新台阶。许多高校博物馆成为科普教育基地，很多高校博物馆对社会公众免费开放，高校博物馆的社会服务能力和社会影响力显著提升，高校博物馆集聚效应逐步凸显，文化服务能力不断增强。上海交通大学钱学森图书馆（图4.10）入选上海市爱国主义教育基地“三公里文化服务圈”，中国地质大学（武汉）逸夫博物馆、中南民族大学民族学博物馆等参与武汉“洪山博物馆街”建设，为周边学校、社区、企事业单位等提供优质文化终身教育。常规实践项目也在如期展开，如上海交通大学钱学森图书馆每周末固定开设的青少年科普品牌项目“航天动手做”周末公益课堂已开展三年有余，课程几乎场场爆满，培养了一批忠实的小粉丝；西北农林科技大学博览园“小小讲解员”是联合中小学开展社会实践的品牌教育活动。

图4.10　上海交通大学钱学森图书馆展厅

第四节　非国有博物馆

一、非国有博物馆的概念

从诞生到现在，非国有博物馆没有统一的身份界定。管理部门先后冠之以“私立”“私人”“民办”“非政府办”“民间”“民营”等名称。2015年1月发布的《博物馆条例》则从法律的角度称之为“非国有博物馆”。《博物馆条例》第二条指出：“博物馆包括国有博物馆和非国有博物馆……利用或者主要利用非国有资产设立的博物馆为非国有博物馆。”

2017年，国家文物局发布《关于进一步推动非国有博物馆发展的意见》，对非国有博物馆的定义进行阐释：“非国有博物馆是指以教育、研究和欣赏为目的，收藏、保护并向公众展示人类活动和自然环境的见证物，由社会力量利用或主要利用非国有文物、标本、资料等资产设立，经登记管理机关依法登记的非营利组织。”①

可见，非国有博物馆是与国有博物馆并列的博物馆形式，其主要特点是利用或主要利用非国有文物、标本、资料等资产设立。这类博物馆从投资主体看，不是由国家直接出资；从隶属关系上看，不属于文物系统。

非国有博物馆作为博物馆体系的重要成员，是对国有博物馆的补充，甚至填补了一些国有博物馆未进行深入研究的领域的空白。非国有博物馆是民间收藏的高级阶段，是城市文化底蕴的体现，无论是对于博物馆事业的发展，还是对于国家文化软实力、民族文化形象的提高都具有重要意义。

① 国家文物局《关于进一步推动非国有博物馆发展的意见》（文物博发〔2017〕16号）。

二、非国有博物馆的类型与发展

近20年来，中国大大小小的特色鲜明的非国有博物馆已经成为博物馆界重要的力量。截至2016年底，全国经正式登记注册的非国有博物馆为1297家，占全国博物馆总数（4873家）的比例已达26.6%[①]。如果加上各种未注册的私人博物馆及收藏室，全国非国有博物馆的总数可达数千家。在有的城市，国有博物馆与非国有博物馆甚至可以平分秋色。非国有博物馆，正在成为我们文化生活的重要组成部分。

（一）设立非国有博物馆的主体

当前，非国有博物馆的体系构成相对比较单一。从举办主体来看，由个人力量投资兴办的非国有博物馆占总数的四分之三以上，而依托企业、机构和社会团体等力量兴办的非国有博物馆仅占少数。中国私人投资兴建博物馆主要出于如下几种情况：

其一是文物收藏家建立私人博物馆。中国历来有收藏文物的传统，出于公益考虑，收藏家往往想把自己多年的收藏与更多人共享，并从收藏家“升级”为私人博物馆馆主。如四海壶具博物馆是由著名壶具收藏家、紫砂陶艺家许四海先生创立。由个人力量投资兴办的非国有博物馆占总数的四分之三以上。这类博物馆大多存在与国有博物馆同质化的现象，缺乏互补意识，影响自身发展和布局。

其二是企业办馆，希望树立形象等。企业博物馆是指为了自身历史的保存与传达设立的展览场所，用此提升员工对企业的归属意识并以身为其中一员而感到骄傲。多年来，成功的企业博物馆，如云南白药博物馆、中国茶叶博物馆、中国煤炭博物馆，不但传播企业文化，也为企业创收和博

① 《精准施策　激发非国有博物馆发展活力——国家文物局副局长关强就〈关于进一步推动非国有博物馆发展的意见〉答记者问》，《中国文物报》2017年7月21日第1版。

物馆良性循环提供了资金支持。经过多年的努力，中国的企业博物馆，其内涵与外延的结合都达到了历史新高度。

其三是有雄厚资产的文化爱好者，围绕自己从事的行业和兴趣爱好来建博物馆，收集藏品，把开办私人博物馆看作是一种个人理想的实现。香港富华国际集团董事长陈丽华花费数亿巨资，在北京建立中国紫檀博物馆。

值得注意的是，非国有博物馆是我国博物馆事业的重要组成部分，但时下也有部分热心人士存在一些认识上的误区，如把私人陈列室误当成非国有博物馆。国际博物馆协会章程明确规定，“博物馆”具有永久性、开放性、公益性，因此那些隐藏在私密场所偶尔对外开放的陈列室，或是以营利、增值等为目的的收藏展览或陈列，都不能与真正的非国有博物馆画等号。

（二）非国有博物馆的发展历程

欧美等国家博物馆事业繁荣发展的经验表明，非国有博物馆往往都占有非常大的比重和重要的地位，美国近万家博物馆中有 65%是非国有的，甚至有一些还成为举世闻名的博物馆，像美国纽约大都会艺术博物馆等。在中国，由晚清状元张謇于1905年创办的南通博物苑是中国第一座私立博物馆，也是中国最早的一座公共博物馆，用于辅助师范学校教育，同时在广大民众中普及科学文化知识，保护民族的文化遗物。与此同时，中国一些知名学者和收藏家也开办博物馆，将个人收藏向社会开放，这时的非国有博物馆承载了很强烈的社会责任。

1949年以后，我国博物馆全部划归国有，进入文化系统，作为文化设施的一种而存在。国家统一开展和管理博物馆事务，博物馆的主要工作被规定为收藏、保护和研究文物。

20世纪80年代的非国有博物馆的主要形式是“与民分享”的家庭藏

馆。80年代以后，文物市场的逐渐开放促进了民间收藏的复兴，民间收藏公开展示的热情越来越高，各种类型的藏品展示和交流活动频繁举办。在上海、北京等民间收藏历史悠久的地区，出现了一些有着特定收藏主题、达到一定规模的个人收藏。受客观条件的限制，这些收藏家只能在私人住宅中接待参观，其主要活动限于展示和交流，开放时间也不固定，社会上多称之为民间藏馆，或者更形象地称之为家庭收藏馆。到80年代后期，上海地区较正规的民间藏馆已有16所，这一类家庭收藏馆具有“小、专、特、奇，拾遗补阙”的特点[①]。这一时期，文物管理部门对民间收藏的态度发生了重大变化。为鼓励社会力量参与博物馆的建设，一些地区的博物馆管理部门开始尝试与民间人士和社会力量联合办馆。中国当代著名画家黄胄先生得到北京市政府的支持，采取“民办公助”的方式开办的炎黄艺术馆是我国第一座民办公助的大型公益艺术馆。

改革进程中“以藏养藏”的私人博物馆。20世纪90年代初期，博物馆举办主体逐步多元化。这一时期的非国有博物馆的收藏多为原发性积累，即举办者有多年的收藏经验，基于个人的兴趣，少量、低值、渐进的收藏，逐渐积累起具有一定主题和特色的藏品。这些非国有博物馆的经济基础比较薄弱，或依托中小企业，或依靠举办者个人的积蓄，或采取“以藏养藏”的方法，通过藏品流转的差价来维持博物馆的运营。

进入21世纪，中国的非国有博物馆事业进入新的发展阶段。政府为推进文化产业发展，鼓励民间资本进入文化产业的一系列政策为非国有博物馆发展提供了有力的政策支持。

（三）21世纪非国有博物馆的发展

近年来，在国家扶持文化产业和促进博物馆发展政策的利好推动下，中国博物馆尤其是非国有博物馆迎来发展新局面。非国有博物馆已日益成为我国博物馆体系的重要组成部分。

---

① 宋向光：《中国当代私立博物馆的发展》，《国际博物馆（中文版）》2008年Z1期。

首先，非国有博物馆的增长速度超过国有博物馆，数量急剧增长。中国博物馆登记数量从2008年的2539家增长至2016年末的4873家，8年时间增长了2334家，增幅高达92%。另一方面，自2008年以来，中国非国有博物馆进入快速发展时期，发展速度远远超过博物馆行业的整体速度。非国有博物馆的数量由2008年的315家猛增至2016年的1297家，8年时间增长了982家，增幅高达311.7%。

其次，非国有博物馆在全国博物馆体系中的比例越来越大。据国家文物局发布的《2015年度全国博物馆名录》统计，截至2015年，全国共有专业化程度较高、功能比较完善、社会作用发挥比较明显的4626家博物馆，其中非国有博物馆1090家，非国有博物馆已经占23.6%，成为全国博物馆系统的重要组成部分。截至2016年底，全国经正式登记注册的非国有博物馆1297家，占全国博物馆总数（4873家）的比例已达26.6%[①]。非国有博物馆在我国博物馆体系中的比例呈不断扩大的趋势。

最后，非国有博物馆的办馆质量逐年提高，在丰富公共文化服务、保护和传承中华优秀传统文化方面发挥了重要作用。截至2016年底，有11家非国有博物馆被评定为国家一、二、三级博物馆（总数725家）。其中，国家一级博物馆1家、国家二级博物馆1家、三级博物馆9家，涌现出西安大唐西市博物馆（图4.11）、建川博物馆聚落、观复博物馆、上海玻璃博物馆等一批具有行业影响力的非国有博物馆代表。此外，一些非国有博物馆在收藏上也形成了自己的特色，填补了我国博物馆门类上的许多空白。

非国有博物馆提供的独具特色、灵活多样的展陈与活动，又极大丰富了博物馆公共文化服务产品体系，非国有博物馆日益受到国家和社会的关注，实现了从“公共博物馆的有益补充”到“博物馆体系的重要组成部分”的跨越。如徐州圣旨博物馆（图4.12）是目前国内规模最大、最早以圣旨为载体的皇陵文化博物馆，其打造的“紫气东来　圣旨驾到——徐州圣旨博物馆文物展”被列入江苏省馆藏文物巡回展，分别在南通博物苑、

① 《精准施策　激发非国有博物馆发展活力——国家文物局副局长关强就〈关于进一步推动非国有博物馆发展的意见〉答记者问》，《中国文物报》2017年7月21日第1版。

淮安市博物馆、吴江博物馆、厦门市博物馆等地巡展，成为江苏省文化惠民工程的重要内容，被江苏省文物局评为10个最受喜爱的展览。非国有博物馆在保存历史文化遗产、传承和保护民族传统文化方面做出了不懈的努力。由中共江苏省委宣传部、江苏省文化厅主办的“中华民博收藏精品”展览，展出各地民办博物馆收藏的近300件藏品，并设有玉器、紫砂、明清圣旨、蓝印花布等民博专题展示，展览期间还开展了专题研讨、为群众义务鉴宝、介绍收藏知识等活动。这也是江苏省有60家非国有博物馆，作为在展示地域文明、提供公共文化服务的一支新生力量的缩影。

图4.11　大唐西市博物馆

图4.12　徐州圣旨博物馆“奉天承运”展区

三、非国有博物馆的特点与困境

（一）非国有博物馆的发展特点

非国有博物馆具有高度的市场敏锐性。国有博物馆的藏品多来自考古、捐赠等渠道，而非国有博物馆则对民间文物市场和民间收藏走向十分了解，建立了与民间联系沟通的有效渠道与广泛途径，能掌握民间群众的文化收藏趋向。这种意义不仅是对国有博物馆的有益补充，更重要的是在对散落在民间的文博物品的搜集、整理、保护、研究等各个方面，始终显示着更加具有灵活性、执著性和带动性的示范力量。可以说，非国有博物馆作为一个特殊的机构，担当了中华诸多个性文化承载者的特殊角色。

非国有博物馆藏品丰富，种类繁多，是国有博物馆的有力补充。通过艺术品的市场化、大众化，使民间收藏文物艺术品有效填充文博部门收藏的空隙，可以防止文物艺术品外流，是保护我国历史文化遗产，弘扬民族优秀文化的有效途径。我国民办博物馆的藏品数量在800件以上的超过六成，3000件以上的超过三成，有的藏品数量高达60万之巨[①]。非国有博物馆已经成为抢救保护国家文化遗产，特别是收藏保存散存民间难以计数的传统物件的重要力量，如建川博物馆（图4.13）致力于对我国经济社会发展变迁物证的抢救性征集。2008年汶川大地震发生后，该馆奔赴灾区征集了上万件地震实物，其中包括“地震后第一只到达映秀的救援冲锋舟”等7件国家一级文物。非国有博物馆在藏品特色、社会关系以及藏品管理的灵活性等方面，也都有自己独到的优势，以自己执著的文化视角，时刻关照着那些尚未被官方机构和学科人员注意到的新领域，不断扩展我们对于文化的认识范围，为社会和专业人士不断提供新的文化研究素材。

非国有博物馆类型体系中，专题类博物馆比重最大。与国有博物馆以

① “民办博物馆规范化建设评估”课题组：《民办博物馆规范化建设评估报告》，《中国博物馆》2014年第1期。

图4.13　建川博物馆

综合类、历史类博物馆为主体不同，非国有博物馆由于自身定位和发展的原因，专题类博物馆占有很大的比重。非国有博物馆多源于个人兴趣，因此藏品主题性更强，收藏的领域“窄而深”。一些非国有博物馆在收藏上也形成了自己的内容特色，从中医药、木石金雕、织锦刺绣、皮影、印染等民间非物质文化遗产，到钟表眼镜、锁具剪刀、农机农具、老相机、茶叶茶具、徽章证件、邮品货币等具有时代印记的日常生活用品，都可以成为非国有博物馆的收藏主题，填补了我国博物馆门类上的许多空白。据统计，2014年中国非国有博物馆的分类中，以某一专题为主要建馆类别的比重达到39%（公办博物馆专题类别仅占7.1%），艺术和自然科学类的私人博物馆占比达29.4%。三种类别私人博物馆（总比重68.3%）成为公办博物馆（综合类和历史纪念类合计达79.45%）外的有力补充①。非国有博物馆的类型涵盖了各地丰富的物产和多彩的民俗文化，以民众性、专题性对拓展我国博物馆门类、促进博物馆大众化、提供多样性文化服务等方面发挥着越来越大的作用。

从区域分布看，非国有博物馆多分布于东南沿海。由于区域社会经

① 中国私人博物馆联合平台：《2016年中国私人博物馆白皮书》，2016年，第16页。

济的发展水平不同，全国博物馆布局不甚合理，西部欠发达地区东北地区博物馆机构数量减少，藏品量少；而东部和中部地区博物馆机构数和藏品数相对较多。按省份来分，我国非国有博物馆多分布于东部沿海的省市地区，如山东、浙江、广东等地。我国中部地区、东北地区和西部地区的非国有博物馆均很少，只有四川省和黑龙江省的非国有博物馆数量较多。

（二）非国有博物馆发展的困境与对策

非国有博物馆在蓬勃发展的同时，也不可避免地存在诸多问题。据《2016年度中国私人博物馆行业发展白皮书》披露，中国私人博物馆运营存在着诸如运营商业规则紊乱、信息交流闭塞、服务产业链缺失、国际化程度不高等诸多困境。非国有博物馆在发展过程中还存在诸如经费入不敷出，管理不规范、尚未完成法人登记手续，私人财产权和法人财产权混淆不清等突出问题。然而，其根本原因在于一是未能全面贯彻落实《博物馆条例》要求，未能公平对待国有博物馆和非国有博物馆；二是未能落实"法人财产权"，未做到规范和激励非国有博物馆发展[①]。

从私人博物馆到私立博物馆将是非国有博物馆发展必须面对的问题。从"私人博物馆"到"私立博物馆"，一字之差，体现的是博物馆的公益化的过程。"私人博物馆"仅仅是个人藏品的集中，并不具备公共服务和文化传播的功能。私立博物馆的社会化不仅是资源的公共化（利用私人藏品资源向公共提供社会化服务），还包括管理的公共化，而后者也是私人博物馆能够作为公共文化服务机构可持续发展下去的关键。欧美国家很多知名博物馆如大英博物馆、纽约大都会艺术博物馆都是从私立博物馆发展而来，其藏品已经由原来的藏家捐给社会，靠政府和社会的资助来维持运作，或者有专门的基金来加以管理，藏家不得再以其他形式用这些藏品来牟取个人的经济利益。

建立以理事会制度为核心的法人治理结构是非国有博物馆发展的必

① 申辰：《领会精神　把握关键——切实推动非国有博物馆可持续发展》，《中国文物报》2017年7月21日第1版。

然途径。现阶段我国的非国有博物馆基本是个人、家庭、企业的“收藏展示馆”。在国外，非国有博物馆都设立有专门的理事会，授权专业的博物馆馆长进行管理。非国有博物馆需要改善的核心部分是要建立法人治理结构，它是通过理事会制度，使民办博物馆成为社会机构，而不是现在理解的“个人的、私人的”博物馆这个概念。近年来，国家文物局印发了《关于非国有博物馆设立的指导意见》《非国有博物馆章程示范文本》，对非国有博物馆以理事会制度为核心的法人治理结构提出了专门要求。比如西安大唐西市博物馆始终坚持参照国有博物馆藏品档案规范，对本馆藏品进行登录，并向西安市文物局呈报备案；该馆举办者吕建中先生还与大唐西市博物馆签订了捐赠协议，明确捐赠藏品归属博物馆所有，完成了法人财产权的确权和对馆藏文物的规范管理。上海玻璃博物馆经过16年的努力与担当，已赢来一片赞誉和事业的风生水起，制度建设的创新被视为其成功的主因之一，尤其是其“先进的理事会、独立的策展人和执行委员会三方独立负责制”，反映出逻辑清晰、富有活力，取之于社会又能回馈社会的非国有博物馆，正在书写新的篇章①。

非国有博物馆的发展要依靠整个社会形成浓厚的博物馆氛围。博物馆的运营方式嫁接能否成功，也十分依赖国人的“博物馆素养”。培养民众对博物馆的兴趣，客观上已经成为博物馆的历史使命。非国有博物馆要走专题化、精品化、特色化路线，将广大观众吸引到博物馆来参观；同时想办法培养博物馆潜在观众，通过建立理事会、发展志愿者和博物馆之友以扩大社会公益属性，增强博物馆的自我发展能力。

四、中国关于非国有博物馆的相关政策存目

1. 国家文物局等七部委《关于促进民办博物馆发展的意见》（文物博发〔2010〕11号）

① 杨志刚：《历史与逻辑：中国非国有博物馆的发展之路》，《中国文物报》2017 年7 月28 日第3 版。

2. 国家文物局《博物馆事业中长期发展规划纲要（2011—2020年）》
3. 国家文物局《关于民办博物馆设立的指导意见》（文物博发〔2014〕21号）
4. 国家文物局《关于推进博物馆理事会建设的指导意见》（文物博函〔2015〕2761号）
5. 国务院公布《博物馆条例》（国务院令第659号）
6. 国家文物局《关于进一步推动非国有博物馆发展的意见》（文物博发〔2017〕16号）

第五节　生态博物馆与社区博物馆

在西方现代主义运动背景下，作为新博物馆学运动的代表生态博物馆与社区博物馆在各自关注的领域中几乎同时诞生，体现出传统博物馆突破窠臼的实验性。

一、生态博物馆

（一）生态博物馆的概念

从语源上看，生态博物馆（eco-museum）源于两个希腊语单词iokos（英语“eco”，生态）与museion（英语“museum”，博物馆）。从学科角度看，生态博物馆最早也正是生态学与博物馆学两门学科交叉而形成的。

20世纪六七十年代以来，人类获得由工业革命带来的前所未有的丰硕物质成果，作为代价也开始品尝到自然生态破坏的恶果：环境污染、物种灭绝、资源枯竭。这时，人类开始自我反省与批判，由此，生态学的范畴在后工业时代实现了前所未有的扩展，从单纯的生物学延伸到人文社会领域，即以整体的眼光来观照人与自然相互依存的关系[①]。与此同时，传统博物馆的理念与实践方式也开始遭到质疑与批评。批评者认为博物馆将艺术与历史遗物从它们的原生地移走，放置在展厅中，切断了历史传统的生命血缘与整体社会文脉之间的关系，使之失去了相互之间的关联性，也就失去了文化的意义[②]。生态学所强调的"整体性"思想，正是传统博物馆所缺失的，而博物馆的模式、要素、功能等又为保护生态环境提供了一种新的可能。生态博物馆的尝试由此开始。

生态博物馆这一概念诞生于1971年。两位法国博物馆学家里维埃和戴瓦兰在向法国环境部介绍博物馆发展新方向时首次提出此概念，这一概念表达出人、文化与自然环境三者紧密结合的新思维。里维埃认为："生态博物馆是由公共权力机构和当地人民共同设想，共同修建，共同经营管理的一种工具……生态博物馆是一面镜子，在这面镜子里，当地的人民为发现自己的形象观察自己，寻找对该博物馆所处的土地及该土地上以前居民的解释……生态博物馆是一面当地人用来向参观者展示以便能更好地被人了解，使其行业、风俗习惯和特性能够被人尊重的镜子。"[③]

国际博物馆协会编撰的《博物馆学大辞典》对里维埃的长篇定义加以简化提炼，表述为："生态博物馆，是一个致力于社区发展的博物馆化机构。它融合了对该社区所拥有的文化和自然遗产的保存、展现和诠释功能，并反映某特定区域内一种活态的和运转之中的（人文和自然）环境，同时从事与之相关的研究。"[④]

挪威博物馆学家约翰·杰斯特龙认为："生态博物馆不是一个建筑，一间房子，而是代表了整个社区。生态博物馆所保护、所传播的，既包括

---

① 张誉腾：《生态博物馆——一个文化运动的兴起》，台北五观艺术管理有限公司，2004年，第18页。

② 单霁翔：《从"馆舍天地"走向"大千世界"——关于广义博物馆的思考》，天津大学出版社，2014年，第294页。

③ 〔法〕乔治·亨利·里维埃：《生态博物馆——一个进化的定义》，《中国博物馆》1986年第4期。

④ Andre Desvallees, Francois Mairesse. Key Concepts of Museology, Armand Colin and ICOM, 2010: 59.

自然的遗产，又包括文化的遗产，是自然和文化两种遗产的复合。所以，我们讲生态博物馆，应该把自然和文化遗产作为一个整体，传播给我们的子孙后代，而不应该把这些文化精品从这种自然的原有的环境中搬走，以免损坏了整个遗产的完整性。”[①]

同时，他还比较了两者之间的差异，并归纳为：

生态博物馆——传统博物馆

遗产——藏品

社区——建筑

居民——观众

文化记忆——科学知识

公众知识——科学研究[②]

（二）生态博物馆在西方的发展

20世纪60年代，法国中央政府为地方政府提供财政支持，兴建了一批“地区自然公园”。这些公园旨在保护自然环境，留住传统的习俗，鼓励研究和了解人与自然。由这些公园所形成的“公园系统”日后成为法国生态博物馆的模式之一。

20世纪70年代初期到80年代中期，生态博物馆发展迎来了第一个高潮。这一时期，生态博物馆在法国得到长足发展。1975年成立的克勒索—蒙特梭人与工业博物馆具有一定代表性，该博物馆位于法国东南部的勃艮第省，属老工业区，兴建目的旨在为当地失业工人提供就业机会并激发他们对未来发展与生活的信心。在老工业区建立生态博物馆，充分反映了当时人们对工业化的反思。加拿大是法国生态博物馆理念对外传播的第一站，1983年，加拿大第一座生态博物馆——上博思生态博物馆开馆，它是加、法两国文化交往的产物。此后，一批生态博物馆在加拿大其他地区建

① 黄才贵：《堂安：侗族文化的典型空间载体》，贵州民族出版社，2003年，第295页。
② 苏东海：《关于生态博物馆的思考》，《中国博物馆》1995年第2期。

立起来，加拿大成为继法国之后，生态博物馆发展的又一个重要阵地。

20世纪80年代中期至90年代末期是生态博物馆的扩展期。这一阶段全世界生态博物馆呈现两种不同发展趋势。一方面，早期的生态博物馆开始略显疲态。另一方面，生态博物馆思想开始被北欧、日本、印度、中国等国家或地区采用，生态博物馆建设开始在世界范围内扩展。1988年，日本农林渔部采用法国生态博物馆的基本思想，推行“乡野环境博物馆”计划，致力于保护自然环境、景观与传统文化。印度于20世纪80年代开始了生态博物馆的研究，探讨遗产、社区与发展之间的关系，并对适宜建设生态博物馆的地点进行了调查和研究。

世纪之交至今，生态博物馆进入反思阶段。学界开始对生态博物馆进行冷静的思考与反思，博物馆工作者和研究者开始对生态博物馆的内涵、特性进行重新的探讨，对生态博物馆建设的基本规则、评估方法进行探索，对已有生态博物馆的得与失进行反省。同时，生态博物馆的建设热潮依然持续，生态博物馆在全世界的涉及范围进一步扩大。

（三）中国生态博物馆的发展

1986年，《中国博物馆》杂志陆续发表中国学者关于生态科学、环境科学与博物馆的文章，同时，一些学者也编译了国际生态博物馆相关论文及资料。中国博物馆学界开始关注并引入生态博物馆的理念和方法。

20世纪90年代，作为中国生态博物馆第一次尝试的贵州六枝梭嘎生态博物馆筹备建设。1997年中国博物馆学会与挪威开发合作署签订《关于中国贵州省梭嘎生态博物馆的协议》，1998年10月正式建成开馆。贵州六枝梭嘎生态博物馆位于贵州省西北的梭嘎乡陇戛寨内。此处生活着苗族支系“箐苗”，因生活环境的封闭，极大程度地保留下了该民族的传统文化习俗。博物馆的建成使村民对自己民族文化的价值有了新的认识，从而为民族文化的有效保护提供了内在动力。梭嘎生态博物馆的成功尝试带动了首批生态博物馆的发展，并为中国生态博物馆形成自己的理论和观点奠定了实践基础。

2000年8月，中挪生态博物馆国际研讨班产生了一项重要成果，即“六枝原则”：

1. 村民是他们文化的真正主人。他们拥有解释和证明其文化的权利。

2. 文化的含义及其价值，只能通过人的理解和建立在了解基础上的解释才能得到确认，对文化的理解必须得到加强。

3. 在生态博物馆中，公众的参与至关重要。文化是一种共同的和民主的美好事物，必须通过民主的方式来进行管理。

4. 当旅游和文化保护发生冲突时，后者必须具有优先权。文化遗产中的真品不应当出售，但以传统工艺为基础的高质量纪念品生产应当得到鼓励。

5. 长远和全面的规划至关重要。从长远利益出发，损害文化的短期经济利益必须避免。

6. 文化遗产的保护必须与整体环境保护相结合。在这方面，传统技术材料至关重要。

7. 观众在道德上有义务以尊重的态度行使自己的行为。他们必须得到规范性的指导。

8. 生态博物馆没有一种通用的模式。它们应当适合自身独特的文化和社会条件而各具特色。

9. 在生活社区中建立生态博物馆，促进社会发展是先决条件，在不改变传统价值的基础上，必须提高居住于此的居民的生活水平。

该原则不仅对生态博物馆建设与发展具有指导作用，同时对民族文化的保护也具有普遍意义。

1998年至2005年间，中挪合作共建成4座生态博物馆。此外，2001年内蒙古建成中国北方地区首座生态博物馆——敖伦苏木草原文化生态博物馆；2004年广西建成南丹白裤瑶生态博物馆，此后又建成3座民族村寨博物馆；2006 年云南省西双版纳建成布朗族生态博物馆。广西提出生态博物馆建设的“1+10”工程，即1个广西民族博物馆+10个分布在广西各地的生态博物馆，由广西壮族自治区政府牵头将新建的广西民族博物馆（图

4.14）与各地的生态博物馆结合起来统筹规划、共同建设。

图4.14　广西民族博物馆壮族干栏民居

2012年，安吉生态博物馆（图4.15）正式开馆。安吉生态博物馆在汲取贵州、广西、云南、内蒙古等生态博物馆建设经验基础上，立足安吉地域文化特色，采用“一中心馆、十二个专题生态博物馆、多个村落文化展示馆”的“安吉生态博物馆群”的框架结构，充分展示安吉物质文化遗产与非物质文化遗产。安吉生态博物馆的实践创造了生态博物馆建设的“中国经验”，其影响与示范作用颇为深远。

图4.15　安吉生态博物馆生态厅

二、社区博物馆

（一）社区博物馆的概念

“社区”是社会学概念。现代意义的社区概念及其理论研究发端于工业化、城市化发育较早的西方社会。1871年英国学者梅因在《东西方村落社区》一书中首先使用了“社区”一词。1881年德国社会学家滕尼斯将该词用于社会学，并在其专著《共同体与社会》中从社会学角度频繁使用“社区”概念。滕尼斯将社区解释为一种由同质人口组成的具有价值观念一致、关系密切、出入相友、守望相助的富有人情味的社会群体[①]。这一概念的出现在一定程度上折射出19世纪后期西方社会在工业化、城市化、现代化迅速发展进程中，社会关系日益复杂，人际关系日趋冷漠的社会现实及其发展趋势。第一次世界大战后，资本主义社会制度所造成的社会秩序混乱与人际关系淡漠表现愈加明显，滕尼斯的著作及其社区的概念受到广泛重视。

第二次世界大战后，工业化与城市化发展加剧，原本依赖亲缘关系的早期社区逐步瓦解，社区原住居民纷纷流散。这一过程由于人口大量复杂流动对迁出地和迁入地均造成危害：迁出地社区的文化与经济破坏严重，有的社区甚至完全消失；迁入地区社区也出现一系列社会问题，如道德危机、犯罪、暴力、饥饿、毒品、种族矛盾等。与此同时，传统博物馆也正努力改变原有定位，尝试主动地介入社会问题，承担社会责任。在此背景下，博物馆自觉地与社区接触，社区博物馆的尝试由此产生。社区博物馆是博物馆功能与社区发展内在需求的对接，是博物馆文化基因在社区土壤里生长出的产物。它立足于社区，服务社区，关注社区议题和日常生活，代表社区居民的共同利益，在社区居民主导下开展工作。

---

① 〔德〕斐迪南·滕尼斯著，林荣远译：《共同体与社会》，商务印书馆，1999年，第125页。

生态博物馆体现出对人文生态与自然生态的整体性保护。与之相比，社区博物馆则较少关注自然环境与自然遗产等内容，而主要关注社会性问题。

从当前社区博物馆实践来看，狭义的社区博物馆就是把一个社区或一个街区作为博物馆；广义的社区博物馆可以是一个有关社区的博物馆，也可以是利用社区资源进行发展的博物馆，它可以在社区里，也可以在社区外①。

社区博物馆的作用体现在以下四个方面。首先，对社区历史与集体记忆进行收藏与保护，增强社区居民对社区文化传承与文化建设的重视。其次，促进社区居民对社区的认同感与归属感。再次，传递无形的社区理想、信念、规范等，促进社区价值的养成。最后，增强社区居民参与、互动，促进协商民主的社区自治文化发展。

（二）社区博物馆在西方的发展

1967年建成的美国安纳考斯提亚社区博物馆是世界上第一座冠以“社区”之名的博物馆。该馆由史密森学会与华盛顿贫困黑人社区——安纳考斯提亚社区合作，利用一座废弃的小影院改建而成。该社区博物馆为所在地居民提供了一个学习的场所，解决社区存在的五大社会性问题：居住、失业、教育、吸毒与犯罪，并致力于恢复和保护社区共同的历史文化传统与集体记忆，增强社区居民对社区的归属感与认同感。史密森学会为其提供了诸多帮助，但博物馆的设立、管理、日常运作、展览策划与实施等，均有社区居民的参与。该博物馆推出“老鼠：人们所引来的苦恼”等展览，对于科学知识普及、社区卫生环境改善等发挥了积极作用。

1973年，墨西哥国家人类学博物馆在墨西哥城郊区的塔库巴亚进行了博物馆与社区合作并使博物馆服务于社区的试验。塔库巴亚是一个居民贫

---

① 吕建昌、严啸：《新博物馆学运动的姊妹馆——生态博物馆与社区博物馆辨析》，《东南文化》2013年第1期。

困、文盲比例高、儿童失学率高的社区。墨西哥国家人类学博物馆成立了一个由博物馆学家与社会学家联合组成的小组对该地区深入调查，并积极谋求与其合作，随后在一片荒地上建起一组亭子，从母馆运来展品，创造出一个生动的、能为不识字的居民所接受的博物馆。该馆很快便成为社区文化中心、总顾问处，参与了诸如卫生、教育乃至婚姻纠纷等事宜①。

至20 世纪八九十年代，社区博物馆在世界范围内获得了迅速发展，从西欧、北美等发达国家扩展到贫穷落后的南美洲、非洲国家和地区。但与此同时，许多原本坚持社区价值与理念的社区博物馆被重新纳入传统博物馆体制之内。如1987年安纳考斯提亚社区博物馆迁离该社区，更名为安纳考斯提亚博物馆和非洲裔美国人历史与文化中心，成为史密森学会的正式机构。从 20 世纪 90 年代中后期社区博物馆发展趋势来看，西方的社区博物馆似乎已不再执着于曾经激进的理念，开始理性地回归，将视野投向了历史文化与社会地理空间合二为一的社会体文化和亚文化②。土著博物馆、女性博物馆、移民博物馆成为这一时期的社区博物馆代表。

进入21世纪，国际博物馆界再度重视博物馆的社会参与性。2001年国际博物馆日的主题为“博物馆与建设社区”，2010年主题为“博物馆致力于社会和谐”。社区博物馆在社会参与中发挥着日益重要的作用。

（三）社区博物馆在中国的实践

近年，我国也出现了若干以“社区”命名的博物馆，或以类似形式运营的博物馆，并在博物馆与社区遗产保护与传承、社区文化建设方面进行了有益探索。

福州三坊七巷社区博物馆（图4.16）是中国第一座由国家文物局授牌的社区博物馆。三坊七巷位于福建省福州市城区，占地面积约 45 公顷，拥有千年历史，较好地保留了唐宋以来鱼骨架坊巷格局及大量古建筑。

① 黄春雨：《社区博物馆理论与实践的思考》，《中国博物馆》2011年Z1期。
② 黄春雨：《社区博物馆理论与实践的思考》，《中国博物馆》2011年Z1期。

2010 年《三坊七巷社区博物馆规划》通过专家论证，形成以“地域+传统+记忆+居民”为特征，“一个核心展馆、各种类型的博物馆、展示馆”为构架的社区博物馆雏形[①]。与西方社区博物馆建设与管理理念不同，三坊七巷社区博物馆由福州市政府主导，采取自上而下的模式，从场馆设置到整体发展，均由政府统筹，统一规划建设。此模式虽能够对整个片区实施强有力的全面部署，从而落实规划目标，但该建设机制也会导致公众参与沦为“走过场”，参与人数较少，参与程度较低，参与途径不足，不利于发挥居民参与的积极性。此外，部分场馆设置目的在于吸引游客、发展经济，造成社区居民迁出的情况出现。

此外，北京的建国门社区博物馆、花市社区博物馆和南京石头城社区历史文化博物馆等则体现出较为自觉的社区博物馆追求。天津市和平区崇仁里的社区居委会博物馆和河西区秀峰里社区建立的“终身学习中心”则是对博物馆促进社区发展进行了有益尝试。

图4.16　三坊七巷社区博物馆

① 初松峰、杨哲、赵婧：《地域文化发展视域下社区博物馆发展规划探讨——基于海峡两岸经验的分析》，《规划60年：成就与挑战——2016中国城市规划年会论文集》，中国建筑工业出版社，2016年，第797页。

第五章

博物馆陈列设计

陈列是博物馆联系社会公众的关键渠道。它将藏品与相关研究成果以视觉化方式呈现给公众，实现意义的沟通。同时，它还是博物馆功能发挥的重要载体，使博物馆的教育、传播、休闲娱乐等功能具有实体依托，从根本上实现博物馆使命。陈列设计是博物馆陈列存在的前提，作为蓝图对后期陈列效果及其功能发挥具有举足轻重的作用。

第一节 博物馆陈列与陈列工作流程

一、博物馆陈列及其类型

（一）博物馆的陈列

博物馆从诞生以来，经历了由无意识、无方法的“陈放”向有意识、有目的、有方法的“陈列”发展的过程。陈列发展大致可划分为三个阶段：

第一，“三位一体”时期 博物馆诞生之初仍带有“珍宝柜”的形态色彩，那时所谓的陈列只是一个面向公众开放的陈放着展品的空间，这一空间既是供观众参观的陈列室，也是研究者的研究室，还是藏品库房。这时的“陈列”毫无秩序，杂乱无章，同时展品密度极高。大约至18世纪后半叶，西方的博物馆陈列室基本完成由“三位一体”状态到陈列空间的独立。直至1819年，被任命为丹麦国家博物馆馆长的汤姆森依据工具和武器的材质将其分为石器、青铜器、铁器三个时代，并应用于藏品分类和展品陈列，博物馆陈列中的秩序性才逐步出现。

第二，陈列的“标准化设计”时期 随着博物馆教育功能的产生，陈列辅助资料成为必需，原有收藏柜式的展柜已不能适应新的功能需要。受20世纪20年代欧洲包豪斯主义设计思潮影响，博物馆界出现了一套规格划一、线条简洁、实用经济的标准化展柜，包括立柜、桌柜和中心柜三种，可根据陈列空间及展线的要求产生不同的组合效果，同时也获得了较好的教育和观赏效果。

第三，陈列的高速发展时期 第二次世界大战以后，博物馆陈列日新月异，主要有以下几方面的突出表现：首先，大通柜被引入陈列中，使展品组合的整体化效果增强，同时兼顾展品的保护和安全；其次，现代技术手段在陈列中得到广泛应用，如声光电技术、多媒体技术、数字视频技术、计算机控制技术及虚拟现实技术等，使陈列面貌大为改观，互动性大幅增强；再次，陈列凸显人文关怀，公众作为陈列设计的出发点，在设计中运用人体工程学和审美心理学；最后，陈列模式也在悄然变革，由器物定位转向信息定位，原本在博物馆展柜中孤立呈现的各种展品，被鲜明的主题和生动的故事线串联起来，共同叙述展品背后所发生的有关“人”“自然”和“社会”的故事。

陈列的发展具有动态性和历史性。从当前博物馆陈列的基本面貌出发，可对其定义如下：博物馆陈列是在博物馆语境下，在特定空间内，按照一定主题有机、艺术化地组织展品和辅助展品，进行信息的可视化传播，从而造成对观众态度与行为的影响。

博物馆陈列具有以下特点：

第一，博物馆的语境　陈列展示并非博物馆所特有的形式，在政治、经济、文化等各领域之中，均有运用设计语言通过展示方式实现信息传播的目的的做法。在不同具体领域或机构中，陈列受具体使命、目标等影响，为之服务，而呈现出差异性。陈列在博物馆语境下便呈现出强烈的教育目的性、真实性和科学性等特点。

第二，以展品为基础　博物馆陈列是对藏品资源的挖掘和利用，是一种实现博物馆资源社会价值的形式，博物馆陈列中由藏品转化而来的展品处于核心地位，是信息的主要来源，而辅助展品则是为展品信息的有效传播服务的，起到辅助和补充的作用。

第三，可视化传播　当代博物馆陈列作为一种信息传播形式可以调动参观者的多种感官，然而视觉仍是观众感知陈列的最主要方式。实物的简单陈放是一种最基本直接的可视化，而博物馆陈列的可视化传播在于通过设计的各种方法与手段将陈列主题以直观视觉化的方式加以表现。

第四，对观众产生影响　博物馆陈列在为观众提供信息服务的同时，也以一种潜移默化的方式把相关观念传达给观众，影响观众的态度，进而在一定程度上改变观众对世界的看法，从而对其行为造成相应影响。

（二）博物馆陈列的类型

现实中博物馆陈列面貌多样，种类繁多，每种类型都具有自身的定位、特点与任务目标。从不同研究角度和划分标准出发，博物馆陈列有着不同的分类方式。以下简要介绍几组主要的陈列类型。

1. 按陈列时间划分：基本陈列与临时陈列

基本陈列的展出周期普遍较长，通常反映所在博物馆的主题或主题的某一侧面，规模较大，投资较多，展品丰富，艺术形式水平较高。如“古代中国”便是中国国家博物馆的基本陈列之一，涉及展品2500余件，有远古时期、夏商西周时期、春秋战国时期、秦汉时期、三国两晋南北朝时期、隋唐五代时期、辽宋夏金元时期、明清时期8个部分，共10个展厅，展现辉煌灿烂的中华文明。再如河北博物院的“河北商代文明”（图5.1）通过铜铸文明、中国最早的铁器、木盘水井、先民用陶、厚葬习俗、最早的平纹绉丝织物、古老的医疗器具、原始瓷的出现、高超的漆器工艺、台西先民的房屋建筑和中国最早的实物酒曲11个单元，展示河北商代先民创造的灿烂的青铜文明，展现了商代河北的社会风貌。

图5.1　河北博物院藁城台西陈列

临时陈列与基本陈列相比展出周期普遍较短，短则十余天，长则数月，陈列内容和艺术形式机动灵活，陈列主题和展品选择相对自由。可作为基本陈列的补充，丰富本馆陈列体系，有利于增进馆际、区域、国际文化交流，有利于展示最新的研究成果和考古成果。如“五色炫曜——南昌汉代海昏侯国考古成果展”（图5.2）于2016年3月至6月在首都博物馆展出，展期近4个月，便是一个展现最新考古成果的临时陈列。再如河北博物院的“燕都宴飨——舌尖上的燕国”，展出时间为2017年5月20日至6月11日，展期不足1个月，陈列以图文并茂的形式介绍西周燕国的食物原料、食物烹饪、饮食习惯、宴飨活动等，这一临时陈列对基本陈列中的燕国文化进行了有益补充，使其内涵呈现更为丰富。

图5.2　首都博物馆海昏侯考古成果展

2. 按陈列内容划分：社会历史陈列、自然历史陈列、艺术陈列、科学技术陈列

社会历史陈列，包括古代史陈列、近代史陈列、通史陈列、断代史陈列、地方史陈列、专题史陈列等具体形式。此外，以历史人物为主题的个人传记性陈列，具有历史特征，可视为社会历史陈列。

自然历史陈列，包括动物陈列、植物陈列、地质陈列、古生物陈列等。自然陈列中的生物进化史陈列，也都具有某些“历史”陈列的特点。

科学技术陈列有多种类型，如综合性的科技史陈列、专题（专业）性科技史陈列、古代科技文物陈列、现代科技成就实物陈列以及专门为科普教育目的而设置的各种体验项目陈列。

艺术陈列可分为两类：一类是综合性艺术陈列，另一类是艺术的专题陈列，如古代绘画陈列、雕刻艺术陈列、青铜艺术陈列、工艺美术陈列等。

3. 按陈列空间划分：室内陈列、室外陈列

室内陈列即发生在建筑内部空间之中，这一建筑功能空间通常被称为陈列室或展厅，出于对展品的保护及陈列实施的环境要求，室内空间是陈列发生的常规场所。而在某些情况下，陈列也会发生在建筑体以外，一为展品体量巨大，建筑难以容纳，如周恩来邓颖超纪念馆专机厅便设在室外，展出苏联政府赠送给周恩来的专机；一为动植物的活体展示，如中国蜜蜂博物馆将活蜂观察箱置于室外，可让观众观察到蜜蜂跳舞传递信息、卸载花粉、蜂王产卵等情景；一为室外流动陈列，博物馆走出围墙，将陈列临时设置于社区、学校、厂矿或广场等地进行展示。

二、博物馆陈列设计及陈列工作流程

（一）博物馆陈列设计

设计是人类造物活动的预先计划，可以把任何造物活动的计划技术和计划过程理解为设计。关于设计的划分，不同的设计师和理论家有着不同的分类，试图从不同角度对设计进行全面的概括。近年来，越来越多的设计师和理论家倾向于按照设计目的差异，将设计划分为：视觉传达设计（为了传达的设计）、产品设计（为了使用的设计）、环境设计（为了居

住的设计）三大类型。展示设计是视觉传达设计的一种主要类型，其中又因具体的目的差异而可以进一步细分，如以销售为目的的商品展示设计、以文化教育为目的的博物馆陈列设计等。

博物馆陈列是博物馆陈列设计具体实施后的最终成果。一个陈列在诞生前要经过一系列的博物馆陈列工作，包括陈列总体设计、陈列内容设计、陈列形式设计、施工制作、布展等环节。其中陈列设计是陈列工作的主体部分。从广义上讲，博物馆陈列设计包括了总体设计、内容设计和形式设计三个部分；而狭义的博物馆陈列设计仅指陈列的形式设计，也称陈列艺术设计。在习惯上，人们把陈列的内容设计看作是陈列的研究工作，归属于学术研究的范畴，把陈列形式设计看作是陈列的技术工作，划入博物馆技术范畴。

现代博物馆陈列设计工作具有以下四项特征：

1. 以观众为设计的对象

在新博物馆学影响下，博物馆对社会公众的观照日益增强，博物馆陈列也关注公众各种需求，如知识需求、社交需求、娱乐需求等。同时，公众的需求也构成推动博物馆陈列设计的动力。当代博物馆陈列设计不再是闭门造车，而是以目标观众群体的调研为基础进行设计。以观众为中心的陈列设计还体现在以人为设计尺度，在陈列设计中应用人体工程学，以减缓观众参观疲劳，针对残障人士进行的展厅无障碍设计等。

2. 以博物馆教育为设计使命

当代博物馆角色与功能日趋多元，教育在博物馆诸多功能中跃居首位，其重要性已得到广泛共识。而陈列是博物馆发挥教育功能的主要途径，也是博物馆区别于其他教育机构发挥教育功能的特殊手段。实现博物馆陈列设计工作中贯彻教育理念，增强陈列的文化内涵和信息含量，以适当的形式将信息有效传播，实现知识性、趣味性、观赏性的统一，达到寓教于乐的效果。

3. 设计中多学科共同介入

博物馆陈列设计是一个系统工程，必须由不同学科的专业人员共同参与，在不同阶段发挥相应作用，最终协作完成。研究人员承担陈列内容的研究工作，有些陈列主题只涉及单一学科，而有些陈列主题则需要进行跨学科研究；教育人员需要承担相关教学设计；博物馆学者进行观众研究，并参与陈列内容设计与展品研究；艺术设计者承担展示艺术和工艺设计。此外，还涉及公共关系学、传播学等学科。

4. 博物馆陈列设计具有综合艺术特征

陈列设计的核心环节即是抽象信息的可视转化，以实物展品、展品组合、辅助展品、景观、媒体手段等在一定空间中加以呈现。这一过程中艺术设计起到关键作用。博物馆陈列艺术形式为陈列内容的传播服务，恰如其分的形式设计会有效增强陈列的感染力和说服力。博物馆形式设计包括版面设计、空间设计、环境设计、色彩设计、采光照明设计、造型设计等方面，具有极强的综合性。

（二）博物馆陈列工作流程

博物馆陈列从酝酿到最终成形，一般来说会经历以下阶段：

1. 选题及前期准备阶段；
2. 内容设计阶段；
3. 形式设计阶段；
4. 施工及辅助展品、设备制作阶段；
5. 陈列布展阶段；
6. 陈列开放前准备阶段；
7. 陈列评估阶段。

前三个阶段属于广义陈列设计的范畴，后文将详细介绍。此处主要介绍后四个阶段的主要工作内容。

1. 施工及辅助展品、设备制作阶段

在陈列形式设计完成后，通常经招标方式选择陈列施工制作单位。由其依据形式设计方案进行陈列施工制作。内容主要包括对展厅顶部、墙体、地面的装修及展具和辅助展品的制作，具体涉及展柜、版面、展台、沙盘、模型、场景、照片、图、表、多媒体展项等。

2. 陈列布展阶段

陈列布展是将陈列内容与形式设计最终转化为陈列成果的关键一步，主要分为两个步骤：其一，制定布展方案，包括布展时间安排、人员构成、工作内容与程序；其二，布展实施，主要工作程序为：首先，确认展品、辅助展品、展具在展厅中位置，检查陈列场地及通道，开启展柜并清洁；其次，将柜外图板、多媒体设备、柜内背板、投影屏幕、展具、大型器物、文物与展品说明牌等依次入位；最后，清洁展柜内外并封柜。

3. 陈列开放前准备阶段

陈列正式开放前还需经历一个准备阶段，即对陈列内容、技术要求、灯光、音响、多媒体效果及讲解等方面进行一次全面检查。通过预展形式，面向内部范围开放，并邀请相关领导、专家对展览进行验收，及时发现问题并予以修正。开放前的准备工作还包括对陈列的宣传，使社会公众通过各种渠道获知陈列信息，以引发其参观行为。

4. 陈列评估阶段

陈列评估是保障博物馆陈列实现预期目标的重要手段，陈列评估不仅是对展览最终效果的评判，而是伴随陈列工作始终的。具体包括前期评估、过程评估和总结评估三个部分。前期评估为陈列筹备过程中对选题可行性、目标观众、预期影响等各方面的评估；过程评估的目的是在陈列展览策划、施工过程中汲取专家、设计团队本身以及受邀观众的意见和建议；总结性评估则是关于展览开放后是否产生预期效果的评判。不同阶段的评估面对不同的评估主体，应采用不同的评估方式与方法。

三、博物馆陈列的总体设计与选题

（一）博物馆陈列总体设计

博物馆陈列设计工作具有系统性，通常可被划分为相对独立的各个阶段和具体任务，由不同角色的工作人员参与完成。为保证陈列设计的整体性，避免各阶段间的割裂与对接不畅，对陈列设计进行整体化全局性掌控的总体设计是必需的。

陈列总体设计并非是陈列设计各环节的简单叠加，而是对陈列全局性重大问题的决策，即解决“博物馆陈列语言”创作活动的框架与方向问题，以及对各设计环节的监督与协调，其目的在于使陈列设计工作最优化与一体化。

总体设计的缺失会导致内容设计、形式设计人员各自为战，常会出现以形式设计为中心，造成形式设计主宰陈列设计、制作的局面。有无陈列总体设计已成为博物馆陈列设计管理体制上滞后与创新的一个临界点。

总体设计工作通常以专门小组（委员会）的形式来执行，由馆长或主管业务的副馆长、陈列部门主要负责人和有关从事内容和形式设计的专家共同组成。总体设计一方面具有内容设计的创意和总策划属性，表现为对内容设计（陈列大纲）和形式设计方案具有审核权；另一方面具有形式设计的原理设计、方向设计属性，同时在展厅环境装饰设计方面具有发言权、参与决策权。

总体设计具体涉及如下内容：

1. 研究宏观形势，分析观众需求，提出切合实际的陈列创意与策划。

2. 研究和确定陈列设计主题（命名、定位）、题材、展示主体、陈列框架结构、展示内容与形式等方面的综合性方向问题。

3. 研究总体布局。

4. 研究确定每个具体陈列题材。

5. 研究确定展示主体。

6. 研究确定陈列的形式设计原则与方向。

7. 研究确定陈列的核心竞争力或特色及亮点。

8. 研究确定陈列制作的质量标准、防火设施和完成时间。

9. 研究确定陈列工程预算、招标内容、施工监理方案。应确立招投标制度和经费公示制度。

10. 对所要进行设计制作的展览，预先进行效益评估，并据此做出调整，进行优化设计。

11. 根据上述流程编制总体设计方案，并以此方案作为陈列内容设计和形式设计的指导与依据。

12. 审核陈列大纲及方案（内容设计）、陈列设计方案（形式设计），并负责工程监理。

13. 及时向馆领导和全馆汇报上述工作情况。

（二）陈列选题

所谓陈列选题即是对陈列题材与主题的选取。这是进入到设计阶段前的关键环节，关系到未来陈列的定向与形态。

题材，广义指取材范围，狭义指构成已被规定了的作品内容的基本材料。作为陈列内容，不同题材能够传达不同信息，体现不同社会功能。博物馆基本陈列的题材选取决定于博物馆自身的性质、定位、任务与资源，有较强的限定性，选择空间有限。相比之下，临时陈列的选题空间则较为宽泛。

博物馆陈列主题是博物馆藏品以自身存在形态，以自身所反映和代表的知识体系、历史过程、艺术形式所表现的更为深刻、抽象的观念和道理。它是设计者按照一定科学方法和思想观点，对博物馆藏品进行全面、系统的研究后而提出的。如果缺少明确的主题，再丰富的展品，也只不过是零散的堆砌。这样的陈列是苍白无力的，其思想容量和科学价值也会因此减少。

陈列选题主要有以下几种来源：

1. 从本馆性质与任务出发

博物馆自身的定位、性质、主题与任务决定了其基本陈列的选题方向。如江西省博物馆作为一座地方性综合博物馆，通过基本陈列“江西名窑名瓷”“江西客家风情”体现极具江西地方特色的两个方面，又以“赣风鄱韵——江西古代文明”“红色摇篮”“生态鄱湖”展现江西地方古代与近代历史发展及江西自然生态情况，博物馆的综合性和地方性由此得以显现。

2. 从本馆藏品资源出发

藏品是博物馆研究、教育等业务活动开展的基础，对博物馆陈列的选题、内容构成也有着重要的影响。陈列选题如脱离博物馆藏品资源，陈列将成为空中楼阁，无法最终实现，即便形成“陈列”，也是由景观和辅助展品堆砌而成，与博物馆陈列理念背道而驰。各博物馆藏品资源均有一定的特色和体系，可挖掘本馆藏品资源特色与内涵，形成主题。如四川博物院对张大千画作的收藏堪称富甲一方，在此基础上形成了基本陈列“张大千书画馆”。

3. 从相关研究成果出发

博物馆陈列也是相关研究发布和科普的重要平台，将研究成果通过博物馆化方式加以传播也是博物馆的社会责任。博物馆陈列选题源自相关研究成果的情况并不鲜见。如2013年9月在北京大学赛克勒考古与艺术博物馆中展出的“与猪同行——‘中国古代猪类驯化、饲养与选育技术及其影响研究’成果展”便转化于中国社会科学院考古研究所科技中心研究人员所承担的国家文物局指南针计划专项项目的研究成果。

4. 从社会热点出发

为社会及社会发展服务是博物馆的使命，关切社会热点并通过博物馆化形式呈现社会热点是其使命实现的一种具体方式。由此思路构成的陈列选题，贴近社会，适应社会需求，使陈列架起博物馆与观众沟通的桥梁，实现与公众的互动和密切联系，是“以人为本”的最佳体现。如海昏侯墓发掘工作通过传统媒体与新媒体的广泛传播，一时成为社会热议的考古事件，受到社会公众的普遍关注。在此背景下，2015年底，江西省博物馆举办了“南昌西汉海昏侯墓考古发掘成果展”；2016年3至6月，首都博物馆举办“五色炫曜——南昌汉代海昏侯国考古成果展”；2016年10月起，“惊世大发现——南昌汉代海昏侯国考古成果展”以固定专题陈列形式在江西省博物馆向社会公众长期开放。

第二节　博物馆陈列内容设计

博物馆陈列内容设计是形式设计的先导，其质量决定着形式设计所能达到的高度。陈列内容设计的最终成果是以陈列大纲与陈列方案等文本形式呈现的，而好的陈列设计文本须建立在对陈列主题与内容细致且深入的前期研究基础之上。

一、陈列内容设计中的研究

在确定陈列选题进入陈列内容设计后，首先面临的是一系列研究工作，包括主题相关资料及理论的学术研究、观众研究、陈列传播目的研究等，来确保以科学准确的陈列内容满足观众知识需求，最终实现陈列的既定传播目标与教育价值。

（一）主题相关资料及理论的学术研究

当代博物馆陈列不再是实物的简单展示，而是以实物为主要载体的有目的的系统化信息传播。传播内容的挖掘与设计需以陈列主题相关资料及理论的学术研究为支撑：其一，实物资料研究。摸清与陈列主题相关的馆藏“家底”及其信息与状态，并对关键藏品进行重点研究，同时也应进行社会调查，广泛调研藏于他馆或流散于民间的相关实物，获取相关信息；其二，照片、图表、影像等资料的研究。这些资料是实物资料的重要补充，是信息的载体，并具有直接视觉化的特点，是陈列的重要辅助因素；其三，文字资料的研究。包括一手资料和二手资料，对它们的研究有助于设计人员深化对主题的认识与理解，厘清历史脉络与故事线索，并获得更为丰富的细节。以上三者的研究不是孤立的，而是要形成联合，互为补充。内容设计人员应充分借鉴已有的相关研究成果，也应尝试在前人研究不足之处予以突破，使陈列内容具有一定的前沿性。

（二）观众研究

观众研究是博物馆一项常规工作，有助于更好地了解自身服务对象。在陈列内容设计阶段，为使今后陈列及相关教育活动能做到有的放矢，使“关注公众需求”不流于空洞的口号，除利用和研究博物馆常规的观众调查结果外，还应围绕陈列设计着手开展有针对性的观众研究。博物馆公众形形色色，在年龄、性别、教育程度与价值观念等方面均存在差异，任何一个陈列都很难做到面面俱到，满足各色需求，因此陈列总是要确定一个目标观众群体，这样陈列的传播才能形成一定的方向性，为主题的阐释与演绎、信息的诠释、形式设计的倾向指明方向。以湖南省博物馆2011年底至2012年4月举办的大型特展“佛光里的神秘西藏”观众研究为例，由于该临时陈列在跨年期间举办，考虑到学生群体在这一时间内准备期末考试、寒假返乡过年等因素，这次展览的目标观众并没有锁定为学生；此次展品主要与藏传佛教有关，低龄观众对此难以理解并产生兴趣，因此观众群体主要确定为成年人，尤其是对西藏风情充满兴趣、向往的人们。

（三）陈列传播目的研究

所谓“传播目的”，是指陈列的宗旨或陈列教育与传播所要达到的目的，即陈列想告诉观众什么、影响观众什么。博物馆陈列作为一种特殊的传播媒介通常具有明确的传播目的，它统辖着内容策划、陈列逻辑与结构、展品与辅助展品的遴选、形式表现等各方面。由于具体在陈列的目标观众、主题、类型及形态等方面存在差异，其传播目的也均有不同。因此，陈列的传播目的并非不言自明，而是需要通过研究来加以挖掘的。首先，对陈列主题相关资料的研究与消化是陈列传播目标提炼的基础。其次，需要以陈列主题为中心，对具体内容进行精炼，对所要说明的主体进行充分提示和全面涉及。再次，以观众研究为借鉴，传播受众因素对传播效果有着重要影响，因此应了解观众对博物馆陈列的需求和期待，在保证信息完整传达的前提下，使用趣味性的展示手段和多样化的表现方式。

二、陈列内容设计的结构规划与信息传播

（一）陈列内容的结构规划

陈列内容设计需在既定选题及相关研究基础上对主题进行凝练，使其得以抽象和升华，具有统领整个陈列的作用。在主题之下，重点要处理的便是陈列内容的结构。陈列内容结构有线性、版块等基本形态。线性结构强调以时间顺序来安排内容，常见于历史陈列中，如中国国家博物馆基本陈列“古代中国”，以文物为主要见证，系统展示中国从远古时期到清末漫长历史进程，以远古时期、夏商西周时期、春秋战国时期、秦汉时期、

三国两晋南北朝时期、隋唐五代时期、辽宋夏金元时期、明清时期8个部分展现辉煌灿烂的中华文明；版块结构，即各部分之间基本处于并列关系，其先后顺序多依据学术逻辑、文化因素、习惯等进行安排，如中国国家博物馆常设专题陈列“中国古代瓷器艺术展”则按工艺将内容分为三个平行单元：颜色釉瓷艺术、釉下彩瓷艺术和釉上彩瓷艺术。

陈列由于规模和信息内在逻辑性，陈列结构通常形成若干层次，具体表现为陈列部分、单元和组。陈列层次不宜过多，否则会造成观众在信息处理上的困扰。在不同陈列层次中陈列内容结构往往并不一致，以中国国家博物馆“古代中国”为例，其第一层次是按时间线性展开的，而第二层次则采用版块形态，如在隋唐五代时期部分中分为6个并列单元：统一多民族国家的发展、隋唐五代的经济、隋唐五代的社会生活、隋唐五代的文化、隋唐的边疆民族、长安与丝绸之路的拓展。

（二）陈列信息的传播方式

在陈列内容结构形成后，便需要以具体的陈列内容来充实并反映陈列各部分主题及总的陈列主题，实现陈列信息的传播。

实物展品是陈列信息传播最为主要的方式，如在中国国家博物馆“近藏集粹——中国国家博物馆新入藏文物特展”的宗邦重器单元中展出任鼎、士山盘、饕餮纹罍、卫簋、莲盖蟠螭纹壶、王子臣俎等40余件该馆近年征集的、首次公开面世的青铜容器，使观众透过这些珍贵文物不仅可以领略我国古代青铜铸造的灿烂艺术，还可以进一步了解商周时期王朝的政治管理、祭祀礼仪、商品交易情况以及西周王年断代、家族形态、家臣制度、贵族家族内部经济事务等。

与单个展品相比，展品组合能传达出更为丰富和复杂的信息。如中国古代青铜盥洗组合的盘和匜的展示：“匜的流口正对盘面上方而略作倾倒状，再将一条白色乔其纱的一端固定在匜内，另一头模拟流水状由匜的流口垂入盘内。背衬一张示意图，画一双手‘奉匜沃盥’，再画一双手伸向盘匜之间的水流中作洗手状，整个组合即算完成。”[①]这一组合既可诠释超出一般观众认识范围的“盥洗器”概念，又可使观众消除从字面上将“盘”理解为餐具的误解。

辅助展品也构成现代陈列信息传播的手段。辅助展品，顾名思义，对展品和陈列主题的信息传播起到补充和辅助的作用。通过辅助展品的补充与衬托，可以更好地完善陈列、烘托气氛，增强陈列的可看性、趣味性和教育性。常见的辅助展品包括图片、图表、沙盘、蜡像、模型、景观箱、绘画、雕塑等，以及幻影成像、触摸式屏幕、电子翻书等现代科技制品。

三、陈列内容设计文本的撰写

陈列内容设计的最终成果是以文本的形式呈现的，主要包括陈列大纲、陈列方案两种文本形式。

（一）陈列大纲的撰写

1. 陈列大纲的文本内容

陈列大纲是在前期研究的基础上所形成的陈列主题基本框架及原则、思想的文字表达。目前在实践中，陈列大纲的具体格式不一，内容繁简有别。陈列大纲文本一般包括以下内容：

①题目，如“赣风鄱韵——江西古代文明”陈列大纲。

②版次，如第二稿。

③完成时间。

④陈列指导原则阐述，包括：陈列题材及主题分析；陈列目的、基

① 陈宏京：《陈列语言的符号学解析》，《文化遗产研究集刊》第1辑，上海古籍出版社，2001年，第80页。

调、性质；目标观众分析；陈列内容设计思路及线索；以陈列为基础的教育分析；陈列开展的基本条件。

⑤陈列大纲具体内容，包括部分标题、部分说明；单元标题、单元说明；组标题、组说明；展品、辅助展品、拟采用的陈列技术。陈列内容应按不同层次编写序号，如第二部分第四单元的第十件展品应在前标注为2.4.10。同时，展品前也应标注展品及展项的所属类型，如图片可简写为图，绘画作品可简写为画。

2. 陈列大纲举例

案例1 “战国雄风——古中山国”陈列大纲

陈列指导原则阐述（略）

0 前言

战国之世，万乘之国七，千乘之国五，中山国是由白狄族鲜虞部建立的千乘之国。战国中山与齐、魏、燕、赵等强国相抗衡，耀兵称王于太行山麓。但由于中山国为游牧民族所建，历史短暂，史载缺略，遗迹湮没于地下，两千多年来鲜为人知，故称“神秘王国”。

20世纪70年代以来，考古工作者在河北省平山县勘探了中山国都灵寿古城，发掘了五座中山王族墓和百余座平民墓，共出土文物两万余件，战国雄风再现于世（图5.3）。

图5.3 “战国雄风——古中山国”陈列序厅

1 国史

1.0 单元说明

公元前770年，白狄族鲜虞部建都于新市（今正定县新城铺）。

公元前506年，“中山”之名首见于典籍《春秋》。

公元前457年，晋国征伐中山，中山国遭受重创。

公元前414年，中山武公复立，建都于顾（今定州境内）。

公元前406年，魏国占领中山国。

公元前380年前后，中山桓公复国，建都灵寿（今平山县三汲乡）。

公元前327年，中山国君譽继位，国力渐达鼎盛。

公元前323年，中山国与韩国、赵国、魏国、燕国共同称王。

公元前296年，赵国消灭中山国。

1.0.1 图战国中山国地理位置示意图（公元前350年）

1.0.2 图战国中山国疆域图

1.1 春秋时期

1.1.1 文《左传·鲁定公四年》

1.1.2 文《左传·鲁哀公三年》

1.1.3 物铜戈

1.1.4 物铜斤

1.1.5 物铜笄

1.1.6 物铜铃

1.1.7 物金丝圈耳环

1.1.8 物贝币

1.2 战国初期（图5.4）

1.2.1 文《史记·赵世家》

1.2.2 文《战国策·中山策补》

1.2.3 文《战国策·秦策》

1.2.4 物乳丁蟠虺纹铜鼎

图5.4 “战国雄风——古中山国”陈列铜器展区

1.2.5 物勾连雷纹铜鼎

1.2.6 物勾连雷纹铜鼎

1.2.7 物蟠螭纹铜鼎

1.2.8 物蟠虺纹铜甗

1.2.9 物蟠螭纹铜甗

1.2.10 物嵌红铜夔龙纹铜盖豆

1.2.11 物蟠螭纹铜盖豆

1.2.12 物蟠虺纹铜瓿

1.2.13 物双兽耳铜瓿

1.2.14 物嵌松石铜敦

1.2.15 物蟠虺纹铜罍

1.2.16 图蟠虺纹铜罍纹饰

1.2.17 物蟠虺纹兽首流嵌松石铜匜

1.2.18 物凤首流铜匜

1.2.19 物雷纹双兽耳铜盘

1.2.20 物蟠螭纹铜匙

1.2.21 物络绳纹铜壶

1.2.22 物络绳窃曲纹铜壶

1.2.23 物蟠虺纹四兽铜壶

1.2.24 物提链铜壶

1.2.25 物嵌松石虎形金饰片

1.2.26 照嵌松石虎形金饰片

1.2.27 物金盘丝

1.3 战国中期

1.3.1 文《史记·乐毅传》

1.3.2 文《世本》

1.3.3 文《战国策·中山策》

1.3.4 物中山侯铜钺、铜帽、铜鐏

1.3.5 拓片中山侯钺铭文

1.3.6 物铜孔雀饰

1.3.7 物独角兽

1.3.8 物银带钩

1.3.9 物错金铜带钩

1.3.10 物错金铜带钩

1.3.11 物嵌松石错金铜带钩

1.3.12 物玉石串饰

1.3.13 物玛瑙环

1.3.14 物水晶环

1.4 战国晚期（图5.5）

1.4.1 文《战国策·赵策》

1.4.2 文《史记·赵世家》

1.4.3 物涂白灰陶鼎

1.4.4 物涂白灰陶豆

1.4.5 物涂白灰陶壶

1.4.6 物涂白灰陶匜

图5.5 “战国雄风——古中山国”陈列陶器展区

2 国都

2.0 单元说明

2.1 古城建设

2.2 建筑构件

3 经济

3.0 单元说明

3.1 农业

3.2 手工业

3.3 计量、货币、算筹

4 文化

4.0 单元说明

4.1 祭祀与崇拜

4.2 文字与刻印纹

5 征战

5.0 单元说明

5.1 武备

5.2 田猎

5.3 车马器具

6 王陵

6.0 单元说明

6.1 陵区概貌

6.2 中山成公墓

6.3 中山王墓

7 青铜器

7.0 单元说明

7.1 山字形器

7.2 食器

7.3 酒器

7.4 水器

7.5 乐器

7.6 灯具

7.7 屏风及小帐构件

7.8 日用器具

7.9 器具构件

8 陶器

8.0 单元说明

8.1 灰黑陶器

8.2 磨光压划纹黑陶

8.3 陶瓻

9 玉石器（图5.6）

9.0 单元说明

9.1 书字玉器

9.2 玉璧、玉璜

9.3 玉环

图5.6 “战国雄风——古中山国”陈列玉器展区

9.4 玉佩

9.5 玉玦

9.6 玉觿

9.7 玉坠饰

9.8 其他玉饰

9.9 日用器具

9.10 玉雕饰

9.11 殓葬用玉

9.12 玛瑙、水晶、琉璃器

9.13 石器

10 结语

案例2 “赣风鄱韵——江西古代文明”陈列大纲

陈列指导原则阐述（略）

0 前言

江西省位于长江中下游南岸，东临浙江、福建，南连广东，西接湖南，北毗湖北、安徽，是中国东南大三角的腹地，全省总面积16.69万平方公里，分为11个市、99个县，人口4200多万。因公元733年唐玄宗设江南西道而得省名，又因"章""贡"二水汇合而成的赣江自南而北纵贯全省而简称赣。

江西历史悠久，文化璀璨。这里升起了稻作文明的曙光，点燃了人类烧造原始粗陶的火焰，开拓了华夏最早的铜工业基地，铸就了世界瓷都景德镇的辉煌，陶渊明、欧阳修、王安石、曾巩、黄庭坚、朱熹、文天祥、宋应星、汤显祖、朱耷等历史文化名人及白鹿洞、白鹭洲等书院使"人杰地灵"的美誉名副其实。

1 石器时代

1.0 单元说明

石器时代分为旧石器时代和新石器时代。在江西安义、乐平、萍乡、新余均发现了距今20-10万年前的旧石器时代人类文化遗存。江西地处大江南北交汇处，新石器时代遗址星罗棋布，各种原始文化在此相互交融，其文化面貌既有自身特色，又有沿海、江淮和华南文化的因素，文化面貌多姿多彩，反映出先民的独创性和对外来先进文化的包容性。

1.1 文明曙光

1.1.0组说明

中美考古学家在万年仙人洞与吊桶环遗址发现了距今约12000年左右的古栽培稻植硅石标本以及大量的骨质、石质、蚌质生产工具，原始陶器。它是世界上一处典型的新旧时代交替的遗存，具有丰富的文化内涵和重要的学术价值，是镶嵌在中国大地上的一颗璀璨的原始文化明珠。

1.1.1 图万年县仙人洞新时期时代遗址

1.1.2 图万年县吊桶环新石器时代遗址

1.1.3 图中美考古学者在仙人洞遗址考察

1.1.4 实单孔蚌器

1.1.5 实骨叉

1.1.6 实骨镖

1.1.7 实新石器时代打制刮削器

1.1.8 实头盖骨

1.1.9 实骨器

1.1.10 景狩猎归来

1.2 氏族部落

1.2.0 组说明

江西地区已先后发现上百处新石器时代氏族聚落遗址，重要的有新余拾年山、修水山背、樟树樊城堆与筑卫城、靖安郑家坳、九江大王岭与神墩、湖口城墩、广丰社山头、永丰尹家坪等聚落遗存，这些聚落面积大者达数万平方米。由于其文化内涵丰富且具典型性，分别被冠以“拾年山文化”“山背文化”“樊城堆文化”等考古学文化。

2 青铜时代

2.0 单元说明

2.1 江南都邑

2.2 古老铜都

2.3 青铜重器

2.4 千古悬棺（图5.7）

2.4.0 组说明

悬棺起源于春秋战国时期居住在武夷山地区的越人崖洞葬，龙虎山是迄今有确切年代可考、现存悬棺最多、文物最为丰富的崖葬点。宋人晁补之《鸡肋集》云：“出游龙虎山，舟中望仙岩，壁立千仞者不可上，其高处穴中往往如囷仓棺椁云，盖仙人所居也。”

2.4.1 景悬棺

2.4.2 图仿古墓棺悬吊表演

2.4.3 实陶鼎

2.4.4 实陶盉

2.4.5 实陶罐

2.4.6 实陶罐

图5.7 “赣风鄱韵——江西古代文明”悬棺葬场景复原

3 汉唐

3.0 单元说明

3.1 南方昌盛

3.2 洪州名瓷

3.3 一花五叶

3.4 田园诗人

4 宋元

4.0 单元说明

4.1 赵氏宗人

4.2 名窑名瓷

4.3 采矿冶炼

4.4 朱陆理学

4.5 天下书院

4.6 群星闪耀

5 明清

5.0 单元说明

5.1 江西朝士

5.2 藩王世家

5.3 四大商镇

5.4 天工开物

5.5 临川四梦

5.6 八大山人

（二）陈列方案的撰写

1. 陈列方案的内容

陈列方案是对陈列大纲内容的进一步深化，并强调对陈列内容的视觉化呈现，用以帮助形式设计者理解与表现陈列内容，是陈列内容设计与形式设计的重要沟通途径。陈列方案也包括题目、版次、日期、陈列指导原则阐述等部分，这与陈列大纲相同。与陈列大纲最大的差异体现在展品的撰写上，除序号、展品名称等与陈列大纲一致的要素外，还包括展品馆藏登记编号、数量、尺度等信息，以及具体的展品说明和视觉传播意图说明，其中“视觉传播意图说明”是陈列方案最为核心的内容，也可称为“形式设计要求”。陈列方案通常采用“栏目式”或“分栏式”的格式。

2. 陈列方案举例

表5-1　陈列方案样例1[①]

序号	展品馆藏登记编号（或器物编号），器物名称，数量，尺度，重量等	展品说明	视觉传播意图说明
1.1.1	2001.01.06 石斧	器物说明文字	简要说明该石斧的陈列方式，如刃部朝向
1.1.2	P1956.10 考古工地外景照片（黑白）	图片说明文字	简要说明该照片的重要性

① 宋向光：《陈列内容设计文本的特点及编写》，《中国博物馆》2008年第1期。

续表

序号	展品馆藏登记编号（或器物编号），器物名称，数量，尺度，重量等	展品说明	视觉传播意图说明
1.1.3	J-2 猿人生活场景（景观再现）	景观名称，景观介绍	说明该场景的地点，季节，时间，人物的数量、个性、相互关系，行为目的和行为状态，人物情绪，社会—经济—文化背景，环境等。 说明该景观的目的，希望让观众认识和理解的内容，让观众获得怎样的情感感受
1.1.4	C-1 计算机互动项目“走出非洲：原始人的迁徙”	展项名称	该展项内容的概要说明。 说明目标观众情况，对信息水平、表达方式的要求，对影像风格的要求等

*此栏仅为说明各栏目的内容，具体编写陈列方案时，可在方案编写说明中约定各栏目的内容，在各单元展品清单中可以省略

表5-2　陈列方案样例2①

陈列大纲内容	形式设计要求
序厅： 前言（内容略）	**前言设计要求：** 前言展板的形式、材料、色泽、文字等设计，应与序厅设计紧密结合，成为有机的组合，构成整体玉器陈列序厅的风格
背景照片：渎山大玉海（元代）	**背景照片“渎山大玉海”（元代）设计要求：** 作为前言的背景照片，采用彩色大型照片。展示效果应让观众看清“渎山大玉海”的全貌，表现出玉器本身的巨大艺术魅力

① 齐玫：《博物馆陈列展览内容策划与实施（修订版）》，文物出版社，2015年，第63、64页。

续表

<table>
<tr><th>陈列大纲内容</th><th>形式设计要求</th></tr>
<tr><td>**制作表：**中国古代主要玉料一览表
<table><tr><th>名称</th><th>产地</th><th>实物</th></tr><tr><td>白玉</td><td>新疆</td><td>白玉材</td></tr><tr><td>青玉</td><td></td><td>青玉材</td></tr><tr><td>黄玉</td><td></td><td>黄玉材</td></tr><tr><td>碧玉</td><td></td><td>碧玉材</td></tr><tr><td>墨玉</td><td></td><td>墨玉材</td></tr><tr><td>岫岩玉</td><td>辽宁岫岩</td><td>岫岩玉材</td></tr><tr><td>南阳玉</td><td>河南南阳</td><td>南阳玉材</td></tr><tr><td>翡翠</td><td>主要产于缅甸</td><td>翡翠玉材</td></tr></table></td><td>**制作表《中国古代主要玉料一览表》**
设计要求：
以灯箱形式表现，展示效果应达到表格文字清晰；表中实物展示可显示出玉材本身的质感、色泽等，并保证玉材悬挂在表中的牢固及安全</td></tr>
</table>

（三）陈列文本中的文字类型

1. 标题

博物馆陈列结构中各层次均有标题，标题是对所辖内容的总结与概括，包括陈列标题、部分标题、单元标题等。标题对陈列内容有着画龙点睛的作用，好的标题能宣示主旨，发人深思，激发共鸣，使人过目不忘。

博物馆陈列的总标题，即一级标题，可分为两类：实拟标题与虚拟标题。实拟标题，一般不做修饰，直叙陈列内容，如江西省博物馆的“南昌西汉海昏侯墓考古发掘成果展”“毛泽东和中国两弹一星事业”“埃及当代名家作品展”。虚拟标题则从某种意义的角度或层面考虑，对陈列标题进行修饰，如江西省博物馆2011年举办的几个临时陈列“大道之行——纪念辛亥革命一百周年影像展”“范金琢玉——耀州窑历代陶瓷珍品展”“法相庄严——山西佛教造像艺术精品展”等。在博物馆陈列实践中也有实拟标题与虚拟标题并用的情况，如2017年南京博物院临时陈列“帝国盛世——沙俄与大清的黄金时代”（图5.8），其中主标题为虚拟

图5.8　“帝国盛世——沙俄与大清的黄金时代”陈列序厅

标题，副标题则为实拟标题。

各部分标题即二或三级标题，与一级标题不同，通常以实拟标题为主，体现所辖部分的具体内涵，在文字风格上侧重务实、精炼、鲜明，如河北博物院“名瓷名窑”陈列7个部分标题分别为北朝瓷器、邢窑瓷器、定窑瓷器、磁州窑瓷器、井陉窑瓷器、元瓷遗珍、明清官窑精品。有些通史陈列甚或以年代为题，如河北博物院“曲阳石雕”陈列内容按时代划分为8个单元，对应标题依次为西汉、北魏、东魏、北齐、隋唐五代、宋辽金元、明清、现代。

2. 前言与结束语

陈列的前言通常出现在序厅部分，是对整个陈列内容的概括性介绍，也具有交代陈列背景、目的、意义与特色的作用。其文字应尽可能精炼，不宜过长，一般在300字左右。文字表达上可有不同风格，但应与展示内容风格相一致，总体上应注重优美、平实，力求内容能够被大众所理解，并能够引发观众的参观兴趣。如2007年浙江自然博物馆承办的“火眼金睛——杭州海关‘11.1’缉获珍贵化石特展”的前言：

古生物化石，是指人类史前地质作用形成并保存于地层中的生物遗体或活动遗迹，是不可再生的自然遗产。古生物化石携带着丰富的地球变迁信息，对研究地球历史具有较高的科学价值。

我国古生物资源蕴藏丰富。随着经济社会的发展和基本建设的不断扩大，许多珍贵化石不断地被发现。不法分子为了牟取暴利，千方百计进行化石走私。我国海关在古生物化石查缉方面做出了巨大的努力和贡献。

2004年11月1日，杭州海关截获了2560件走私古生物化石，这是建国以来缉获的最大一起化石走私案，备受社会关注。举办本次特展，旨在开展古生物化石保护和法制宣传，增强公众的法制意识，慎密防范走私活动，杜绝和减少此类事件的发生。

该前言文字言简意赅，层次分明。第一段对展示对象——古生物化石予以界定，并揭示其价值，第二三段交代此次展览背景、目的与意义，使观众对陈列内容一目了然。

结束语与前言相对，位于陈列的最后部分，是对陈列的总结，具有锦上添花的作用，使观众情感升华，产生回味。前言是陈列结构中必要的组成部分，而结束语则并非每个陈列都必须。

3. 部分说明与单元说明

现代陈列对主题内容的整合与演绎通常表现为由部分和单元所构成的层次性结构，它们是主题内容的具体展开。此类说明文字起到帮助观众预先了解所辖部分内容，定位该部分在整体中地位的作用，有助于观众构建起对主题相关的知识体系，加深其对主题的认知。与前言相比，部分说明和单元说明叙述内容具体而微，是对主题的不同层次不同角度或时段的阐释。文字需更为简练，应比前言文字量小，一般在200字左右，文字风格应与陈列风格相呼应，并应注意同一级别的说明在文字量、体例上的一致性。如江西省博物馆“赣风鄱韵——江西古代文明”第二部分“青铜时代”的部分说明：

江西近千处商周时期遗址的发现表明，江西的青铜文明有自己独立的发展序列。夏商时代的文化既受中原文化的影响，又有自身特色；西周以后，吸收了吴、越、楚、徐等周边文化。瑞昌铜岭商周矿冶遗址、吴城商代遗址、新干大洋洲商墓是最为重要的青铜文化遗存。

简练的部分说明文字揭示了青铜时代在历史发展中的阶段性，介绍了江西商周青铜文明的独特性及其重要遗存，对此部分展示内容进行了高度的概括。

4. 展品说明、展项说明及其他说明

在部分说明、单元说明这样对陈列主干信息和知识系统起到提示作用的文字外，陈列中还有针对具体展品、展项、展品组合等信息进行阐释的说明文字。

展品说明是博物馆以文字形式向观众传递展品信息的方法，通常采用说明牌的方式布置在展品附近，介绍展品基本信息及内涵，它起到沟通观众与展品的桥梁作用。而展品说明的写作并未形成统一规范，不同博物馆陈列中的展品说明书写方式存在差异，简略者只标注展品名称及时代，而复杂者则介绍相关历史背景、价值及内涵、特色等。展品说明，一方面应根据具体展品的情况决定说明的信息量，做到详略得当；另一方面，应利用技术手段，如手机APP自助导览、智能导览（图5.9）、语音导览等方式，满足不同参观人群对展品信息需求的不同。

辅助展品、场景、景观及其他陈列展项也需有文字说明，与展品说明类似，是对其基本信息、原理及内涵的揭示。此外，互动展项需要有简要的操作说明。现代陈列中为加大信息量，经常使用数字多媒体设备，如触摸屏、电子翻书等，其中蕴涵了大量文字信息，帮助观众获取深度信息。

图5.9 “帝国盛世——沙俄与大清的黄金时代”智能导览

第三节 博物馆陈列艺术设计

一、陈列艺术设计概说

（一）陈列艺术设计的概念及目标

博物馆陈列艺术设计，是依据陈列大纲及陈列方案，对陈列内容进行深化、构思、布局，确定陈列展示的格局、手段与风格，创作出符合审美要求的形式设计方案并绘制成图样，最终通过物象以视觉形式传达出来的创作过程。

陈列艺术设计具有以下目标：

1. 准确生动地演绎陈列主题

主题已经成为当代博物馆陈列的灵魂所在。它构成贯穿陈列设计始终的总的目标，在总体设计与内容设计之中，陈列的主题得以确定，并获得初步的演绎，艺术设计需要在此基础上运用艺术形式法则与艺术语言进行再度创作，将抽象的主题进行艺术而具象的转化，转化为可以被观众感官捕捉到的内容。这种对主题的形式演绎需符合内容设计的原意和观众的一般认知规律，避免造成歧义与认知偏差；同时，艺术设计应努力追求生动鲜活，赋予主题以生命力和感染力。

2. 营造适宜的陈列氛围

观众进入展厅中最先感受到的并非具体的陈列内容和展品，而是展厅的整体氛围。适宜的陈展氛围可以调动观众情绪，帮助其尽快融入陈列环境之中，从而促成观众与空间环境及展品在信息与思想上的对话、交流和共鸣，形成良好的参观体验。好的陈列氛围就是要紧扣观众感知的各项要素，从视觉、听觉、触觉等全方位来设计陈列展示中的色彩、照明、材质、造型等，使其有机结合为整体，使观众不自觉地成为其中的一部分。

3. 创造陈列信息传达的最佳方式

陈列的本质是信息传播的一种媒介，陈列设计的目标在于有效地向观众传达信息。内容设计在一定程度上塑造了陈列信息传播的主要内容，形式设计则是根据信息内容的形态与特征，进行再度选择、排列、提炼、组合等加工，使信息以符合观众心理、观赏习惯与接收规律等方式最终呈现，达到信息增值的目的，使原本不易被识别和理解的信息成为高度精炼、高质量的展示信息，也使观众以较高的效率获取并吸收信息。

4. 为后期博物馆教育实施提供可能

教育是博物馆最为重要的功能，博物馆教育有别于其他教育方式的根本之处在于利用博物馆独特资源开展教育活动，体现出较强的实物性、直观性与体验性。博物馆教育的形式日益多元，但博物馆仍是教育活动开展的基础。因此，可以说，博物馆的陈列设计在很大程度上是为教育目标实现服务的。这也便要求陈列形式设计由封闭状态转为开放，增强陈列的体验性和互动性，使观众融入陈列之中，促进其对知识的理解与消化。

（二）陈列艺术设计的基础

陈列艺术设计工作的开展需建立在一定基础之上。这些基础既是艺术设计工作的保障，同时也在一定程度上制约着陈列艺术设计。

1. 陈列大纲及陈列方案

陈列艺术设计所遵循的“内容决定形式”原则的具体表现为陈列艺术设计不能脱离陈列内容，要依据陈列内容进行设计，即陈列艺术设计者需要认真研究陈列大纲及方案，充分理解内容设计意图及具体信息，并在融会贯通的基础上对其进行准确而直观的反映，做到不偏离、不夸大、不缩小、不擅自篡改陈列内容。

2. 展品

展品是陈列真实性和直观性的直接来源，也是陈列形式设计的核心工作对象。艺术设计者对展品的了解熟悉对陈列效果至关重要，除掌握相关资料外，在有可能的情况下应当熟悉展品实物，对于体量、重量、形式、结构、材质不同一般的展品，做到心中有数，在设计时才能得心应手。

3. 场地

博物馆陈列需在一定场地内展现，场地的大小、状态与陈列的规模、展示的形式关系密切。当代博物馆陈列多数是在建筑内部空间（室内）进行的。大多数博物馆建筑空间有4-6米高，一般陈列室的室内净高为3.5-5米，特殊场馆有6-12米高的展厅。展厅的形制一般分为串联式、放射式、走廊式、大厅式等。虽然，展厅对陈列有着较强的制约，但对于不理想的陈列空间，设计者可发挥主观能动性，利用假墙、天花板、陈列设备、色彩等手段，重新分割、组织空间，变换虚实，以弥补场地的不足。

4. 经费

巧妇难为无米炊，没有经费保障，设计者就无从下手，艺术设计方案就无法落实。经费预算直接影响陈列的性质和规模，左右设计者的思路，影响陈列室的装修、辅助展品的设计、设备的用材及制作工艺等。陈列设计者需要实事求是地设计出与预算相符的陈列艺术方案。

5. 专业团队

陈列艺术设计的具体项目繁多，工作任务繁重，非一人之力能够完成。因此，组建起一个技术、学科等方面结构合理的专业设计团队至关重要。

二、陈列艺术设计的流程

（一）艺术设计准备阶段

1. 陈列艺术设计招标

随着社会专业化程度的提高，当前博物馆陈列形式设计及施工工作通常由博物馆面向相关单位以招标方式来完成。首先，由博物馆（甲方）根据陈列项目对陈列形式设计进行发标，发标主要文件包括招标通知、投标须知、标书、合同条款、技术规范书、投标书格式及附表等。其次，由符合博物馆要求的设计单位（乙方）参加投标，投标过程包括：报名并购买标书；完成标书制作并上交甲方委托的招投标公司；由招投标公司对上交的标书进行法律确认。再次，在公证处公证员监督下，按照事先确定的评选原则进行评选，包括专家初审、专家复审、公布评审结果。最后，中标设计公司根据中标的陈列项目与甲方签订设计合同书。

2. 与内容设计的沟通

陈列内容设计的文本是形式设计开展的基础，形式设计者除研读内容设计文本外，与内容设计人员的沟通与交流也必不可少，其目的在于实现形式和内容之间的完美结合，形成方向引导，并为设计创新拓宽思维渠道，促成形式设计的再创造与飞跃，形成最佳设计方案。内容设计者应对形式设计者解读陈列大纲及方案，就陈列主题、风格、陈列重点等问题尽可能详尽、清晰、明确地向形式设计者进行交代，使其对内容融会贯通，获得对陈列内容设计的正确理解，并对形式设计者提出必要的合理化建议。正式的沟通渠道有会议沟通、报告沟通、面谈沟通、书面沟通、网络平台交流等。此外，非正式设计沟通渠道也逐渐被重视和利用。

3. 考察实地环境与重点展品

了解陈列环境是确保陈列设计方案顺利实施的前提，在形式设计前，设计者应去博物馆展厅进行实地考察，对内部空间结构、建筑层高、面积、承重、采光、管道铺设等情况进行勘察，分析陈列形式设计的限制条件，在尊重原有空间环境基础上提出可行方案。展品是陈列展示的中心与主体，形式设计者要想处理好展品的展示设计，在设计前对展品应有充分的了解，包括展品的名称、年代、级别、尺寸、重量、质地、流传历史、用途、价值等，以及通过照片或事物等获得关于展品的感性认识。

（二）整体方案设计阶段

经过充分准备后，陈列形式设计进入基础阶段——整体方案设计阶段。这一阶段的总体目标是根据前期陈列方案要求，以准确、贴切的艺术形式表达陈列内容，营造出适宜观众参观、符合陈列主题的环境与情境。

陈列形式设计需处理好以下几组关系：①陈列形式与陈列内容的关系；②陈列形式设计与观众的关系；③陈列形式设计与展品及其保护的关系；④陈列形式设计与经费的关系；⑤陈列形式与展厅的关系等。陈列形式设计是在多重关系的处理中进行的，这些制约在一定程度上规定了陈列最终可能的面貌。

该阶段设计内容具体包括：

1. 博物馆陈列总平面布置与观众参观路线规划

总平面布置是形式设计的基础，即按照陈列大纲内容设计中的结构层次将展品及辅助展品安置在适当的建筑平面之中。并依据展厅进出口位置及参观内容所体现的秩序，规划观众在展厅中合理的流动路线。观众参观路线通道宽应不小于2.5米，避免路线的交叉、“断头路”和“回头路”等情况出现。

2. 展厅基础装修设计

展厅基础装修主要指陈列室内的墙壁、顶棚、地面三大部分的装修。墙壁与顶棚需牢固、稳定，能够降低噪声污染；地面则不应过于光滑，既便于清洁，又能有效控制眩光产生。

3. 陈列空间设计

依据陈列大纲层次结构及展品情况，从展厅情况出发，以视觉艺术的美学规律进行空间分隔，其目的在于使空间呈现出秩序性和明确导向性，同时富于变化和节奏感，让观众的参观张弛有度，视觉上有移步换景的效果。设计中常用假墙和建筑小品（漏窗、凭栏、屏风等）进行展厅空间的分隔。

4. 陈列序厅设计

序厅的功能在于点明陈列主题。它也是观众的聚散枢纽，不宜使观众在此停留过长时间，因而序厅中的物象组合表现应以概括、单纯、简洁、大气为取向。

（三）系列设计阶段

陈列形式的系列设计，即在整体设计基础上，将陈列形式设计内容进行细化，分门别类进行设计。具体包括以下项目：

1. 辅助展品、展项设计

辅助展品与展项在陈列中辅助展品进行信息的传播，具有弥补展品局限，完善布局结构，烘托渲染主题的作用，是对陈列内容进行诠释的有效手段。通常可分为三大类：一类为美术创作作品，如绘画、雕塑；一类为信息的直观展示，如图表、照片、沙盘、模型、场景、景观、蜡像等；一类是科技手段，如投影、电子互动、幻影成像、复合技术、交互技术等。在设计中要服从内容的要求及总体风格，以科学为基础，实事求是，不可喧宾夺主，不可过度演绎。

2. 陈列设备设计

陈列设备不同于辅助展品，其本身没有信息传播功能，主要起到承载和展示展品与辅助展品的作用。依照用途，陈列设备主要包括展柜、展台、展架、台座、假墙、展板与标牌、屏风、护栏等。在设计中应遵循以下原则：首先，展示性原则，陈列设备的目的是使观众更好地观看展品。因此，其尺寸、结构、色彩、材质等设计均应体现为展示服务的基本原则。其次，保护性原则，陈列设备应结构稳定，使展品能够牢固地安装在设备中，不受损伤，在形态上应使用倒角处理，确保观众在参观中不受其伤害。再次，人性化原则，设备设计应符合人体工程学与心理学，适应观众视觉规律，帮助展品提高信息传播效率。最后，环保性原则，设备设计应选择环保材料，不造成对展品及环境的污染和对观众的损伤。

3. 陈列版面设计

陈列版面是通过文字、图片等形式进行信息传播的主要方式，文字部分包括各级标题和说明及其他解说性文字，是陈列抽象信息传递的重要途径。陈列版面设计通过运用艺术形式规律和绘画构图、书籍装帧等艺术形式，将文字与图片进行设计编排。从人体工程学角度出发，版面一般应处于距地面80-240厘米的范围内。在版面设计中应遵循以下原则：首先，平面构成法则，如运用黄金分割、等差数列等进行平面分割，适当的比例关系能使版面井然有序又不失韵律感。其次，结构逻辑性，版面设计通过字体、字号、位置等有效反映出内容的层次性和内在逻辑性，应做到主题突出、主次分明。再次，整体性，在版面设计中还应综合考虑其与对应展品、版面与展柜、版面与展厅环境的整体和谐与搭配。最后，易读性，版面文字的字体及大小应以观众在一定距离内不费力看清为据。

4. 展品的展示设计

展品的展示设计是展品布置的形式艺术设计，包括对照明方式、陈列设备、环境色彩等控制，旨在成功传达内容设计的传播目的与意图，使展品的视觉传达更具吸引力，让观众感受到艺术、文化、科学价值的熏陶与心灵的洗礼。它是影响陈列效果的关键性环节。此外，展品的展示设计还包括内容设计基础之上对展品组合的形式再创造，以艺术的方式增强其信息传播效果和感染力。

5. 陈列色彩设计

颜色对我们的精神、情绪会产生一定的影响，对陈列中色彩的恰当运用有助于优化陈列的视觉效果，强化和渲染陈列环境特定的情调与气氛，增强视觉引诱与导向作用，以便更明确地交代主题，并使观众的参观过程增添审美和娱乐色彩。陈列中对观众产生影响的色彩包括环境色、展品色、道具色、光照色等。环境色指建筑本身的装饰色，天花板、地板、地毯、四壁等的色彩，在设计上应注意安静、和谐，起到展品衬托的作用。展品色是设计者选择其他部分色彩的主要依据之一。道具色涉及版面和展柜、台座等陈列设备的颜色，应避免造成影响展品固有色彩的体现，以保证观众获取准确的展品信息。

6. 陈列照明设计

陈列照明设计的目的是为观众提供一个良好的视觉环境，提升展厅内部空间的观展效果。陈列照明分为以下三种：其一为一般照明，为照亮整个展厅而设置的均匀照明，满足参观者的一般需求，使其能辨别方向，看清一般展品等。其二为局部照明，博物馆中一些一般照明不能满足某些展品的照明要求，不能凸显其存在，因而，需在一些局部上设置更亮的光，使其达到需求。其三为特殊照明，在博物馆中很多地方都需要特殊的照明，如一些展柜或展项需要特殊灯光效果的渲染。在照明设计中应把握三个原则：第一，保护展品安全，应减少展厅中自然光及人工光源中的紫外线辐射，针对光敏感的展品应保持低照度照明；第二，节约能源，尽可能选择能效高的灯具产品；第三，避免眩光的出现。

（四）深化设计阶段

深化设计，也称“扩充设计”，是在整体设计方案、形式设计系列方案基础上，通过再构思、再创造，对之前各种粗略的构想与规划进行整合、深化与提升，使其变为具体的形象设计，形成最终的可实施的形式方案设计稿。它是陈列艺术设计的最后环节。如果说前期设计确定了陈列的总体风格，着重于整体把握的话，那么深化设计阶段则从各个细节体现风格的魅力。

进入深化设计阶段，陈列方案从整体到每一处细节，都应得到充分的、全方位的表现；陈列设备的造型、材料、工艺、结构等应形成确定方案；每一块版面的具体内容、每件展品、辅助展品的具体位置都应有了具体的交代。

陈列深化设计的成果是以各种设计图纸的形式体现的，包括以下四类：①展厅总平面图、分区平面图；②各展区平面图；③陈列立面设计图；④所有展项内容的表现图。

深化设计经审核认定后，便进入最终的施工图绘制阶段，并依据施工工艺图编制预算，产生具体的总经费报价。接下来便是依据深化设计阶段的成果进行陈列的施工。

第六章

现代科技在博物馆中的应用

科技与文化相结合，是这个时代的重要命题。现代科技为博物馆工作带来了崭新的思路和现实路径。2011年国家文物局出台的《博物馆事业中长期发展规划纲要（2011-2020年）》明确提出，“创新博物馆文化传播及中国数字博物馆建设工程”，博物馆数字化建设要“充分运用信息、互联网、多媒体、新媒体等技术手段，通过数字博物馆、远程教育网络和文化信息资源共享工程，使博物馆文化成果惠及更多民众”。

第一节　多媒体技术在博物馆陈列中的应用

多媒体技术（Multimedia Technology）是指利用计算机对数据、文字、图形、图像、动画、声音等多种媒体信息进行综合处理与管理，使用户可通过多种感官与计算机进行实时信息交互的技术。真正的多媒体技术所涉及的对象是计算机技术的产物，而其他的非计算机技术产物，如音响、电视、电影等，均不在多媒体技术的范畴之内。

多媒体技术作为一种新兴的信息技术以其多样化的展示形态给传统博物馆陈列展示形式带来巨大变化。作为传统展示技术的拓展和延伸，它已成为现代博物馆陈列展示的重要辅助手段。博物馆通过合理运用多媒体技术，办出真正让观众“看得懂”“愿意看”“喜欢看”的陈列，为博物馆教育的顺利展开打下坚实基础。

一、博物馆陈列中的多媒体技术

（一）多媒体音频展示

在以实物陈列为主体、视觉观赏为主要参观方式的博物馆陈列空间中，特定的声音能够传达出实物所无法表现的信息，它也构成了陈列中一种重要的信息传播媒介。多媒体音频技术可以为观众提供特定的声音、音乐欣赏，以及模拟场景音效。如江西省博物馆“生态鄱湖”基本陈列，在鸟类及昆虫标本展柜前设置按键，触碰按键即会发出相应鸟类和昆虫的鸣叫声，使观众获得对展品更为立体的感知与认识。如南昌八一起义纪念馆，展厅一楼通往二楼的楼梯间被设计为上井冈山的小路，辅之以多媒体音频播放的蝉鸣鸟叫、溪水流动的声音，增强陈列环境的感染力，创造沉浸式体验。再如山西博物院主题陈列“戏曲故乡”，展厅中设置戏曲欣赏区，观众可通过多媒体电子触摸设备查询山西地方戏剧种与剧目，戴上耳机，便可欣赏到原汁原味的山西地方戏曲剧目。对于戏曲、音乐这一类偏倚听觉的非物质文化形态，多媒体音频展示比平面和静态的实物展示具有更强的传播优势。

（二）多媒体视频展示

多媒体视频展示，即运用多媒体手段对现有资料进行编辑处理，以真实影像资料、动画、实拍短片等不同多种形式予以表现。多媒体视频展示已在博物馆得到广泛应用，是现代博物馆陈列中常见的展示形式。在博物馆中，多媒体视频承载内容非常宽泛，可围绕陈列主题展开，也可对陈列内容和展出的实物、图片、资料等进行信息的丰富和补充，还可以展示事物的发展过程或呈现某一原理。首都博物馆基本陈列“京城旧事·老北京民俗展”，采用实拍形式，摄制了一系列民俗影片，展现老北京人结婚、祝寿、新春等内容。影片围绕陈列主题，以夹叙夹议的手法，将结婚、祝寿、迎新春等礼仪习俗的主要环节加以演绎，配合画外音的讲述，使观众将礼俗事项的具体步骤与展厅中的展品相对照，加深其对展品的历史背景、用途、内涵等信息以及老北京民俗风情的了解。

（三）巨幕投影与环幕投影

巨幕投影，是采用多个投影系统组合而成的多通道显示系统。与普通的标准投影系统相比，它具备更大的显示尺寸、更宽的视野、更多的显示内容、更高的显示分辨率，因此视觉效果也具有更强的冲击力和沉浸感。对于多个投影画面拼接所形成的投影光线和画面内容的重叠，采用边缘融合技术，调整不同投影机之间的颜色差异，消除光线重合部分的多余亮度，以确保画面的整体感以及亮度、色彩的均匀一致性。2010年上海世博会中国国家馆展出的超大动画版《清明上河图》可谓是巨幕投影的经典案例。科技公司将故宫博物院提供的《清明上河图》原图扫描件放大，再对画面的色彩、细节进行修补，通过数字化处理将尺幅放大，制作成巨幅画面，进而配以动画及声效，用12台电影级的投影仪拼接融合，最终将原作放大约30倍，展现于一幅高6.5米、长128米的巨型投影屏幕上，再现了北宋的市民生活景象。

环幕投影，采用多台投影设备组成环形投影屏幕，弧度通常介于100度至360度之间，是一种视听高度沉浸的虚拟显示系统。由于屏幕呈环形，能够完全覆盖观众的视角范围，在环绕立体声系统配合下，观众犹如置身其境。

（四）幻影成像

幻影成像，以宽银幕的环境、场景模型和灯光的变换为背景，将制作的动态视频投射到布景箱中的主体模型景观中，通过使用影像合成技术将静态的实景与动态的视频相结合，从而产生一种特殊的视觉效果。整个幻影成像系统由主体模型场景、造型灯光系统、光学成像系统、影视播放系统、计算机多媒体系统、音响系统及控制系统组成。造型灯光系统根据场景造型的要求和剧情的需要，在可编程控制器的控制下，配合音乐、图像在场景上产生气氛光，以达到营造展示气氛、烘托展示效果的目的。光学成像系统与影视播放系统实现活动三维立体视频在场景造型上的再现，使立体影像与周围的人造景观背景尽量逼真地结合。音响系统实现旁白和音乐的播放。控制系统实现多机同步控制、活动模型控制、灯光控制、电源控制、播放控制等工作。陕西汉阳陵博物馆的《走进汉阳陵》幻影成像项目，是我国博物馆中较早利用幻影成像技术讲述历史故事的成功案例。此项目利用幻影成像技术形成四幕历史场景，使“复活”了的汉景帝、王皇后以及宫女、宦官等栩栩如生地呈现在观众眼前。

（五）360度全息成像

360度全息成像，是一种新兴的3D技术，主要利用干涉和衍射原理，配合人眼的视觉误差，进行集成制作出多角度、全方位的360度立体悬浮影像。与传统的3D显示技术相比，全息成像技术无须观众佩戴偏光眼镜，可360度多视角展示，方便观众浏览。与幻影成像相比，360度全息成像更适宜单件（套）多面立体的展品展示，如瓷器、雕塑、佛造像等。此技术不仅可以展示展品的各个侧面，还能够放大呈现底部、肩部的款识及局部特殊工艺。对于那些材质脆弱、对保存环境要求苛刻、不宜长时间展出的展品而言，360全息成像技术展示可对其起到有效的保护作用。此外，还可以应用于一些有特殊展示需求的展品，如古建筑斗拱结构的展示，可先分别制作斗拱构件的三维模型，再将组装搭建过程拍摄为动画影像，并投影在四棱锥体中，使斗拱的构造及其蕴含的力学原理一目了然；再如古代服饰的展示，将其制成三维全息影像，不仅可进行全方位的展示，凸显其剪裁的立体感，还可以对服饰穿戴的步骤进行演示。

（六）虚拟翻书

虚拟翻书，又称感应翻书、互动翻书、魔幻书等。虚拟的电子书犹如一本打开的书籍，由上方的投影投射至书模上，其中承载着丰富的资料（包括文本、动画、视频、图片等），参观者可以挥动手臂“翻阅”书籍，可自左向右或者自右向左，还可选择章节，快速找到想翻阅的内容。其原理是，利用摄像头配合视频捕捉软件来获取观众的动作信息，并传输给计算机转换为屏幕的逻辑坐标，通过触发左右两半部分页面上的感应点，按照已设定好的程序驱动多媒体动画达到前后翻书效果，实现手臂与书页之间的人机互动。

（七）电子沙盘

沙盘是博物馆中一种常见的辅助展品，是根据地形图、航空像片或实地地形，用泡沫塑料板、胶合板、石膏粉、纸浆等材料堆制成的模型。随着科技的进步，传统沙盘逐步向功能化、智能化方向发展。电子沙盘，运用计算机程控技术，将声、光、电、图像、实体模型相融合，将静态模型与多媒体触摸屏结合起来。无论从视觉的观赏性，还是互动性，都给人一种全新体验。这一技术在现代博物馆中应用广泛，如阿城金上京历史博物馆的序言展厅，通过下沉式的电子沙盘从宏观上阐述了女真民族创造的灿烂金源文化；陕西省汉中市张骞纪念馆的“张骞生平伟绩”展用电子沙盘模型展示了张骞出使西域的曲折经历及丝绸之路的壮丽雄奇；宁夏交通博物馆第三部分“当代展厅”中利用电子沙盘展现1949年至今宁夏交通事业的历史变迁和取得的成就。

（八）虚拟现实

虚拟现实（Virtual Reality，简称VR），是以计算机技术为核心的现代科学技术手段在特定的范围内创造的一个虚拟环境，提供给使用者进行视觉、听觉、触觉等感官模拟，可以及时、没有限制地观察虚拟环境内的事物，让使用者如同身临其境。其特点在于可以全方位地模拟视觉和听觉，甚至可以模拟触觉，其互动性是前所未有的。目前虚拟现实技术在博物馆陈列中主要以虚拟漫游场景展示方式出现，博物馆陈列常利用虚拟现实技术复原历史场景或模拟未来世界及不可知的科技领域，通过对场景的创造或复原营造出一个高度信息化、情景化、思想情感化的展示空间，使观众仿佛置身于特定场景之中，增强陈列的感染力。以浙江自然博物馆的“钱塘江漫游”体验项目为例，观众进入体验区，模拟乘坐小船进入钱塘江源头开始漂流，小船的左、右均为弧形球带幕，观众可以操控船的方向，沿途可以欣赏钱塘江大潮景象。当船进入漂流的时候，观众戴上偏振眼镜，经过特殊制作的立体影片通过立体电影信号发生器输出至两台超高分辨率的投影机，经过视频叠加技术以及偏振技术，观众便能欣赏到极为真实的立体影像。与此同时，船体下方将产生各种震动效果来配合画面的运动，还会溅起水花。真实可感立体影像配合震动效果，使观众产生强烈的真实感和沉浸感。

（九）增强现实

增强现实（Augmented Reality，简称AR），是通过计算机系统提供的信息增强用户对现实世界感知的技术，将虚拟的信息应用到真实世界，并将计算机生成的虚拟物体、场景或系统提示信息叠加到真实场景中，从而实现对真实世界的“增强”。增强现实技术在虚拟与现实混合的同时，并不切断与真实世界的联系，而是通过现实场景的变换或用户位置的改变等，触发不同的虚拟场景。增强现实具有融合现实与虚拟、实时交互、三维空间注册等三个主要特征。其实现通常以运算处理终端、摄像头、显示设备三部分为硬件基础。摄像头捕捉到预设标识后，程序对标识进行识别和三维空间定位追踪，并将预制的模型、动画等素材与标识对应的虚拟空间位置叠加在显示设备上输出，同时摄像头捕捉到的除标识以外的环境影像也会实时在显示设备上呈现，以此达到将虚拟和现实融合并可实时同步交互的增强现实效果。

增强现实技术应用于博物馆陈列，观众将同时获得展品的真实性和卓越的视觉效果，并可按照自身兴趣在静态与动态、展品不同阶段状态的展示之间自主选择，使展品以多元化的状态面貌呈现给观众。2011年春节，首都博物馆举办生肖主题展“灵动宝兔”，其中的“宝兔送福”互动多媒体节目利用AR技术，使大屏幕中的主持人和卡通小兔子与现场观众一起做游戏，猜谜语，观众还可以在屏幕中看到自己手持虚拟小兔子的实时影像。2012年，加拿大皇家安大略博物馆举办的“终极恐龙：来自冈瓦纳的庞然大物”展览，使用AR技术，观众将智能手机或平板电脑的摄像头对准恐龙骨架，就能看到瞬间“复活”的恐龙，增强了展品的展示效果。

二、多媒体技术在博物馆陈列中应用的分析

（一）多媒体技术在博物馆陈列中应用的优势

多媒体技术引入博物馆陈列之中，一改以往静态实物的展示模式和观众单纯观赏的参观模式，使博物馆陈列面貌焕然一新。多媒体技术在陈列中的优势主要体现在以下三个方面：

第一，扩充信息，强化诠释 传统陈列中信息传播的途径极为有限，除实物外，主要依靠文字、图片及其他辅助展品，而展品的深层信息，如展品本身的流传经历、实用价值、艺术价值等，很难充分得以展现。多媒体技术则具有能够整合和传播声音、影像和文字等多种形态信息的能力，以所占较小的陈列空间起到大幅增加陈列信息容量的作用。同时，现代科技手段可以多种形式向观众展示展品，使晦涩难懂的展品获得多角度的诠释与解读，从而脱去神秘外衣，使信息传播更为直接、顺畅、深入。

第二，实现互动，增添趣味 传统陈列不论采取静态展示，还是动态展示，观众在参观过程中均处于被动接受信息的地位，观众很难有效地反馈信息。而多媒体技术的引入能够帮助观众与陈列之间构建起互动和反馈，使观众在陈列传播活动中获得一定的主动权和控制权，从而将传统的单向传输转变成为双向的传播与学习。与以往单调枯燥的参观形式相比，互动为陈列增添了趣味性，有助于激起观众的求知欲和好奇心，在一定程度上鼓励观众通过自身观察、思考的方式获得知识，培养其求知兴趣。

第三，展示立体，感受全面 多媒体技术使陈列化静为动，利用三维成像技术和特种效果，从不同方位和角度展示展品，呈现其内部结构，表现展品的生长过程或制作过程以及工艺流程等历时性变化过程；还可通过特效将展品的相关声音、气味等加以呈现。从而，有效地调动起观众的视觉、听觉、触觉、嗅觉等多重感官功能，为观众营造身临其境的氛围，进而使其从情感上体验博物馆文化的魅力。

（二）多媒体技术在博物馆陈列应用中所存在的问题

多媒体引入博物馆陈列具有多方面优势，但也存在着一些问题：

第一，成本问题　多媒体设备普遍成本较高，在陈列中使用的现代科技设备越多，博物馆的成本支出就越多，对应的维护成本也越高。

第二，维护问题　由于操作人数过多，设备存在超负荷运行现象，且有观众使用方法不当，也会造成设备故障出现，博物馆需要投入人力、财力、物力进行维修维护及更换。而博物馆内缺少具有相关维修技术的专业人员，致使多媒体设备坏损后不能及时进行维修，造成不能物尽其用。

第三，使用问题　其一，低层次使用，仅停留在单纯的数字化复制再现上，而不对展品所蕴涵的信息进行深层次研究和发掘；其二，滥用，在技术上过于求新求异，对声、光、电技术的过度依赖应用，干扰和影响了正常观展体验，更有甚者忽视展品的主导地位，过度应用现代科技设备，造成本末倒置、喧宾夺主的情况出现。

（三）多媒体技术在博物馆陈列中应用的原则

第一，确保内容的科学性　多媒体数字化内容是博物馆陈列信息的重要组成部分。在设计制作过程中，内容设计制作人员必须以大量可靠的学术研究资料为依据进行合理加工，必须遵守科学严谨的原则，内容必须要经过严格的考证，避免错误。历史类陈列，要严格按照史料的相关记载来制作和呈现，史料没有明文记载或语焉不详的物件、场景，应本着宁缺毋滥的原则，不随意制作。

第二，明确地位的辅助性　多媒体是博物馆陈列的辅助手段，是为了使陈列在叙述上更流畅，在效果上更直观，在形式上更丰富，以实现吸引人、教育人的目的而存在的。博物馆陈列的主角应该是展品，实物展示和多媒体展示在地位上是主从关系，多媒体必须服从于实物。

第三，保证应用的合理性　作为一种典型的知识和信息传播技术手段，多媒体设备在博物馆中的应用应当将更好、更有效地传播知识信息作为基本的出发点和落脚点，这样才能够确保技术的合理性。在设计陈列方案时，必须考虑方案的设计费用以及后期的使用维护费用，尽量将成本控制在合适范围之内。在实际方案设计时要通过对比的方式选择经济效果最优的设计方案。博物馆中的多媒体展示在外观上要与整体陈列环境相协调，不能因为外在形式的繁复新奇而影响观众对表现内容的关注，分散其注意力。在陈列中，多媒体并非越多越好，也不是有一个就行，而是要根据陈列内容、陈列节奏恰当使用，不能喧宾夺主，冲淡陈列主题。

科学技术的飞速发展将人们带入一个信息化、多媒体时代，人们的媒介习惯和观赏习惯都在悄然发生变化。陈列中多媒体技术的应用在某种程度上是博物馆面对这一连锁变化的应对手段，是在以现代博物馆陈列满足现代社会需要的命题下，探索将传统博物馆传播媒介与新型媒介相结合的过程。这一探索还将继续。

第二节　智能手机APP在博物馆中的应用

伴随移动智能终端的逐步普及，以及3G、4G技术和Wi-Fi的推广，互联网正从PC端向移动端快速转移，中国手机网民数量增长迅猛。APP逐渐成为人们工作、生活中的重要工具，满足社交、游戏、阅读、信息等各方面的个性化需求，并越来越受到各类组织、机构的重视和应用，为用户提供差异化的实用便捷服务。

APP，为Application的缩写，一般指智能手机的第三方应用程序，即能够安装并运行于智能手机操作系统之上的，用以实现智能手机各项功能的程序。具体功能可分为六大类：通信沟通、媒体传播、生活辅助、休闲娱乐、工具支持、行业应用。

在移动互联网时代中，智能手机APP也有效拓展了文博行业的服务模式，有效扩大了博物馆的文化交流途径和信息传播途径。对这一工具的利用必将促进文博行业的跨越式发展。

一、微信与微博的利用

当今，以微信、微博为代表的自媒体逐渐占据信息传播与沟通的主导地位，逐渐被各领域的诸多机构所利用，博物馆也纷纷加入微信、微博等新媒体平台之中，试图运用这一新兴社交媒介拉近与观众之间的距离，推动各项服务工作的深入发展。

（一）微信

微信（WeChat）是腾讯公司于2011年推出的一款为智能终端提供即时通讯服务的免费应用程序，通过移动网络进行便捷的语音短信、文字、图片、视频等通讯。一经问世，微信便受到公众青睐，短时间内实现用户数量几何级数的增长，并以惊人的速度和影响力发展并延伸到各个社会领域，发挥着举足轻重的作用。在移动互联网发展和自媒体潮流影响下，腾讯在2012年推出了一项新的微信应用方式——微信公众号。

微信APP平台的开启，为博物馆的传播与服务开辟了全新可能，微信在信息推送和服务方面的优势为博物馆发展提供了新的契机。微信的运用对于博物馆有以下几方面的作用：第一，提升博物馆的影响力。通过订阅号方式以视频、文字、语音、图片等形式向公众定期发送博物馆相关信息，如各种展览活动的图片、馆藏文物知识视频、博物馆幕后信息等，微信使公众能够从全方位、多角度对博物馆进行了解，从而提升博物馆的影响力。第二，扩大博物馆服务的受众面。使公众在任何时间任何地点只要通过智能手机便可实现与博物馆的交流与互动，享受博物馆的各种信息服务，博物馆的服务对象由观众拓展为关注该博物馆微信平台的公众，受众面获得极大拓展。第三，提升博物馆工作服务质量。微信APP平台一对一的沟通特色，使观众可以享受到专属的服务体验，更为亲切生动，提升观众的关系黏度。第四，降低博物馆宣传成本。微信APP平台具有速度快、成本低、周期短、操作方便等特点，且拥有庞大的用户群。博物馆信息发布便捷，公众获知及时，公众间也可以相互转发消息，从而有效提升博物馆的关注度，降低博物馆对外宣传成本。

博物馆利用微信实现公众服务的方式如下：第一，博物馆陈列导览服务。博物馆可利用微信APP平台建立起一套完整的博物馆陈展导览系统，公众使用微信陈展导览服务功能，可获取藏品语音信息，进行“自助式”游览。第二，在线服务功能。可在微信APP平台推出关键词检索和自动回复功能，用户输入关键词便可检索到所需的藏品信息；也可由公众发送问题进行咨询，请求在线帮助，后台管理人员收到在线咨询信息，及时回复。第三，信息服务。通过微信APP平台发布博物馆的开放信息、展览公告、讲座安排、交通路线、联系电话等一般信息；也可向公众提供加工精深、权威度高的藏品信息和相关学术信息。第四，文创产品服务。博物馆可开通微信商城，进行文创产品的展示与在线销售，也可将文创产品放于微信平台，观众点击后可跳转到相应的淘宝页面再进行购买。

（二）微博

微博（Weibo），即微型博客（MicroBlog）的简称，是博客的一种，是一种通过关注机制分享简短实时信息的广播式的社交网络平台。用户可以通过WEB、WAP等客户端组建个人社区。微博具有以下四个特点：第一，基于信任的“病毒传播”模式。任何微博都可即时传递给其粉丝，但传播并不会终止，只要粉丝将该微博转发，便会形成对其粉丝的次级传播，以此类推，其传播效应就像病毒感染一样，一旦成功发起就私下蔓延，快速复制，在极短时间内获得最大的传播效果。第二，内容短小精悍。微博的内容限定为140字左右，内容简短，不需长篇大论，内容编辑门槛较低。第三，信息共享便捷迅速。可以通过各种连接网络的平台，在任何时间、任何地点即时发布信息，其信息发布速度超过传统纸媒及网络媒体。第四，人际关系简单化。微博以单向的跟随关系简化了社交关系，通过所提供的“@”、转发、关注等功能给公众创造了一种开放的社交关系，扩展了公众之间交流的机会。

早在2009年，深圳博物馆就意识到微博的影响力，成为国内第一家开通微博服务的博物馆。随后故宫博物院、中国国家博物馆等一批大馆相继开设官方微博，博物馆界对微博的关注度逐步提升。现在微博已成为博物馆树立形象、信息公开、公共服务、互动交流的重要平台。博物馆微博的内容大致可概括为以下几类：①通知公告，主要是博物馆开闭馆时间通知、票务信息、假期安排等内容；②馆藏推荐，包括馆藏文物、陈列、临时陈列、虚拟导览及文创礼品推荐；③活动开展，预告或宣传博物馆开展的活动，包括讲座、培训、流动展览等；④馆情资讯，关于博物馆的发展历史、工作人员、博物馆自身介绍等内容；⑤粉丝互动，主要回复粉丝的评论和私信；⑥业界交流，与其他博物馆、博物馆工作人员等相关微博的交流；⑦其他内容，即与博物馆自身联系不大的内容，有时事新闻、热门话题、节日微博、娱乐休闲等内容。

微博在博物馆的发展中起到以下作用：第一，帮助博物馆了解社会群体的反应和社会舆论。通过微博，各博物馆机构可以更加迅速直接地了解社会公众对博物馆的意见建议。针对一些突发事件，也可以及时、迅速响应，缩短博物馆与观众沟通交流的时间。第二，帮助博物馆建立与网友沟通的平台，提高其亲和力。通过微博互动，观众在实体参观博物馆后可把对博物馆的疑问告诉博物馆，扩大了观众与博物馆交流的畅通性，沟通的上下通达在一定程度上必定会减轻社会公众对博物馆的舆论压力，博物馆开通微博不仅可以提高本博物馆的社会关注度，还能很好地塑造博物馆的公众形象。第三，宣传博物馆。微博的粉丝功能及消息的病毒式传播效果可直接用于博物馆推广与宣传。第四，为网友提供了解博物馆背后故事的平台。可向社会多角度地阐述博物馆的背后故事、满足网友的好奇心理。第五，为博物馆政策制定及用户服务方面提供详实可靠的分析数据。

微博、微信平台均具有各自优势，二者无法相互取代。微博较为适合为博物馆积累在公众中的影响力，而微信较为适合增强用户的黏性。对于博物馆来说，对影响力和用户黏性的需求同时存在，博物馆同时开设微博和微信公众号、服务号成为趋势。博物馆在运营二者的过程中，必须考虑根据平台差异对信息内容进行分化和优化，并尝试在两者之间建立互动关系。

二、博物馆智能手机 APP 的开发

博物馆除应用一般通用的APP外，还可量身定制，进行自主开发。博物馆智能手机APP主要涉及以下三种类型：

（一）导览型APP

导览功能是博物馆手机APP的基本功能之一，是运用科技手段来延伸博物馆的公共教育服务的体现。目前国内拥有该项功能的APP有中国国家博物馆的《文博任我行》、苏州博物馆的《苏州博物馆》、故宫博物院的《故宫》、四川博物院的《四川博物院掌上博物馆》、山东博物馆的《中国山东博物馆》等。博物馆导览APP的功能包括两个方面：

第一，环境引导 为观众提供关于陈列环境、路线等方面的引导指示信息，其中通常囊括传统的场馆地图、展览简介、展厅分布等，以及参观线路推荐，展厅、展品等的定位搜索，场馆内的电子导航等新的拓展功能，其目的在于使观众快速地熟悉场馆环境，根据参观时间、目的，选择、规划参观路线，并顺利找到自己希望参观的陈列内容和展品。

第二，陈列内容信息拓展 突破博物馆陈列空间及形式的限制，以文字、图片、音频、视频等多种形式对陈列内容进行深度阐释，拓展陈列、展品的信息量，其中音频方式，有助于观众实现自助导览，如同专业讲解员在身边进行讲解。不同对象版本和语言版本的开发则有助于实现导览服务的个性化。其优点还在于观众可反复观看或收听其感兴趣的内容，一定程度上加强了陈列的教育效果。

故宫博物院推出的《故宫》，是以定位讲解为主的APP，向观众提供

参观时长分别为二、四、六小时三种景点讲解，可在地图上直接选择景点收听讲解，也可定位所在地实现自动讲解，在功能上与现在各大博物馆使用的定位语音导览设备一样。

中国国家博物馆推出的《文博任我行》是历时3年时间打造出的一款面向观众的手机APP，2011年7月推出手机导览中文版服务，同年11月推出英文版服务。并开发出免费网络版和收费离线完整版两个版本，分别通过中国国家博物馆官方网站和博物馆大厅服务中心进行发布。该款APP包含有点播导览、展厅导览、场馆地图、线路推荐等内容。目前已向公众提供500余件展品信息和20多小时的语音导览服务内容。

中山舰博物馆推出的中山舰系列手机导览APP，为了兼顾两种流行的操作系统，开发了Android平台和苹果iOS平台两套程序，可在博物馆网站或应用商店进行免费下载，同时馆内服务中心的工作人员也可为观众免费下载提供帮助。手机导览应用程序包含的主要功能有："陈列展览"介绍该馆三个基本陈列展览和临展信息；"馆藏精品"涵盖该馆精选文物的介绍；"展馆地图"包括舰馆、展厅的楼层地图，服务设施、功能场馆的位置标注，并提供时间长短不同的几条参观线路供观众选择；"参观指南"包含有展馆开放时间、参观须知、服务项目、交通信息等内容；以及"特色栏目"等。

（二）益智游戏型APP

在多重因素推动下，手机游戏发展迅速，已远远超越"俄罗斯方块""踩地雷""贪吃蛇"等画面简陋、规则简单的游戏，而极具娱乐性和交互性。手游已成为一个前景巨大的产业。手游可分为两大类：第一，单机游戏，指仅使用一台设备就可以独立运行的电子游戏，不需专门服务器便可以正常运转游戏，区别于手游网游；第二，网络游戏，指以互联网为媒介，以游戏运营商服务器和用户手持设备为处理终端，以游戏移动客户端软件为信息交互窗口的个体性多人在线游戏。在此背景下，博物馆也逐渐借助手游APP这种形式实现寓教于乐，进行科普传播，提升科普效果，扩大社会影响力。

意大利那不勒斯考古博物馆推出了一款叙事冒险手游《父与子》（Father and Son），在iOS/Android双平台同时上架，游戏采用免费下载模式。这一手游围绕该博物馆中展品展开，以一个深入人心的父子故事推动游戏进程：某天，主人公迈克收到一封来自已故父亲的信件，父亲因一直沉迷考古工作而忽视了妻儿，但他希望迈克能到他在那不勒斯的办公室里找到他的笔记，帮助他完成未完成的事。游戏时长大约1小时，其中不仅有精彩的剧情，迈克在探寻中体会父亲的内心世界，更能推进玩家对那不勒斯考古博物馆中展品的认知，玩家与游戏主人公迈克尔一起在历史的长河中感受艺术文化的变迁。

故宫博物院也推出了一款儿童游戏类APP《皇帝的一天》，兼具知识性和趣味性，以游戏的形式促进青少年对中国传统文化的了解，为移动互联网时代下博物馆的传播与学习提供新的形式和资源。游戏的背景故事是小皇帝想出宫游玩，门口的小狮子找来一位与皇帝酷似的平民进宫顶替小皇帝，并教他如何做好皇帝。玩家在游戏中扮演小皇帝的角色，对象的主体是9至11岁儿童，正处于小学低年级水平。游戏设置了200多个交互点，用以触发情节，推进皇帝一天的生活轨迹，同时还原昔日皇城的生活场景，还结合了拼图、收集、排序、手绘等流行的游戏设计。游戏将有关知识划分为若干问题，把相关历史知识、文物信息、地点介绍等与皇帝的一天有机地结合起来，把科普内容关卡化，通过亲身实践来实现科普目标。该游戏中，关卡随情节展开而设置，把皇帝的一天分为若干部分，串联式的关卡布局，通过一关后才可以进行下一关，这种模式可以促进儿童不断探索，循序渐进，不断参与到游戏中来。同时，即时提供帮助信息，以便玩家随时解决问题，不会因某一个问题长时间得不到解决而对该款游戏产生失望和厌倦心理。对完成任务的学习者进行一定的荣誉或奖励，是吸引青少年的关键因素。随着游戏的发展，参与者将有机会获得各种宝物，这些宝物的原型均来自故宫中珍藏的文物，如鹿角椅、檀木宝玺等。此外，在完成一个个任务后，参与者还会获得相应的成就，如“才高八斗”“知人善任”等称号。与普通游戏APP不同，《皇帝的一天》中涉及很多历史文物，且有着展示和皇家文化的讲解，旨在使青少年学习历史文化和故宫知识，锻炼眼疾手快的操作技能，培养热爱中国传统文化的情感。

（三）综合服务型APP

博物馆综合服务型APP是在全面整合并深挖本馆信息资源基础上构架起来的兼具多种功能的博物馆应用程序。在一定程度上，可视为博物馆官方网站的手机APP形态，但在构架和某些具体功能上又与官方网站有所差异。

上海自然博物馆APP具有“参观路线”“藏品零距离”“学习单”“预约查询”“互动社区”“寻宝游戏”“我的博物馆”七个板块，同时涵盖智能导览、公共服务、个性定制三大功能。在智能导览方面，APP以“展览速递”的形式描绘了各个展区的展示主题，并标注了每个展区重点展品的准确位置。观众只需手持自带设备，来到展品面前，点击“标本背后”“远程视频”的菜单，即可了解展品的相关知识。此外，观众还可以根据自己的需求，自行设定起点、终点，制定最佳参观路线。在公共服务方面，基于位置感知的无线漫游技术，APP可实现3米精度的室内定位，帮助观众找寻卫生间、直饮水机、饮料贩卖机等公共设施。同时，观众还能在网上预约“化石挖掘”“自然探索移动课程”“小小博物家”“探索者联盟”等教育活动，预订“逃出白垩纪”“宇宙大爆炸”的剧场门票。在个性定制方面，APP整合网络资源，特别引入了“微社交”元素，与网站、微信相互链接，做到平台联动、信息互通和资源共享。“互动社区”板块设有“兴趣小组”“专家来了”“随手拍”三个栏目，博物馆可选取其中的优秀内容不断充实自身的展示资源，实现内容资源的网络自生长。

阖闾城遗址博物馆APP具有导览、陈列精品、互动分享、服务指南四大主要功能。“导览功能”提供地图形式导览，游客可以根据预计游览时间选择不同推荐线路，并支持优先3D影片选项，让用户合理分配游览时间的同时，不错过多点式互动3D影片的播放；同时，通过扫描藏品二维码或输入藏品编码可以收听藏品语音介绍。“陈列精品功能”提供多种分类的藏品介绍，包括按展厅分类、按藏品时间分类、按藏品名称搜索等，用户可通过多种分类选择需要了解的藏品信息，通过图片、文字、音频等形式向用户介绍馆藏精品。“互动分享功能”提供极具特色的吴文化知识测试，同时也为用户利用藏品图片及拍摄的照片制作明信片，并分享给朋友。“服务指南功能”主要包含参观须知、门票、活动信息、周边服务及反馈信息等功能，其中周边服务包含了周边住宿、餐饮、娱乐、交通、购物、旅游等相关信息，方便用户了解周边配套设施。

APP突破传统实体博物馆的种种局限，已成为现代博物馆所不可或缺的工具。它使博物馆的传播范围和效果得以显著提升，从而使博物馆的文化信息真正走进百姓的日常生活。智能手机APP是永不落幕的博物馆，是随身携带的博物馆。但在APP的运用和开发中仍需不断创新，只有持续关注迭代改进、做好用户体验，才能长期留在使用者的移动终端上。

第三节　智慧博物馆

21世纪，信息技术发展瞬息万变，并向广泛的社会领域迅速渗透，深刻地改变着人们的工作模式和生活方式，影响着人类社会的发展进程。受此影响，博物馆领域也经历了翻天覆地的变化，从传统博物馆衍生出数字博物馆，并朝着智慧博物馆的方向迈进。

一、从数字博物馆到智慧博物馆

追根溯源，数字博物馆是在数字图书馆影响下产生的。1990年，美国国会图书馆启动“美国记忆”计划，将美国国会图书馆中有关美国历史与文化的藏品资源进行系统的数字化处理与存储，并制作成系列专题，通过互联网途径实现传播与共享。此时，数字博物馆的形态已初现端倪。受“美国记忆”计划影响，联合国教科文组织于1992年启动“世界记忆”工程，目标是利用数字化手段对世界范围内的文献遗产进行整理、研究、传播与共享。在欧洲，大英博物馆于1994 年开始着手建立多媒体藏品数据库，1997 年推出多媒体藏品查阅系统，2000年观众可在大英博物馆网站中获取5000件重要藏品相关信息；卢浮宫则在 1995 年开通官方网站，至 2004 年，观众可通过网站获取馆内3.5 万件展品以及 13 万件库藏绘画作品信息。河南博物院属国内最早开通网站的博物馆之一。1999年，国家文物局召开博物馆文物信息标准化研讨会，此后中国数字博物馆建设步伐加快。数字技术和网络技术的综合应用使藏品实体获得以数字化形式展示给观众的可能，从而使博物馆超越空间和时间限制，发挥出更大作用。

智慧博物馆是数字博物馆的高级发展阶段，是在实体博物馆、数字博物馆概念基础上，由于科学技术进步而演变发展起来的新生事物。2008年，IBM公司向世界推出一个全新概念——智慧地球。其核心理念认为，随着网络信息技术、通信技术的进步，世界上任何的实体“物品”都可以变成数字化资源，实现相互连接，要达成此目标，只需在“物品”中配备传感器，利用射频识别技术、网络技术进行识别和传播，真正实现“物物相连”，并将它们与能处理海量信息的具有新计算模式的后台系统连接起来，所有的物品将变得更加智能。智慧系统不再满足于实物资源的数字化展示和运用，而是要实现物品与物品之间的互联互通，人与“物”之间的动态互动，并借助大数据、云计算技术深入挖掘隐藏于物品中的信息资源。2009 年，国内提出了“感知中国”概念，与“智慧地球”的理念及应用内容大致相同。同年，温家宝发表《让科技引领中国可持续发展》的讲话，强调着力突破传感网、物联网关键技术，及早部署后 IP时代相关技术研发，使信息网络产业成为推动产业升级、迈向信息社会的“发动机”。当前，智慧理念已迅速渗透到各个领域，不断催生出新的智慧平台，如智慧教育、智慧物流、智慧图书馆、智慧博物馆等。2012年，IBM公司与法国卢浮宫合作，运用自身研发的MAXIMO系统建成欧洲大陆第一个智慧型博物馆。

二、智慧博物馆的含义及特点

（一）智慧博物馆的含义

“智慧博物馆”是一个全新概念，尚有广阔的探讨空间，但对其基本认识可概括为：智慧博物馆，以物、人、数据动态双向多元信息传递模式为核心，通过充分运用物联网、云计算、大数据等新一代信息技术成果，实现全面而动态感知，随时随地获取和传递藏品、展览、观众、环境等要素以及相互关系的变化，从而无须人工干预，即可实现智慧化保护、管理与服务。智慧博物馆通过信息技术将“物”（藏品、展品、设备、建筑、环境等）进行互联，并感知“人”（观众、公众、博物馆工作人员）的行为，以便将“物”以最佳方式提供给“人”。它是数字博物馆的延伸，其出现标志着人们开始将“数字基础架构”与“物理基础设施”相互融合，以一种超越纯技术层面、更加具有人文情怀的理念来重新认识和建设博物馆。也有学者以数学方式对智慧博物馆进行表达，即“智慧博物馆=数字博物馆+物联网+云计算”。

如果说，狭义的智慧博物馆是基于某一具体博物馆核心业务需求的智能化系统。那么，广义的智慧博物馆则可存在于不同尺度范围之中，可基于一个或多个实体博物馆（博物馆群），甚至是在文物尺度、建筑尺度、遗址尺度、城市尺度和无限尺度等不同尺度范围内，搭建出一个完整的博物馆智能生态系统①。

（二）智慧博物馆与传统博物馆、数字博物馆的比较

三者最根本的不同在于信息流的方式（表6-1）。传统实体博物馆以

① 宋新潮：《关于智慧博物馆体系建设的思考》，《中国博物馆》2015年第2期。

“物—人”二元关系为基本模式。数字博物馆创造性地采用了“物—数字—人”的静态单向信息传递模式，将实体藏品转化为数字信息后，再以适当形式通过数字技术展现出来，传递给公众。然而，这种信息交互方式不仅割裂了“物—人”之间的直接联系，也缺少对“物—物”之间、“人—人”之间协同关系的处理，导致数字博物馆所提供的信息时效性、真实性、交互性和临场体验感都远不如实体博物馆；同时，数字博物馆对博物馆藏品保护、保管、研究、管理等工作的支持也相对有限。智慧博物馆则是以物、人、数据动态双向多元信息传递模式为核心，将博物馆信息化系统转化升级为相互联系、开放融合的高效整体，打破原本相对封闭的信息化体系，并能够准确、即时获取并联通各方信息，从而全面提升博物馆各项功能。

表6-1 传统博物馆、数字博物馆与智慧博物馆的比较

博物馆类型	传统博物馆	数字博物馆	智慧博物馆
核心技术	手工技术	以计算机、网络为代表的信息技术	以物联网、云计算等综合应用的智能技术
资源形态	实物为主	电子资源为主	实物资源+电子资源+智慧资源
藏品保护	损毁原因多，修复困难，易损	利用数据存储算法存储，无损	数据云存储，无损，安全可靠
藏品研究	直观，易发现藏品细节，但相关性研究不易	检索、比较，统计方便，易在藏品相关性研究中获得突破	藏品知识挖掘、知识推送，研究启发
展示传播	展厅陈列，实物展示为主，传播形式较为单一	多媒体、三维技术，更为生动，互联网传播	互动体验、互动参与，实体馆与互联网同时传播
传播组织方式	人工对观众、展品、陈列等要素进行组织	利用互联网，人工对观众、展品、陈列等要素进行组织	通过物联网和互联网，将展品、陈列、观众等要素有机关联
任务导向	实物资源的收集与保护	信息资源开发	知识资源利用
公众接受模式	被动接受	被动向主动转变	主动参与
公众体验来源	视觉体验	视觉体验、听觉体验	视、听、触、嗅等感知体验的综合

（三）智慧博物馆的特点

第一，感知性 智慧博物馆不再像数字博物馆以规模化批量信息采集建立数字资源库为目的，而是更加充分地利用任何可以随时随地感知、测量、捕获和传递信息的设备、系统或流程，对信息进行实时采集、自动采集、按需采集。相关感知技术有射频识别（RFID）装置、红外感应器、全球定位系统、激光扫描器等。感知性是智慧博物馆的基础，任何的智慧化应用均需立足于感知所获取的信息。

第二，互联互通 智慧博物馆是一种以物、人、数据动态双向多元信息传递模式，系统内按新的网络联通方式协同工作，网络联通对象广泛，包括藏品、设备设施、展厅库房建筑、观众、博物馆工作者和相关机构等，从而将原本孤立、分散、碎片化的资源要素进行结构优化和重组整合，避免功能孤岛和信息孤岛，最大限度地发挥资源信息的价值效应。

第三，智慧化 凡是智慧的生命体均具有“感知—判断—执行”的基本功能。智慧博物馆的“智慧”便体现在利用先进技术更智能地洞察世界，提供决策依据，进而创造新的价值。智慧博物馆在通过感知获取的海量数据基础上，依靠云计算提供大数据分析能力，为决策者提供需要的数据和背景资料，筛选、比对、识别存在的问题，协助判明决策的目标，提供各种可选择的解决方案，并通过人机交互功能进行分析、比较和判断，以优选的方式排序，为正确的决策提供必要的支持。

第四，人性化 智慧博物馆并非以技术为导向，而是立足于“人的需求”，即以数据和技术为纽带，实现公众与博物馆藏品的高度交互，为公众提供无处不在的服务。首先，公众可以通过新技术直接参与博物馆的管理工作，推动公众由单纯受众向参与主体的转变。其次，智慧博物馆极大地扩展了传统服务的方式，通过技术手段，可向公众提供丰富、快捷、个性化的博物馆文化产品。最后，智慧博物馆使个性化服务的口号得以真正落实，通过增强应用内容的动态性与可定制性，满足用户对于个性化内容及服务体验的渴望。

三、智慧博物馆的主要功能

（一）智慧保护

第一，对博物馆的整体保护 智慧博物馆具有智能化、多功能、高灵敏、高清晰、联动报警的多系统结合的安防系统，用以对博物馆内的各个部分、区域进行安全保卫。其主要特点为多系统结合，以更加快速、准确的方式处理相应危急事件，即将防入侵报警系统、巡更系统、门禁系统、视频监控系统、通信系统、辅助照明系统、计算机网络系统、集中管理中心控制系统等子系统间进行有效的联动。如博物馆某一位置的报警探测器发生报警，系统便立即锁定周围的监控区域，从各个角度封锁盗窃分子的逃跑路线，同时联动公安系统。

第二，对藏品实体的保护 这一方面主要基于智能感知技术和无损检测技术，对博物馆藏品实体的现状及影响因素进行全面的智能数据挖掘与分析，形成一套藏品诊断、分析、处理及评价系统；并通过定量监控，及时掌握藏品各项特征参数及变化情况，形成一套完整的“监测—评估—预警—调控”预防性保护流程，提高藏品预防性保护的能力。如在博物馆展厅布设环境因素传感系统，通过藏品保存环境监测平台对包括大气温湿度、二氧化碳、光照紫外线、有机挥发物等进行监测和相应调控，实现自动预警，及时迅速解读数据，实现自动化分析及处理。

（二）智慧管理

博物馆智慧管理，即是以先进的智能控制技术为支撑，智能化升级传统博物馆的管理模式和工作机制，为博物馆管理的计划、组织、领导、控制等活动提供智慧化支持，以提升管理工作能效。博物馆智慧管理包括藏品资源管理、建筑及设施管理、人力资源管理和财产资源管理四个方面。

第一，藏品资源的智慧管理 藏品从入藏开始，便获得唯一的身份凭证，通过藏品、装具、RFID 标签的关联系统，管理人员能够实时获取具体藏品详细信息。同时，利用实时定位与识别、出入库智慧感知清点、藏品智慧化日常巡查等技术手段，对其所经历的各项工作环节进行全面的智慧化监管。在藏品智慧化管理过程中生成的大量详细、实时记录数据，为藏品管理、研究及利用提供有益的依据。

第二，建筑及相关设施的智慧管理 博物馆建筑的智慧化是基于对各类智能化信息的综合应用，具有感知、传输、记忆、推理、判断和决策的综合智慧能力，由此形成以人、建筑、藏品、环境、功能互为协调的整体。例如卢浮宫与IBM公司合作，对博物馆建筑予以智慧化提升，涉及展厅和各种设施系统（如空调系统、采暖系统、电梯、展厅、展厅照明，以及超过 2500 多扇门的锁闭系统）的初始规划、清洁、维护和废弃处理等流程。

第三，人力资源的智慧管理 为实现人才的梯队化建设和人员绩效的科学化管理提供决策支持。通过基础人力资源管理解决博物馆人力资源的基础管理，实现员工的选用育留；通过劳动力管理，对工作任务需求进行精准预测，对用工方式和工时制度进行合理管控；通过人力协同管理，建立便捷的沟通手段，有效提高员工参与度，解决博物馆内各部门之间协同的问题。

第四，财产资源的智慧管理 根据博物馆主要业务需求，为固定资产、大型科研仪器设备、资金等实体和财务资源的配置、使用和调动等管理决策提供支持，提高财产资源使用效率。

（三）智慧服务

博物馆的智慧服务主要面向公众，在博物馆内和博物馆之外以智慧化方式深度满足其多元的个性化需求。

第一，馆内的智慧服务 在智慧博物馆系统下，观众利用便携信息交换工具开启新的博物馆体验。智慧系统根据观众的年龄、性别、所用语言、个人偏好等个人信息，进行快速筛选，为其量身规划出若干参观路径，并提示相关重点展品。当观众对某件展品产生深入了解的兴趣时，触发展品电子标签，便可获得更多以文字、图片、音频、视频等形式呈现的深度信息。同时，观众对展品的评论与疑问也可传输到该展品标签上，等待博物馆专家解答，或者由其他观众读取，实现观众之间的沟通交流。

第二，馆外的智慧服务 首先，预览博物馆。能提供虚拟三维场景的在线预览，使观众在参观前，对博物馆的展厅分布、重点展品做到心里有数，知道自己想看什么，带着什么问题去看。其次，分享博物馆。当参观结束后，观众可通过在线虚拟博物馆检索到由于实体博物馆场地空间或主题安排而无法展出的资源，并可将自己的参观感受进行分享，对展品、展览或对博物馆其他工作的见解、意见和建议进行线上留言。

四、智慧博物馆相关技术性概念

（一）物联网

物联网（Internet of Things），以传感技术为基础，通过射频识别（RFID）、红外感应器、全球定位系统、激光扫描器，以及传统的热、光、气、力、磁、湿、声、色、味敏传感器件等信息传感设备，对“物品”进行识别，变成互联网可以采纳的信息，从而将原本的“物品”通过互联网连接到一起，实现物与物之间的信息交换，从而实现对物品的智能化应用。物联网技术使智慧博物馆“耳目通达”“融会贯通”。博物馆运用传感技术获取博物馆藏品、设备设施、库房展厅建筑、周边环境与人员位置等信息，并通过物联网将“物”有机地连成一张“网”，实现博物馆相关数据的交换与无缝连接，从而实现对博物馆各要素的实时动态监控、连续跟踪管理和精准决策。

（二）大数据

大数据（Big Data），是指数据体量巨大（达到PB 级），冗余数据多，数据价值密度低，无法在一定时间范围内用常规软件工具进行捕捉、管理和处理的数据集合。智慧博物馆通过各类传感器件周而复始地产生大量监测数据，如视频监控摄像头实时摄取的大量视频数据，由此带来多源海量数据（大数据）的存贮、管理、处理、融合、整合和挖掘分析等问题。生成的大数据为应用数据挖掘和智能数据分析手段进行加工处理，进而从中获得有价值信息，真正实现智慧博物馆决胜于千里之外的策略谋划打下基础。

（三）云计算

云计算（Cloud Computing），是一种通过互联网，按用户要求动态提供虚拟化的、可伸缩的计算资源的高效服务模式，使用各类先进的数据挖掘和分析工具、科学模型和功能强大的运算系统进行复杂的数据分析、汇总和计算，以便及时获取和处理信息。云计算是构成智慧博物馆智慧特性的必要条件。云计算为博物馆用户提供计算资源物理集中、应用逻辑分隔的集约化模式。一般来说，博物馆用户不需要自己去建设云计算中心，而由专业的云计算服务提供方通过建立以云计算中心为载体的计算资源池，实现计算资源的集约化和规模化经营。

物联网使博物馆各类原本无法联系的“物品”变得“可识别”，从而可控制、可传递指令。物联网技术生成的大数据在云计算的支持下，进行迅速汇总、分析、决策与反馈，在短时间内向相关部门、人员下达科学指令。由此可见，物联网、大数据与云计算构成了一个由识别信息、采集信息、更新信息、处理信息、做出决策、反馈控制等环节为主线的循环控制系统。

五、智慧博物馆的建设

（一）智慧博物馆的建设路径

“数据”是智慧博物馆的核心，智慧博物馆建设也是围绕“数据”展开的，包括数据的生成、处理、应用等环节。这一系列环节也构成了智慧博物馆建设的基本路径。

第一，数据生成　智慧博物馆数据量巨大，主要包括藏品数据、建筑数据、观众数据和业务数据四大方面。其中藏品数据是智慧博物馆的基础，而观众数据是智慧博物馆实现的关键。藏品数据可分为藏品状态数据和背景数据两类，前者为藏品尺寸、重量、形态、材质、色泽、装饰等物理属性的数据；后者为藏品蕴含的过程性或价值性信息，如流传经历、著录情况、相关价值等。观众数据主要包括观众的性别、年龄、学历等个人信息及参观行为与评价等内容。这一过程主要通过物联网感知技术对物质层进行数字化采集。

第二，数据处理　生成的海量数据并不具备直接使用的可能，需进行相关挖掘、分析处理，才能达到满足相关应用需求的可能，这一环节主要依靠云计算平台来完成。如云平台可以通过对观众数据的运算、分析，了解观众的需求、喜好、行为模式等情况，为下一步决策处理提供支撑，例如，通过对观众的流量统计，便于及时派遣工作人员对观众密集区进行疏导。

第三，数据应用　数据生成和处理的最终目标是服务于数据的应用。智慧博物馆的数据应用通过各种终端设备围绕智慧保护、智慧管理和智慧服务三个方面展开。

（二）智慧博物馆的构架

智慧博物馆由物质层（数据主要来源）、感知层（数据采集）、通信层（数据传输）、数据层（数据整合、处理）与应用层（面向用户的应用）等组成，最终将实现智慧保护、智慧管理、智慧服务等基本功能（图6.1）。

智慧博物馆的概念对博物馆领域而言是一项革命性风暴，它利用物联网技术在传统博物馆无法相互联系的要素间建立紧密联系，运用云计算将博物馆的科学决策建立在大数据分析基础之上，使博物馆的智能化水平获得质的提升。然而，智慧博物馆仍处于初步发展阶段，真正实现智慧服务，建成智慧博物馆，还有很长的路要走。

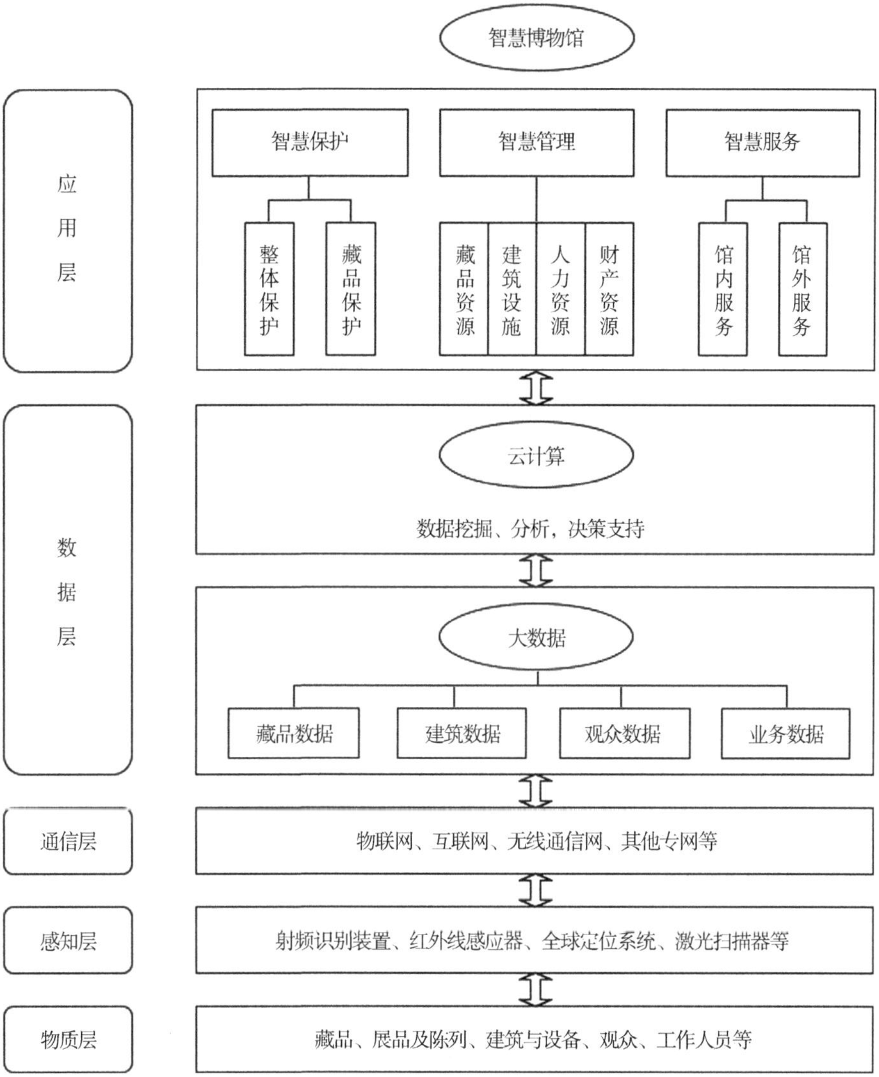

图6.1　智慧博物馆的构架

第七章

博物馆与观众

观众是博物馆教育行为的受众，是博物馆藏品欣赏的主体。博物馆从事藏品的征集、保护和研究工作，最终目的也是为了更好地向观众展出和传播人类及人类环境的物质及非物质遗产。如何以更科学的方法研究观众，用更人性化的态度服务观众，如何改变博物馆与观众二元对立的局面，将观众纳入到博物馆的管理和运营过程中，是现阶段博物馆研究需要关注的问题。

第一节 博物馆的观众

一、博物馆公众与观众

（一）博物馆公众

在相当长的时间里，博物馆被视为主宰教育的社会机构。“博物馆”是教育行为的主体，“观众”是接受教育的客体。随着时代的进步，博物馆和“观众”的关系正在悄然转变。信息时代背景下，博物馆与其服务对象之间的互动日益频繁，“观众”也不再是与“博物馆”进行互动的唯一群体。此种情况导致博物馆界在原有“观众”的概念上，又增加了“公众”的概念。

在公共关系学中，只有与特定的公共关系主体相关的个人、群体或组织，才被称为公众。公众至少包含以下几项基本含义：公众是公共关系主体传播沟通对象的总称；公众是相对特定组织而存在的；公众是因共同的利益、问题等而联结起来并与特定组织发生联系或相互作用的个人、群体或组织的总和；公众是客观存在的①。据此，我们可以将博物馆公众理解为对博物馆实现其目标的能力具有实际或潜在利害关系和影响力的一切团体或个人。

博物馆“公众”与博物馆“观众”二者具有紧密联系。观众是公众的组成部分之一，公众的主体就是观众。公众和观众随着人的行为变化而变化，在某个时间内他（她）来到博物馆，于是就由公众转化为观众；当其结束参观后离开博物馆，那么他（她）还是这个博物馆的公众。同时，二

① 周朝霞：《公共关系实务》，北京邮电大学出版社，2014年，第36页。

者又有明显的区别：观众可以统计，公众无法统计；公众包含观众，公众的绝对数字要大于观众。

（二）博物馆观众

博物馆观众的定义，处在持续演变的过程中。对于观众，博物馆曾经有过限制进入、规训、教育、迎合、娱乐等不同态度。因此，博物馆界用来指代观众的词汇也五花八门，包括“访客”（visitor）、“受众”（audience）、“去博物馆的人”（goer）、“游客”（tourist）、“客人”（guest）、“客户（顾客）（client）”等，词汇的变化反映出社会、经济、文化、技术、观念、消费行为等方面的变化。

《中国大百科全书·文物博物馆卷》认为，博物馆观众是“只要有人身自由，并购买参观券，均可成为博物馆观众”①。这一定义着眼于实体博物馆的参观者，以其行为自由度和经济承受能力作为判断标准。而王宏钧主编的《中国博物馆学基础》同样将博物馆观众定义为“来博物馆参观的人”，并且从“参观”这一行为是否完成，将观众区分为“博物馆观众”和“博物馆潜在的观众”②，这一区分受到消费经济学的潜在消费者概念影响。史吉祥将博物馆观众定义为：“观众是博物馆真实环境的直接体验行为人的集合体。”③这一概念，突出了博物馆观众的参与性和群体性特征。

综合前人已有成果，出于对博物馆服务理念的强调，我们将博物馆观众界定为：以博物馆参观、体验为目的，通过访问博物馆，享受博物馆提供的各种公共服务的群体。在从“以物为本”到“以人为本”的博物馆转型背景下，服务观众是博物馆的根本宗旨。

---

① 中国大百科全书总编辑委员会《文物·博物馆》编辑委员会：《中国大百科全书·文物博物馆卷》，中国大百科全书出版社，1993年，第43页。

② 王宏钧：《中国博物馆学基础（修订版）》，上海古籍出版社，2001年，第304、306页。

③ 史吉祥：《博物馆观众研究是博物馆教育研究的基本点——对博物馆观众定义的新探讨》，《东南文化》2009年6期。

二、受众理论下的博物馆观众类型划分

受众（audience）是传播学的概念，其含义是指一些物质、信息或资料的接受者。在传播学视域下，博物馆的观众自然转变为受众。信息传播具有五要素：传播者（communicator）、信息（information）、媒介（media）、受众（audience）、效果（effect）。

在受众理论中，博物馆作为信息的传播者，其信息传播效果受到传播者的自我形象、传播者的个性结构、传播者的社会环境、传播信息的内容等多重因素影响。同时，博物馆观众作为受众也会受到自我认知程度、知识水平、信息接收能力等因素的影响。

研究表明，在博物馆信息的传播过程中，高学历观众希望博物馆藏品具有较高的历史、科学、艺术价值，讲解内容严谨周密，信息含量大。而低学历观众则希望讲解内容简单易懂，对信息量的大小要求不高[①]。由此可知，学历、性别、年龄、参观动机、参观方式等内容决定了受众的类型，如何根据受众类型调节信息容量，选择媒介形式，是影响博物馆信息传播效果的重要前提。

台湾学者张誉腾的《博物馆大势观察》[②]和夏学理的《文化市场与艺术票房》[③]介绍了国外学者如雪伦·狄肯曼、哈金斯、伍尔夫和提米斯、福克、比克尼尔和曼恩等人关于博物馆观众分类的观点。根据受众理论，影响受众类型的因素十分复杂，所以博物馆观众类型的划分标准也多种多样。下面，我们仅介绍其中三种划分标准：

① 〔英〕艾琳·胡珀·格林希尔著，王宇、房学惠译：《信息传递的理论和实践——博物馆与大众传媒》，《博物馆研究》1999年第4期。

② 张誉腾：《博物馆大势观察》，五观艺术管理有限公司，2003年。

③ 夏学理、陈尚盈、罗浩恩、王琼英：《文化市场与艺术票房》，五南图书出版公司，2003年，第75页。

（一）根据观众的参观形式划分

一般而言，博物馆观众是指来到博物馆参观的人。但是随着信息技术的广泛应用，越来越多的人可以通过数字技术或虚拟手段获得关于博物馆及其陈列展览的信息。根据参观形式的不同，博物馆的观众可以划分为实体博物馆观众与数字博物馆观众。

参观数字博物馆不受闭馆时间的限制，也省去了长途旅行的成本，这种参观方式使得博物馆观众群体得到极大拓展。而且，在实体博物馆观众与数字博物馆观众之间是可以相互转化的。数字博物馆良好的参观体验可能会促使观众产生参观实体博物馆的意愿；当实体博物馆因整修、换展等客观原因闭馆时，部分实体博物馆观众可能会通过数字博物馆重温心仪的展览。

（二）根据观众的参观心理划分

博物馆本身已经成为重要的旅游资源。旅游人类学提出的“浪漫凝视”与“集体凝视”这两种游客心理体验为我们划分博物馆观众的类型提供了一种新的标准[①]。

喜欢“浪漫凝视”的游客多数都受过良好的教育，喜欢安静的体验，他们以审美体验为主要目的，对于博物馆的艺术价值和历史价值感到敬畏，将参观博物馆理解为一种文化朝圣行为。喜欢“集体凝视”的游客更倾向于采取群体方式出行，把博物馆当作社会生活的公共场所。此类观众对于博物馆藏品的价值不会特别关注，参观博物馆给他们带来的主要是社交的愉悦与满足。

① 盛洁桦：《浪漫凝视与集体凝视——旅游人类学视角下的博物馆游客体验探析》，《中国博物馆》2016年第2期。

（三）根据观众的参观动机划分

参观动机是博物馆观众类型划分的传统标准。观众前往博物馆进行参观、游览，其动机可以分为很多种，王宏钧曾将博物馆的观众大体分为学习型、科研型与观光型三类[①]。随着博物馆功能的拓展，观众参观博物馆的动机更为多样。基于观众调查的数据，我们将博物馆观众划分为休闲娱乐型、猎奇型、知识型、情感体验型四种类型。

1. 休闲娱乐型观众

随着物质生活水平逐渐提高，人们在文化休闲和娱乐方面的需求也日趋增长。休闲娱乐型观众是博物馆观众人数最多、增长最快的类型。对于休闲娱乐型观众而言，博物馆不仅是学习和教育的场所，也是社交和娱乐的空间，学习和求知并不是他们参观博物馆的主要动力。只有那些形式生动活泼，具有一定参与性，且能将知识性与趣味性结合在一起的博物馆活动，才能吸引此类观众的注意力。休闲娱乐型观众和博物馆的联系往往是即时性的，但其群体规模不容忽视，而且通过博物馆的努力，可以将此类观众转化为长期、稳定的参观群体。

2. 猎奇型观众

好奇之心，人皆有之。博物馆向观众展示的多样性超乎想象，能够满足部分观众猎奇心理的需求。博物馆中那些拥有“第一”“之最”光环的藏品，通常成为观众“到此一游”的理由。例如位于美国华盛顿特区、毗邻FBI总部的国际间谍博物馆是全世界唯一一座展示间谍活动的公共博物馆，里面陈列着来自东西方的上千种间谍工具。在这里，观众可以亲身体验情报人员的工作过程，满足对“间谍”这一神秘职业的好奇心。猎奇型观众通常不会对参观成本做过多考虑，他们对新事物容易产生兴趣，稍加

① 王宏钧：《中国博物馆学基础（修订版）》，上海古籍出版社，2001年，第309、310页。

引导就会产生主动探索的欲望。

3. 知识型观众

知识型观众将博物馆视作知识的圣殿，他们抱着明确的求知目的来到博物馆。根据求知程度的不同，此类观众又可细分为学习型和研究型两种。学习型观众的主体是将博物馆作为第二课堂的大、中、小学学生，他们希望通过参观博物馆获取特定领域的知识，或加深对已有知识的理解和掌握（图7.1）。对于此类观众，博物馆应该以具有一定深度和广度的讲解去满足他们的需求[①]。研究型观众以科研工作者为主体，他们将博物馆藏品视为科学研究的资料。对于此类观众而言，重要的不是陈列形式，而是藏品独特的研究价值。他们往往需要利用博物馆的图书室、研究室，并与博物馆专家展开讨论[②]。

图7.1　美国小学生参观纽约大都会艺术博物馆

4. 情感体验型观众

此类观众往往具有一定的知识文化水平、人生阅历和较高的艺术修

① 王宏钧：《中国博物馆学基础（修订版）》，上海古籍出版社，2001年，第308页。
② 王宏钧：《中国博物馆学基础（修订版）》，上海古籍出版社，2001年，第309页。

养，他们希望通过参观博物馆，寻求展览与本人的某种联系，进而获得一种身份认同感；或者希望在博物馆安静、优雅的环境中欣赏迷人的展品，获得一种无功利的纯粹审美体验。为了更好地满足此类观众的需求，博物馆陈列应在展线布置、灯光设计等方面融入更多的匠心，真正做到雅俗共赏。同时，也可以考虑在常规展览路线之外，专设一些个性化展厅，为在数量上相对较少的情感体验型观众提供一个能够激发灵感的空间。

事实上，以上四种类型的博物馆观众只是作为理想形式存在，现实中的观众在参观博物馆时往往抱有多重需求。在参观的过程中，受环境和引导的影响，观众参观的初始目的也会发生转移。

三、博物馆的目标观众

博物馆观众类型划分的目的是为了准确定位目标观众。理想状态下，博物馆活动都具有开放性、广泛性，允许所有的观众参加。但实际的情况是，由于活动主题、展现形式、举办时间的限制，以及对观众的身体条件、知识水平、艺术欣赏能力的要求，某项特定的博物馆活动总是会对社会公众的特定部分最为适合，这一特定群体就是博物馆活动的“目标观众群”。在特定的博物馆活动中，尤其需要关注目标观众群的诉求。因此在博物馆活动的选题策划阶段，必须首先明确目标观众群，然后根据目标观众的需求为之量身打造活动内容。

为了更好地服务于目标观众，博物馆应当成立观众研究部门，对观众的参观取向进行研究，以明确“我们在做什么？我们的目标观众是谁？我们如何做？如何知道我们做成功了？”[①]在此基础上，博物馆可以开发更多具有针对性的教育项目，以满足不同目标观众的需求[②]。博物馆存在大量潜在观众，这一群体往往缺乏强烈的参观欲望，只在特定条件下才会转化

① 续颜：《自然博物馆目标观众研究》，《中国博物馆》2007年第1期。
② 续颜：《自然博物馆目标观众研究》，《中国博物馆》2007年第1期。

为博物馆观众。对目标观众进行研究的目的就是要寻找满足某类潜在观众需求的特定条件，从而促使这部分潜在观众转化为博物馆观众。

四、博物馆满足观众的途径

（一）强化对博物馆观众的研究

观众是博物馆展览的参观者，是博物馆教育项目的参与者，是博物馆文创产品的消费者。博物馆为了更好地开展展览、教育和服务活动，应该加强对观众的调查研究[①]。英国莱斯特大学（University of Leicester）博物馆研究系（RCMG）的研究报告《思想、身体、精神：博物馆对健康与幸福的影响》认为，博物馆观众的研究主要包括展览评估、学习效果研究、消费者调查[②]。博物馆应该进行市场调研与分析，以便不断调整自己的工作定位，从而在展览内容、社教活动、文创产品等方面避免高度同质化，打造自身特色。同时，博物馆要学会倾听观众的声音，放低姿态，积极主动与观众沟通，建立与观众的“民主式”互动对话模式，甚至建立“以观众为先”的博物馆公共文化服务绩效评估体系[③]。博物馆要学会理解观众的情感、态度与价值观，研究观众所处的社会、文化场景，尽快实现从“以物为本”向“以人为本”转变[④]。

（二）树立观众至上、服务至上的理念

现代博物馆不再是单纯的藏品收藏、保管和研究机构，而是为公众和社会服务的文化教育机构、休闲场所和信息服务中心。以人为本应该成为

① 杨瑾：《变化的观众　转型的博物馆》，《中国文物报》2017年6月6日第8版。
② 于淼：《博物馆观众研究——广泛的领域与变化的视角》，《中国博物馆》2016年第2期。
③ 杨瑾：《变化的观众　转型的博物馆》，《中国文物报》2017年6月6日第8版。
④ 杨瑾：《变化的观众　转型的博物馆》，《中国文物报》2017年6月6日第8版。

博物馆人文精神的本质和特征[①]。这就需要博物馆在精品意识指导下，树立观众至上、服务至上的理念。例如强调观众的参与意识，注重观众的感觉和体验；整合文化资源、丰富区域内群众文化生活；树立“知识为全民所共享”的办展理念，坚持博物馆的免费参观模式；加强博物馆形象建设，丰富和完善精品服务、设施服务、讲解服务、教育服务、科研服务、生活服务等内容，提高整体服务质量[②]。

（三）做好博物馆的讲解工作

讲解员是博物馆形象的代表，是连接博物馆与观众的纽带。20世纪初，美国的一些博物馆开始设置讲解员的职位，英文名称docent，可以翻译为“讲师”。讲解员负责讲述博物馆展品的名称、性质、时代等有关资料，使观众可以更为方便地获得鲜活而准确的知识。讲解是一门艺术，讲解员应深刻了解展厅设计理念，挖掘藏品背后的故事和意义，针对不同参观群体，选择适宜的讲解重心、方式、策略，做到因人制宜、“因展施教”。虽然语音导览等科技手段在博物馆讲解中的占比日益增加，但是技艺精湛、心思缜密的讲解员与观众建立的微妙感情交流，是任何讲解工具都无法取代的（图7.2）。

（四）开展丰富多彩的社会教育活动

博物馆应该配合陈列展览，开展各类主题活动，丰富和拓展博物馆的功能，充分发挥博物馆作为社会文化、信息中心的作用。如廊坊博物馆打造“廊博伴我成长”文化活动品牌，从展览、主题活动、讲座及志愿者服务入手，其内容包括“快乐课堂”“互动体验”“文化讲堂”“对外活动”等形式多样的社会教育活动，全面规划了本馆工作体系，极大地吸引

① 王晓曦：《博物馆靠什么提升观众的满意度》，《博物馆研究》2006年第3期。
② 王晓曦：《博物馆靠什么提升观众的满意度》，《博物馆研究》2006年第3期。

图7.2 俄罗斯特列季亚科夫画廊讲解员向观众讲解名画

了社会关注，为廊坊博物馆的发展探索出一条崭新大道[①]。

（五）增强与博物馆观众的互动

随着信息技术的广泛应用，每一位观众都能与博物馆进行有效互动，互动体验展览模式因而成为可能。互动体验展览模式对于传统博物馆展览形式来讲，是一种将观众从被动观赏转换到通过互动体验来进行欣赏和思考的双向模式的过程。

为实现观众与博物馆的互动，设计人员需要在大数据技术帮助下，及时采集、分析观众对展览活动的反馈，并以此为据对展览形式、内容进行适当调整。从博物馆活动的设计角度来说，可以通过视觉、听觉、触觉、操作等方式增强观众的参与性，增强观众的心理认同。

① 曲金丽：《让博物馆“活”得多姿多彩——浅谈廊坊博物馆展览与活动》，《文物春秋》2016年第1期。

第二节　博物馆志愿者与博物馆之友

一、博物馆志愿者

（一）博物馆志愿者的定义

志愿者也叫义工、义务工作者或志工。他们自愿奉献个人的时间和精力，在不谋求任何物质、金钱及相关利益回报的前提下，参与社会公益活动，为帮助有一定需要的人士开展力所能及的，切合实际的，具有一定专业性、技能性、长期性的服务活动。

博物馆志愿者的起源很早，至今已有近百年的历史。1907年，美国波士顿艺术博物馆就开始招募志愿者。据相关史料来看，20世纪初期，中国博物馆界已制定了关于博物馆志愿者的规章制度，开始了相关的探索和努力。如1913年北洋政府内务部公布的《保存古物协进会章程》，是我国第一个博物馆志愿者组织性质的章程[①]；1924年中华博物院制定了我国第一个博物馆会员制度。此二者在博物馆志愿者和会员制度方面都具有开创性[②]。1952年吴钧燮发表的《吸引社会人士参加博物馆工作》一文，是我国最早介绍苏联博物馆志愿者方面的文章[③]。2002年，中国历史博物馆面向全社会公开招募博物馆志愿者，这是博物馆志愿者开展规范服务的标志。2009年，中国博物馆协会志愿者专业委员会的成立，标志着中国博物馆志愿者的发展进入新的阶段。

充分发挥博物馆志愿者和博物馆会员等社会力量的作用以推动博物馆发展，这是当今博物馆发展的一个重要理念。中国的博物馆事业正在经历

---

① 《内务部公布古物陈列所章程、保存古物协进会章程令》（1913年12月24日），中国第二历史档案馆编：《中华民国史档案资料汇编（第三辑）》，第268 页。

② 陈为：《20世纪初期中国博物馆志愿者及会员制度初探》，《中国博物馆》2012年第3期。

③ 吴钧燮：《吸引社会人士参加博物馆工作》，《文物参考资料》1952年第2期。

前所未有的发展时期，在这个背景下，博物馆志愿者的作用越来越突出。理性的充满感召力和凝聚力的志愿者群体，可以更好地传播博物馆的文化，吸引越来越多的人参与到博物馆事业的发展中来。而作为博物馆志愿者除了具备普通志愿者的一般特性，如不计报酬，助人为乐，友爱互助，团结进步等，还应该认同博物馆文化，具有一定的博物馆专业知识，能够承担起社会教育、公众服务和文化传播等相关职能①。目前中国绝大多数博物馆仍将讲解视作博物馆教育的基础工作，中国的博物馆志愿者主要从事讲解工作②。

（二）志愿者的选拔与管理

博物馆志愿者需要为博物馆开展“具有一定专业性、技能性、长期性的服务活动”。因此，并不是任何人都可以成为博物馆志愿者，而是要经过一定的选拔、培训与考核程序。加强对博物馆志愿者的选拔与管理，使他们不但能够更充分地发挥博物馆功能，提升服务的质量，更增强了博物馆与观众之间的黏性，对促进博物馆真正融入社会，完善自身职能有着重要的作用和意义③。

博物馆可以根据自己工作的需要，设置相关的标准和程序，选拔志愿者。美国博物馆的义工，采取长期及定期征募的方式，由博物馆自行公告征募或通过义工社团的推荐。美国博物馆非常重视应征人员的专业知识、特殊技能、沟通技巧、经验以及个人兴趣，从而有所取舍④。江西省博物馆专门为新馆展览筹备工作招募志愿者，其目的是“构建科学全面新颖的陈展体系”“探索全社会共同参与办展的策展模式”。结合工作内容，馆方对此次招募做了如下要求：

---

① 姜惠梅：《浅谈博物馆志愿者培训体系建设》，《中国博物馆》2012年第3期。
② 陈曾路：《博物馆里的“微革命”——“博物馆志愿者”的现状和未来》，《中国博物馆》2012年第3期。
③ 蒋菡：《构建博物馆志愿者管理的长效机制——以苏州博物馆为例》，《中国博物馆》2012年第3期。
④ 林冠男：《从我国博物馆中的志愿者谈起》，《中国博物馆》2003年第1期。

一、报名条件

1. 身体健康，有责任心、奉献精神、团队意识；

2. 对江西文化有较深入了解，热爱文博事业，具有良好的文化素养，较强的写作能力；

3. 遵守博物馆规章制度，自愿服从工作安排；

4. 具有历史学、博物馆学、考古学、美术、策划、中文等专业知识者优先。

二、服务方式

此次招募活动没有地域限制，工作内容可远程操作。充分尊重本人意愿，根据工作需要合理调度安排。

三、服务内容

1. 我们将组建赣博筹展志愿者微信群、QQ群，视工作需要即时与大家沟通交流。

2. 本地志愿者可走进江西省博物馆，参与资料收集整理、展览筹划等具体工作。①

博物馆志愿者在正式入职前还要接受系统的培训。志愿者培训可以增强志愿者的认同感和归属感，提高其对博物馆环境的适应力，也能为博物馆创造更大的服务空间，实现博物馆与志愿者的双赢②。中国国家博物馆的志愿者需要参加30个小时的基础培训，培训内容包括业务知识、服务礼仪、讲解技巧等。完成培训的参选者还要分入各展厅，参加一个专题的试讲及考核，成绩合格者才能上岗③。台北故宫博物院在对志愿者进行培训时，从职前训练、业务实习、导览解说见习、特展集训到在职训练，每一个阶段、每一门课程，皆经过博物馆工作人员精心设计策划，以训练出最适任的义务服务人力为目标④。培训的目的，在于使志愿者在参与之初，专业而系统地了解相关知识，加深其对志愿工作深层意义的理解，避免凭

① 江西省博物馆：《志愿者招募令》，http://www.jxmuseum.cn/bgyw101.html。
② 姜惠梅：《浅谈博物馆志愿者培训体系建设》，《中国博物馆》2012年第3期。
③ 许心怡：《揭秘国家博物馆志愿者考核过程》，http://culture.people.com.cn/n/2014/0515/c87423-25022855.html。
④ 林冠男：《从我国博物馆中的志愿者谈起》，《中国博物馆》2003年第1期。

借一时心血来潮的热情[①]。

博物馆应将志愿者培训作为一项长期的文化公益事业去做，不仅要解决目前的实际问题，还要着眼于长远发展；不仅促进博物馆事业的发展，也要促进志愿者自身的进步[②]。例如天津博物馆定期为志愿者提供诸如专家讲座、交流参观等多形式的学习活动，并利用新媒体如微信、直播等平台打造“志愿者讲天博”专题栏目，为志愿者参与文博类专业培训、施展自身才华创造平台。作为公益性的文化机构，博物馆应加强对志愿者招募后的后期管理。志愿者与普通馆员一样享有一定的权利和义务，要视博物馆志愿者为“不领薪水的馆员”。

（三）志愿者的主要工作与职责

近年来，我国博物馆志愿者队伍发展十分迅速，为博物馆提供义务服务的范围也日益广泛，如担当宣传员、接待员、导引员、讲解员、咨询员、售货员，或发挥个人所长，从事其他专业工作，如整理目录、开展专题研究等[③]。由此可见，博物馆志愿者人员构成多元化满足了博物馆不同岗位的需求，志愿者已成为博物馆重要的人力资源[④]。一般而言，博物馆志愿者参与的主要工作包括：

1. 展厅讲解与观众接待

当前，各大博物馆普遍存在讲解员队伍难以满足不断增长的观众需求的问题，因此展厅讲解是博物馆志愿者最常见的工作内容。同时，博物馆志愿者还会参与观众接待的工作，如迎宾、咨询、参观导引和意外事故处理等多项内容。

---

① 李敏行、齐维京：《台湾地区博物馆志愿者培训制度探析》，《中国博物馆》2012年第3期。

② 姜惠梅：《浅谈博物馆志愿者培训体系建设》，《中国博物馆》2012年第3期。

③ 郑奕：《博物馆教育活动研究》，复旦大学出版社，2015年，第324页。

④ 王建华：《关于博物馆志愿者培训和激励机制的探索》，《中国博物馆》2012年第3期。

2. 博物馆藏品的整理与研究

在美国史密森博物馆协会，每年都有大量的志愿者参与博物馆陈列、藏品管理、藏品研究等各项工作[①]。在中国第一次全国可移动文物普查期间，国内多家博物馆都曾为可移动文物普查公开招募志愿者，协助博物馆专业人员完成文物信息的登录工作。例如青岛博物馆在2012年第一次全国可移动文物普查工作期间，首次招募文物普查志愿者，此举不但是完善志愿者队伍建设与服务的有益尝试，而且还通过让公众深度参与博物馆隐藏在展览、社教背后的基础性工作，推动社会化文物普查团队的构建，充实了普查力量[②]。

3. 博物馆社会教育活动与项目

近年来，西汉南越王博物馆的志愿者开始广泛地参与到博物馆各类教育活动中，如活动的前期策划和执行、文字编辑、资料翻译、问卷调查、微信、微博推送、南越工坊手工活动、送展活动等，博物馆志愿者在专业人员的指导下设计并制作了“走进南越王国”“南越王与海上丝绸之路”等多套图片展，并配合展览制作了多套可移动的互动游戏，送展到广东省的11个城市。志愿者团队成为博物馆宣教活动的重要补充力量[③]。

4. 博物馆科研工作

在欧美博物馆，大部分观众研究工作都由志愿者承担，如选择被调查的观众，指导他们填表并回收调查表等[④]。河南博物院成立的文化志愿者服务支队吸收考古专家、古建专家、历史学专家加入队伍，开展文物鉴定、专题研究等志愿服务活动，拓宽了河南博物院的志愿服务领域，提高了博物院的科学研究水平[⑤]。

目前，国内大陆地区博物馆志愿者的主要工作还局限于讲解、导览

---

① 曹宏：《美国博物馆的志愿者制度对我们的启发》，《北京文博》2007年第1期。

② 项项：《唤醒“深闺”文物——青岛市博物馆探索文保成果公众共享》，《中国文化报》2016年12月12日第8版。

③ 李京花：《一个博物馆的志愿者之路——西汉南越王博物馆20年志愿者活动回顾》，《中国文物报》2016年10月5日第7版。

④ 郑奕：《博物馆教育活动研究》，复旦大学出版社，2015年，第324页。

⑤ 阎国宇：《河南博物院：默默耕耘的志愿者团队》，《中国文化报》2016年2月25日第12版。

服务。国外博物馆志愿者的工作范围已比较广泛，涉及展览制作、藏品搜集、文物保护和修复、科学研究等多项专业内容[①]。这也是今后国内博物馆志愿者服务的发展方向。

二、博物馆之友

（一）博物馆之友的性质

“博物馆之友”是博物馆为了更好地与社会各界保持密切联系、获得支持，以会员制方式发展的关心支持博物馆工作的群众性组织。世界上最早的博物馆之友诞生于19世纪的欧洲，一些博物馆爱好者义务参加博物馆的各项工作，有的还捐献藏品、捐赠资金，在博物馆的组织下，“博物馆之友”应运而生[②]。在欧洲被称作博物馆之友或博物馆之友协会的组织，在北美一般被称为“博物馆会员”。1972年，在西班牙召开了“世界博物馆之友”大会，共有145个博物馆之友组织参加了会议。1975年，国际博物馆之友联盟成立。

“博物馆之友”成员的义务主要是对博物馆经济的支持。如纽约大都会艺术博物馆的材料，其会员按“贡献”也就是交纳会费的多少，分为不同的等级，并相应享受不同的权益。公众以本人的兴趣和经济实力来决定是否加入和加入的等级。对博物馆来说，博物馆之友在吸引社会资助，征集社会藏品，营造社会舆论，反馈社会信息等方面的作用是不可估量的[③]。

20世纪50年代，国内一些博物馆曾组织过“博物馆之友”。1955年，陕西省博物馆通过“博物馆之友”组织，建立了自己的通信网和宣传网，

---

① 林冠男：《从我国博物馆中的志愿者谈起》，《中国博物馆》2003年第1期。
② 郑奕：《博物馆教育活动研究》，复旦大学出版社，2015年，第320、321页。
③ 马希桂：《博物馆社会教育》，北京燕山出版社，2006年，第141页。

协助博物馆征集和保护文物[1]。1957年，南京博物院和江苏省博物馆筹备处，先后成立了“博物馆之友”，并规定凡热心于博物馆事业，对历史、考古、民俗等有兴趣，愿意与博物馆取得联系并能扩大联系作用的，由本人申请，经当地所属机关（或党、团组织）证明后，都可以参加“博物馆之友”[2]。据《文汇报》报道，20世纪五六十年代，一批科学家、教授、画家、收藏家成为上海博物馆的“博物馆之友”[3]。这一时期的博物馆之友，相当于现在的“博物馆志愿者”，是博物馆界做好群众工作的有效途径。“文革”期间，博物馆之友的相关工作中断。

20世纪80年代初期，文博界重新开始关注、恢复“博物馆之友”组织。如1980年的《国际文物博物馆工作参考资料》就曾刊文介绍苏联的博物馆之友[4]。1981年，中国历史博物馆恢复了博物馆之友，南京博物院成立了“南博之友”。上海博物馆在马承源先生的主持下成立了“上博之友”，其中的一些收藏家对上博征集、收购珍贵文物，起到了巨大作用[5]。截至目前，我国各博物馆的博物馆之友组织仍然面临着会员数量少，尤其是高级会员匮乏，以及“博物馆之友”章程不够完善，管理不够规范等问题，“博物馆之友”在博物馆的发展过程中的作用仍未得到充分重视。

近些年来，由于西方博物馆普遍面临财政困难，所以越发强调博物馆之友的作用[6]。21世纪以来，博物馆收藏、研究范围和社会教育的覆盖面进一步扩展，迅速而大量地吸收馆外科研和学术成果，争取更为广泛的社会支持，愈加成为办好博物馆的重要条件。博物馆之友与博物馆志愿者一样，成为拓展博物馆人力资源的有效途径。

---

① 高仲毅：《陕西省博物馆的“博物馆之友”是怎样发展起来的》，《文物》1956年第8期。

② 周恺：《南京博物院和江苏省博物馆建立了“博物馆之友”》，《文物参考资料》1957年第4期。

③ 《博物馆之友》，《文汇报》1962年2月22日。

④ 〔苏〕亚历山大·克略尼：《苏联博物馆与博物馆之友》，《博物馆学参考资料（下）》，1986年，第235～238页。

⑤ 马希桂：《博物馆社会教育》，北京燕山出版社，2006年，第141页。

⑥ 王宏钧：《中国博物馆学基础（修订版）》，上海古籍出版社，2001年，第333页。

（二）博物馆之友的管理模式

“博物馆之友”作为支持博物馆发展的社会组织，一般会由会员组织“博物馆之友协会”进行自我管理。“博物馆之友”组织实行权利与义务对等的原则，并以章程作为保障。“博物馆之友章程”一般应说明本组织设立的目的与意义、管理的方法、博物馆与博物馆之友（会员）的权利与义务等相关内容。一般而言，博物馆之友最重要的一项义务就是为博物馆的发展提供各种支持与援助，其中最主要的形式就是经济援助。大多数的博物馆都通过缴纳会费的形式吸收会员，并且根据缴纳金额的多少划分不同的等级，享受不同的权益。如瑞金中央革命根据地历史博物馆“博物馆之友”个人成员每年缴纳不低于20元，机构、团体成员每年缴纳会费不低于100元，作为基本活动经费。上海博物馆面向社会招收“博物馆之友”，普通会员、高级会员、贵宾会员等分别缴纳200元到8万元不等的会员费即可享受全年免费入馆、参加专题讲座等各类博物馆活动①。

博物馆之友的发展趋势是面向社会特定人群寻求赞助，同时作为报偿，为之提供优质服务。有学者在对“国家博物馆之友”进行研究后提出，“国博之友”的工作不是“广结善缘”，而是“情有独钟”，要在文化消费上“使一部分人先富起来”②。“国博之友”的服务对象是VIP会员（高端会员），因此它的工作内容应该包括举办高水平的讲座、沙龙，组织文化专题旅游等项目，以满足特定人群的文化消费需求。国家博物馆的VIP会员既享有优于普通观众的权利，也应承担多于普通观众的义务。在力所能及的情况下，“国博之友”应开发运作一些相关项目，以达到社会效益和经济效益的最大化③。

与博物馆志愿者一样，“博物馆之友”的根本任务是联系社会大众。

---

① 吕宁：《博物馆之友，博物馆之忧？》，《第一财经日报》2007年6月21日第C07版。

② 甄元森：《“国家博物馆之友”：探索公共服务的新途径》，《中国文物报》2007年8月10日第6版。

③ 甄元森：《“国家博物馆之友”：探索公共服务的新途径》，《中国文物报》2007年8月10日第6版。

不管将博物馆之友视为“认捐机构”，还是将其作为博物馆会员“协调自发活动机构”，或者是博物馆“培养业余爱好者机构”以及“联系社会民众的机构”等，“博物馆之友”都需要面向大众，服务社会。“博物馆之友”是博物馆利用外部力量协助博物馆发挥作用的重要形式，是培养博物馆爱好者的业余学校，这正是世界各“博物馆之友”的共同性质所在[①]。

（三）附录：金沙遗址博物馆“金沙之友”会员手册[②]

为了让更多人关心博物馆的发展，加强博物馆与社会的互动，拓宽公众文化视野，金沙遗址博物馆诚邀海内外各界人士加入本馆的“金沙之友”俱乐部，共同推进社会的和谐发展。

金沙遗址博物馆“金沙之友”的会员由普通会员、学生会员、高级会员、贵宾会员、荣誉会员、家庭会员和团体会员组成。

一、普通会员

凡个人购买金沙遗址博物馆门票一张的观众，均可申请成为“金沙之友”普通会员。

普通会员可享有以下会员权益：

1. 免费获得全年展览、讲座以及其他文化活动信息；

2. 本人购买金沙遗址博物馆门票和4D电影票可享受9折优惠（特价商品除外）；

3. 受邀参加本馆为会员举办的讲座；

4. 受邀参加本馆为会员举办的相关文化活动（需按成本支付相关费用）；

5.可受邀成为金沙遗址博物馆志愿者；

6. 享有音乐剧《金沙》“金粉世家”俱乐部的同级会员权益。

二、学生会员

① 游振群：《“博物馆之友”的性质与职能初探》，《中国博物馆》1990年第3期。
② 金沙遗址博物馆官网，http://www.jinshasitemuseum.com/zhangc.html。

凡全日制学生，均可申请成为金沙遗址博物馆“金沙之友”学生会员。

学生会员可享有与普通会员同等权益。

三、家庭会员

凡购买门票参观金沙遗址博物馆一次的家庭，或每年购买金沙“亲情卡”的观众，均可申请成为金沙遗址博物馆“金沙之友”的家庭会员。

家庭会员可享有以下权益：

1. 与普通会员同等权益；

2. 受邀参加本馆为家庭会员举办的相关活动（需按成本支付相关费用）。

四、高级会员

对本馆及社会有杰出贡献者，可受邀成为本馆荣誉会员。除普通会员的全部权益外，高级会员还可享有以下权益：

1. 本人全年免费参观博物馆；

2. 本人购买门票、讲解票和4D电影票可享8折优惠；

3. 受邀参加本馆馆长或特邀专家为会员举办的专场讲座；

4. 受邀参加本馆为高级会员组织的文化活动或考察活动（需按成本支付相关费用）；

5. 会员子女可优先参加本馆组织的寒、暑假活动（需按成本支付相关费用）；

6. 受邀参加本馆为高级会员组织的音乐会、酒会等社交活动（需按成本支付相关费用）；

7. 可向博物馆预约策划相关文化活动（小型沙龙、生日会、专题鉴赏会、博物馆夜间开放等，需按成本支付相关费用）；

8. 享有音乐剧《金沙》“金粉世家”俱乐部的同级会员权益。

*金沙遗址博物馆拥有对金沙遗址博物馆“金沙之友”的最终解释权。

第三节　博物馆观众调查

一、博物馆观众调查的概念、发展

（一）博物馆观众调查的概念

博物馆观众的反馈是衡量博物馆各项工作成效的重要指标，而博物馆观众调查是科学搜集、分析这些反馈信息的重要途径。

博物馆观众调查，是指根据一定目标，运用一定手段，对某个或某一地区博物馆观众进行的信息收集和研究活动。这里的“观众”，既包括实际到馆内参观的观众，即现实观众，又包括博物馆的潜在观众，二者结合，相当于我们前面提到的“博物馆公众”的范畴。潜在观众指那些可能有兴趣参观博物馆，却并未付诸行动的人。对潜在观众的调查范围广、涉及面大，因人力、物力、财力所限，在国内还很少有博物馆从事此类调查。对现实观众的调查则相对简单，具有较强的可操作性。

博物馆观众调查是博物馆充分利用自身的资源和特点，树立“以观众为本”的理念，达到文化发展成果人人共享的效果的重要途径。

（二）博物馆观众调查的发展过程

观众研究肇始于19世纪晚期，1880年英国利物浦博物馆开始进行观众调查[①]。第二次世界大战之后，世界博物馆学的研究重心发生了转变，已经由重视藏品转为重视观众。观众既是博物馆的服务对象，也是博物馆赖以生存的社会基础。为吸引更多的人到博物馆参观，博物馆的决策者越来

① 于淼：《博物馆观众研究：广泛的领域与变化的视角》，《中国博物馆》2016年第2期。

越重视观众调查，不断组织人员开展专题调查工作[①]。1970年至1990年，博物馆观众研究迎来了集中发展时期，问卷调查、焦点小组和实验性的测量工具被广泛应用于对博物馆教育效果的评估。1974年，美国博物馆协会成立观众研究暨评估专业委员会，后来更是专门成立了博物馆观众研究协会，编辑出版了《观众研究》期刊。进入21世纪，澳大利亚等国家也成立了专门的博物馆观众研究中心[②]。20世纪晚期的诸多研究成果确立了观众研究在博物馆实践中的不可替代性，并成为正式的学科领域。进入21世纪，观众研究开始高度聚焦参观者的感受与学习效果，成为博物馆发展的战略性工具[③]。

我国博物馆的观众调查工作，是从20世纪80年代博物馆事业重新走上正常发展轨道后开始的。80年代以来，博物馆决策者或邀请大学博物馆教研人员来馆进行观众调查，或委托社会专门调查机构从事此类工作[④]。1985年，张松龄率先发表了上海自然博物馆"海洋与它的居民"展览的观众调查研究报告[⑤]。此后，吴卫国的《京津地区博物馆观众调查报告》为博物馆公众调查报告的撰写提供了一个可参考的样式[⑥]。此后，博物馆学界有关观众调查的项目与研究成果不断增多，陈红京[⑦]和史吉祥[⑧]的相关论文都对博物馆观众调查产生过重要影响。学术界对博物馆观众调查的总结与反思也在不断推进，严建强综述了欧美各种关于博物馆观众的研究观点[⑨]，潘守永[⑩]和刘汉娥[⑪]的相关成果也都具有一定的总结性意义。

不过，与欧美博物馆界在观众调查方面的发展程度相比，中国博物馆

---

① 史吉祥：《博物馆观众调查的几个问题》，《中国博物馆》2000年第1期。
② 《中国博物馆》编辑部：《卷首语》，《中国博物馆》2012年第3期。
③ 于淼：《博物馆观众研究：广泛的领域与变化的视角》，《中国博物馆》2016年第2期。
④ 史吉祥：《博物馆观众调查的几个问题》，《中国博物馆》2000年第1期。
⑤ 张松龄：《对〈海洋和它的居民〉展览观众意见的调查和分析》，《中国博物馆》1985年第1期。
⑥ 吴卫国：《京津地区博物馆观众调查报告》，《中国博物馆》1987年第2期。
⑦ 陈红京：《对博物馆观众研究的课题和方法》，《中国博物馆》1986年第1期。
⑧ 史吉祥：《博物馆观众调查的几个问题》，《中国博物馆》2000年第1期。
⑨ 严建强：《博物馆观众研究述略》，《中国博物馆》1987年第3期。
⑩ 潘守永：《2004—2005年中国博物馆观众调查报告——"关于加强博物馆展示宣传和社会服务工作的调查研究"之"观众调查研究"报告》，《中国博物馆》2005年第2期。
⑪ 刘汉娥：《欧美地区关于博物馆观众的研究述略》，《中国美术馆》2014年第4期。

观众调查工作仍然滞后，其对博物馆实现各项功能、开展各项业务的指导作用还没有真正发挥出来[①]。

二、博物馆开展观众调查的重要意义

博物馆观众调查是博物馆获取观众信息的最重要渠道。一个博物馆要朝良性发展，需要贴近群众生活，不断调整办展思路，真正体现以人为本的理念。做好观众调查，有利于搭建一个博物馆与观众的信息交流平台，有助于博物馆更好地发挥其公共文化服务职能。这也是欧洲年度博物馆奖（EMYA）的创立人肯尼斯·赫德森把今天的博物馆称为“市场调查时代的博物馆”的缘由所在。

博物馆观众调查是上级评估所属博物馆的重要依据[②]。2008年国家文物局启动了国家一级博物馆定级和运行评估，其评价指标中的“博物馆讲解”项目就要求“结合学术研究的最新动态、观众反馈意见”“根据观众需求”做好讲解工作的内容，而在“公众服务”栏目中，则明确要求“有计划地开展多种形式的公众调查活动，了解和掌握公众需求，征询公众意见和建议”[③]。英国国立博物馆的评估指标是2004年由英国国家审计署签署的，其中各个单项指标均以观众为评估主体。

博物馆观众调查也为重构博物馆教育活动中的主客体关系提供了基础。相当长的时间里，“博物馆”被视为教育活动的主体，“公众”被视为教育活动的客体。在新的形势下，博物馆要更新教育观念，将受众置于主体地位。观众调查可以促进博物馆与观众之间的理解和交流，消除对立。观众调查还将博物馆教育活动的策划权与评价权真正交到了观众手中。

---

① 赵建勋：《浅议博物馆观众调查工作》，《中国文物报》2016年10月25日第6版。

② 史吉祥：《博物馆观众调查的几个问题》，《中国博物馆》2000年第1期。

③ 国家文物局：《关于印发〈全国博物馆评估办法（试行）〉、〈博物馆评估暂行标准〉和〈博物馆评估申请书〉的通知》，（文物博发〔2008〕6号），2008年2月5日。

三、博物馆观众调查的内容

博物馆观众调查的内容相当广泛，其实质是了解公众的精神文化需求，既包括现实需求，也包括潜在需求，以及公众的文化品位、兴趣喜好等。1985年，英国曾对博物馆的利用和遗产作过一次大规模的全国性调查，着重分析了公众来博物馆参观的频率、博物馆观众的主要构成特点、公众来博物馆参观的主要原因、不同的观众对博物馆展览的看法、公众对博物馆的了解和总体印象、影响公众参观博物馆的因素等问题[①]。

博物馆观众调查可以是对博物馆全面工作或者观众全面情况的调查，如观众对博物馆的总体看法等；也可以是对博物馆某一方面的工作或某一方面的要求的调查，如对参观时间、参观动机、参观效果、博物馆利用率、观众心理状况等问题的调查。结合博物馆服务公众的主要内容和活动，可以将博物馆观众调查分为博物馆陈列调查、博物馆社会教育调查、博物馆服务与营销调查等。

博物馆陈列调查包括展前调查、展中意见收集和展后意见反馈。近年来，观众展前调查越来越受到重视，形式也在不断创新。有博物馆开始尝试在举办临时性的大型展览或制定年度展览规划之前，先了解观众的观展需求。2016年4月，南京博物院针对即将于8月开幕的年度大展“法老·王——古埃及文明和中国汉代文明的故事”举办了一次展前观众邀请访谈会，邀请了普通观众和在职教师，分别对展出方式、展品选择、辅助活动等方面畅所欲言，为办展出谋划策[②]。

博物馆社会教育调查侧重于收集观众对博物馆社会教育活动的反馈信息，如活动过程中的心理体验、活动效果评价等内容。社会教育调查的成果可以为博物馆开展有针对性的社会教育工作提供参考，也能帮助博物馆不断改善社会教育活动的质量，真正做到寓教于乐。

① 陆建松编译：《博物馆观众调查与分析》，《东南文化》1993年第2期。
② 赵建勋：《浅议博物馆观众调查工作》，《中国文物报》2016年10月25日第6版。

博物馆服务与营销调查主要收集针对博物馆提供的各种社会服务与宣传营销策略的反馈意见。观众调查是博物馆营销有效提升的基础，如南京博物院通过对近三年观众来源地数据分析，将“法老·王——古埃及文明和中国汉代文明的故事”的目标受众定格为本地观众，同时锁定了目标受众的年龄阶段。南京博物院还邀请年轻观众通过微信投票选择他们喜爱的文创产品设计，然后再进行有针对性的量产和销售。

四、博物馆观众调查的基本程序和方法

（一）博物馆观众调查的程序

博物馆观众调查大致可以分为准备、实施和总结三大阶段。

在调查的准备阶段，首先要明确调查的目的和需要解决的问题。其次，根据需要解决的问题，制定工作计划，选择具有相关知识背景和能力的人员组成调查小组。准备工作还包括翻阅有关资料，设计调查表格，确定调查时间、参与人员和调查的具体方法。其中尤为重要的是表格设计。目前我国大多数博物馆观众调查都是自行设计调查表格。表格性质包括定性和定量两大类型。定性调查表，就是在调查中要求被调查对象对被调查的问题做出肯定或否定的判断[①]；定量调查表，就是要求被调查对象对被问及的问题做出数量上的判断[②]。调查表格设计要以简单明了、填写方便为原则；形式一般以问答式表格为主，问题可以是限制式的，也可以是开放式的[③]。

在调查的实施阶段，首先要取得调查对象的许可和信任，其次要保证调查所获数据的真实性。比如采用问卷调查或者访谈调查，首先要向被调查对象说明情况，取得他们的理解与支持，然后给予调查对象充分的思考

① 邢继贤：《讲解员成长之路》，广东人民出版社，2013年，第41～43页。
② 邢继贤：《讲解员成长之路》，广东人民出版社，2013年，第41～43页。
③ 王学敏：《博物馆实用讲解艺术》，河南大学出版社，2009年，第300页。

时间，保证答卷或访谈结果的有效性。在实行网络调查或者微信投票等方式的调查时，则要充分利用网络资源，积极发动调查对象进行投票，同时做好网络投票数据的监控，防止恶意刷票，保证所获数据的真实性。调查过程中，还要保护好被调查对象的个人信息安全，不触犯其隐私。

调查总结阶段的主要工作是将收回的表格分类编号、汇总，对相关数据进行分析和总结，撰写调查报告。在此过程中，首先要剔除无效数据，然后将有效数据按照维度录入、整理，然后进行建模。对于定性材料和访谈资料，可以形成访谈记录；对于其中观点、方向性的问题，需要在整理访谈记录时根据问题归纳整理。在分析数据的时候，要善于运用对比分析法、结构分析法、交叉分析法、分组分析法和漏斗图分析法、杜邦分析法、矩阵关联分析法等。最后是编写书面调查报告。调查报告的结构包括研究背景、研究目的、研究方法、研究结论等相关内容。调查报告的类型主要有三种：一是以描述为主的报告；二是描述和解释并重的报告；三是描述、解释、分析、预测兼有的报告[①]。

（二）博物馆观众调查的基本方法

博物馆观众调查的方法可以分为抽样调查和实验调查两大类。博物馆观众抽样调查是以部分来说明总体的调查方式，具有节约人力、时间和经费的优势，调查结果相对准确、可靠。运用抽样的方式进行博物馆公众调查，关键在于所抽取的样本要有代表性。要保证样本具有足够的代表性，应先对被确定为调查对象的各类公众的分布、数量、特点、比例等有一定的认识和估计。实验调查是通过某种社会学、行为学的操作，例如在与观众的互动中，让观众做出自然的反应，从中观察其举动，并得出相关结论[②]。

以上两种调查方法在具体操作中，又可分为如下六种方式：

---

① 姜涛、俄军：《博物馆学概论》，兰州大学出版社，2014年，第263、264页。
② 邢继贤：《讲解员成长之路》，广东人民出版社，2013年，第41～43页。

（1）发放观众问卷调查表，是目前博物馆采用最常见的一种调查方式。有的问卷调查还设有礼物赠送或抽奖活动环节，以提高观众参与的积极性。问卷调查法的优点在于节省人力、时间和经费，便于统计分析。其不足之处在于博物馆观众人数众多，无法全部进行问卷调查，只能采取抽样方式，而抽取样本的结构往往又具有不可控性，所以得出的结论也就存在偏差。

（2）口头调查，也称为访问法，是通过与观众的直接或间接的交流，了解观众对博物馆工作的态度、意见。访问法根据交流方式的不同，可分为直接访问和间接访问。直接访问是博物馆工作人员与观众进行面对面的交谈，比如以圆桌讨论会的方式，由训练有素的主持人以非结构化的自然方式，对一组特定调查对象进行访谈。间接访问是调查者通过电话、信函等媒介对观众进行访问[①]。

（3）开展对博物馆观众的观察。观察法就是调查者根据研究课题，运用自己的眼睛、耳朵等感官或其他科学手段，有目的地对观众进行实地考察，以取得研究所需资料的一种方法[②]。行为观察范畴包括观察人们的行为，从人们的话语中汲取信息，对人们的活动进行检查[③]。观察法只是跟踪观众的参观活动，不直接与观众接触，却严格按照设计要求进行观察，随时记录观众的举止表现。根据调查内容是否有统一设计的观察项目和要求，观察法可分为有结构观察和无结构观察。观察法的调查结果比较客观、准确，便于对观众进行定量分析，是常用的收集方法。

（4）个案调查法。个案调查是选取特定群体或个人作为调查对象，全面而又系统地了解其历史、现状及未来的发展，用个别说明一般，用生动的事例说明一般规律。

（5）设置观众留言簿，是一种能够及时了解观众反馈的调查方法，具有调查面广，时效性强等特点。写在留言簿上的观众意见，往往是有感

---

① 李莉：《试论博物馆观众调查》，《伪皇宫陈列馆年鉴1998～1999》（吉林省内部资料出版物），第95～98页。

② 李莉：《试论博物馆观众调查》，《伪皇宫陈列馆年鉴1998～1999》（吉林省内部资料出版物），第95～98页。

③ 邢继贤：《讲解员成长之路》，广东人民出版社，2013年，第41～43页。

而发的肺腑之言，并且因为没有博物馆工作人员的现场干预而更加直接，甚至尖锐。

（6）文献法，就是通过查找既有的文献来获得观众信息资料的方法。这里的文献，既包括各类关于观众的报道、文章、书籍，也包括观众在报刊上发表的展览评论。

值得注意的是，无论采取哪种方式进行观众调查，都应该讲求可操作性和实效性。博物馆观众的研究方法的选择和测量工具的使用取决于研究选题的广度和深度，定性和定量方法的综合运用是一种理想的解决方案。

五、互联网时代的观众调查工作

随着互联网技术和智能移动终端的普及，互联网时代的博物馆观众调查得到了越来越多博物馆的青睐。微信、微博等自媒体的发展如雨后春笋般地成长起来，通过这些平台可以轻松实现与观众的沟通交流。随着信息化技术发展而出现的调查方式，本身也是博物馆信息化建设的一个重要内容。互联网时代的博物馆观众调查具有很多优点，例如问卷制作发布非常便利，调查对象几乎不受时间和地域的限制，调查成本极低，调查结果分析可依特定软件按照自动程序实施，避免手工录入的失误[①]。

在互联网时代进行博物馆公众研究，要充分利用一切路径获取数据。大数据下的博物馆公众样本抽取可以通过对博客、微博等自媒体以及大众点评、马蜂窝等旅游消费网站进行，从而获取个体观众对博物馆的具体看法。此外，博物馆观众调查不但要关注个体，还要研究整体，百度指数检索与百度统计分析可以帮助博物馆达此目的。

① 北京数字科普协会：《数字博物馆发展新趋势》，中国传媒大学出版社，2014年，第307页。

具体而言，互联网时代的观众调查形式主要包括以下三种：①

（1）网页实时在线（含触摸屏）问卷调查。博物馆工作者将设计好的调查问卷发布到网站上，感兴趣的网民可以在网站页面上填写问卷，填写完毕后点击提交，数据自动进行保存，并可立即运用软件进行统计分析。其基本流程是：使用设计器编辑创建网页问卷，发布问卷到网络在线平台，在线统计分析调查结果和保存数据。其主要优点包括调查费用较低、样本数量庞大、时效性强、质量控制好、后期处理工作量极少、调查结果相对可信。

（2）电子邮件问卷调查。博物馆工作者将设计好的调查问卷通过电子邮件发送出去。感兴趣的邮件接收者填写后，再回复给博物馆。经过工作人员（或专门的软件）汇总、复核、分析后，得出调查结论。

（3）在线聊天系统实现观众座谈。常见的有QQ群、MSN聊天群、微信群、各大网站的聊天室等，由工作人员邀请网友进入，就需要调查的问题征求意见。其优点在于使用方便快捷，并且克服了面对面座谈可能导致的拘束局促，被调查者更易敞开心扉，畅所欲言。

互联网时代的到来，使得我国成为数据大国。越来越多的博物馆正在通过手机APP、二维码门票、RFID门票等物联网技术，获取观众在参观前、参观中、参观后的全过程数据，并应用大数据技术进行分析，挖掘数据间的关联性和深层意义，对博物馆开展各项业务工作进行指导②。

---

① 郭豹：《数字博物馆建设不能忽视观众调查》，《中国文物报》2012年10月17日第6版。

② 赵建勋：《浅议博物馆观众调查工作》，《中国文物报》2016年10月25日第6版。

第八章

博物馆的教育活动

博物馆教育活动是指博物馆为社会教育和服务之目的，依托馆情优势，策划并实施的有组织的活动。教育活动是发挥博物馆社会教育功能的重要形式，是辅助观众参观的重要手段，有助于加深观众对博物馆主题、收藏和陈列展览的理解。

第一节 博物馆教育理论

美国博物馆协会指出，博物馆应“确保学习理论和教育研究为其实践的基础”，并强调“将各种学习方式与学习理论相整合与向所有观众传达内容的方式，两者同样重要”。因此，在策划和实施博物馆教育活动的过程中，要充分重视教育理论的指导。

目前，国际上流行的一些博物馆学习与教育理论，基本上是从美国教育家杜威的“从做中学”理论生发开来的。

一、“从做中学”

“从做中学”，是美国著名教育家杜威的教育理论。约翰·杜威（John Dewey，1859—1952），美国著名的教育家，著有《我的教育信条》（1897）、《学校和社会》（1899）、《儿童与课程》（1902）、《民主主义与教育》（1916）、《明日之学校》（1915）、《经验与教育》（1938）和《人的问题》（1946）等。

杜威在1916年出版的《民主主义与教育》一书中简明扼要地提出了“教育即生活”“教育即生长”的观点。杜威认为生活和经验是教育的灵魂，离开了生活和经验就没有生长，也就没有教育。杜威从社会角度观察教育，认为人是社会性动物，人类与动物的不同就在于人类有教育，而动物没有。社会的组成是因为人们具有互通的信仰、目的、意识和情感，是由于人们之间的联系和交际，而教育正是实现有效联系和交际的渠道。

教育的职能就是延续社会生命，即教育能传递人类世代积累的经验，丰富人类经验的内容，增强经验指导生活和适应社会的能力，从而维系和发展社会生活。

在对教育做出解释的同时，杜威十分重视儿童这一阶段，强调发展的重要性。他指出爱好活动是儿童的天性，儿童具有强大的潜在动力，教育必须尊重和利用这种动力。儿童是教育的出发点，社会是教育的归宿点，在这两点之间形成教育过程。他批评传统的教育强迫儿童死记硬背，填鸭式地灌输书本知识，是对儿童天性的摧残和压迫。杜威呼吁把儿童从传统教育中解放出来，提出从儿童的现实生活中进行教育，激发儿童的学习需要和兴趣，调动他们的学习自觉性和积极性。

"从做中学"也就是"从活动中学""从经验中学"，把学校里知识的获得与生活过程中的活动联系起来，儿童能从那些真正有教育意义和有兴趣的活动中学习，从而有助于儿童的成长和发展。"从经验中学"就是在我们对事物有所作为和我们所享的快乐或所受的痛苦这一结果之间，建立前后联结。在这种情况下，行动就会变成尝试，变成一次寻找世界真相的实验；而承受的结果就变成教训与发现事物之间的联结。杜威还指出，经验本来就是一种主动而又被动的事情，它本来不是认识的事情；估量一个经验的价值的标准在于能否认识经验所引起的种种关系或连续性。

杜威把教学过程看成是"做的过程"。他认为"制作"的冲动或兴趣是人的主要本能之一，知识经验均是在主客体的相互作用即生活过程中得到的，强调儿童应从实际活动中学习，主张学校应成为雏形社会，设立各种工厂、实验室、厨房、农场等，让学生从事他们所感兴趣的活动。在活动中，学生为解决实际问题，便去搜集有关资料，确定问题所在，并提出各种假设。这种过程能使学生丰富自己的经验。为此，杜威提出教学过程应由安排真实的情景（创设情景）、在情景中要有刺激思维的课题（明确问题）、有可利用的资料以做出解决疑难的假定（提出假设）、从活动中去证验假定（解决问题）、根据证验成败得出结论（检验假设）5个部分组成。

因此，在策划和实施博物馆教育活动的过程中，要高度重视活动的情景和过程，促成活动目标的达成。

二、博物馆教育的四种模式

1998年，美国博物馆专家乔治·E·海因（George E.Hein）教授在其著作《学在博物馆》一书中，对博物馆教育提出了 4种模式，即第一代的教导解说型（Didactic-Expository）、第二代的刺激—反应型（Stimulus-Response）、第三代的发现型（Discovery）和第四代的建构知识型（Constructism）。

教导解说型 这种模式与学校传统教育方式相同，即课程按照学科结构分成小单位，教师依照理性和程序从简单到复杂地进行教学。此种模式的特点是藉由记忆和强调固定教学程序进行机械式学习，目前仍普遍流行于学校及博物馆。如自然历史博物馆按照生物进化史年代生物标本，传统科技博物馆按照科技发明先后顺序与门类排列展览和展品等。

刺激—反应型 指学习是经过不断刺激、增强与反应形成的结果，与教导解说型同属“教师教—学生学”的传统教育思想。两者所不同的是，刺激—反应型特别强调教育方法与训练，而教导解说型则强调教材及所学内容，如在展览参观过程中，需要观众按按钮等，利用文字或在电脑屏幕上打出“您答对了”。在美国，1933年开放的芝加哥科学和工业博物馆就是应用这种刺激—反应型教育思想的典型。

发现型 这种模式认为学习是一种主动的过程，学习者在学习过程中，以自身心智与外界信息不断交互作用并产生变化。它是一种动手做、用心学的主动教学；教学者提供适合个别学习者挑战和刺激的情境，鼓励他们参与、自行选择、掌握事物及解决问题等，实现预期希望的学习结果。旧金山探索馆的“动手做”，就是发现学习法应用于博物馆历史进程的开始。

建构知识型 亦即探究型。建构主义教学观认为，学习不是简单地把知识由外到内的转移和传递，而是学习者主动建构自己知识经验的过程，即通过新经验与原有知识经验的反复、双向的相互作用，来充实、丰富和改造自我的知识经验。它强调学习者的内部生成，而学习者的主动性则是内部生成的核心动力。

建构主义学习观特别适合于科技博物馆，因为在科技馆内的学习有以下特点：①以学习者为中心，主动学习。②合作学习、社会化学习。在参观过程中，学习者可以通过相互沟通和交流，相互争辩和讨论，合作完成一定的任务，共同解决问题，从而形成更丰富、更灵活的理解。③情境化学习。许多活动模拟真实场景，有利于将学习者和实际世界勾连。

事实上，在博物馆教育的发展过程中，后来发展的模式并没有完全替代前者，而是对前者的发展和补充。这四种教学模式常常相互重叠、交替运用，因此教与学的过程，是许多变项交互作用、影响、综合的结果。

三、说教式学习：将知识传输给博物馆观众

乔治・E・海因教授还认为，博物馆方通过说教式展示方式将知识传输给观众的学习过程，会产生“来自教导者的‘传输’以及学习者的‘吸收’——信息、事实与体验的增长式消化，直至实现知识的结果”。在观众看来，这是一种高度被动的方法：管理人员教，观众学。也就是说，博物馆负责人以逻辑顺序将所需传达的信息分割为若干可吸收的片段，而观众则不假思索地按其安排的顺序和方式接受。

相对而言，说教式学习在观众具有相似兴趣、知识和理解力水平的情况下效果最好。观众越是要寻求个人体验以及直接参与该体验的机会，博物馆就越需要应对他们不同的学习需求和理解能力，那么严格的说教式方法就越行不通。

四、体验式学习：获取知识的又一种方式

体验式学习主张“学生要学习，就需要体验：他们需要去看去做而不

是光听”。海因教授认为，这样的学习在获取知识与获得理解后能得以继续，并反映和应用到生活体验中，而不是一次性的活动。

2001年，英国档案馆、图书馆和博物馆战略机构资源理事会（现博物馆、图书馆与资料馆理事会，或简称MLA）出版了《利用博物馆、档案馆与图书馆来发展一种学习型社会：战略行动计划》（*Using Museums, Archives and Libraries to Develop a Learning Community: a Strategic Plan for Action*），将其作为参考文件，以确定博物馆、图书馆和档案馆的学习案例。该文件特别将“学习”作为其主导词，并接受了英国“博物馆学习战略计划”中对“学习”的定义：学习是一种主动参与到体验中的过程。它是人们想要让自己对世界有意义时所做的事情。它涉及技能、知识、理解力、价值观和能力的提高。有效的学习能带来改变、发展与进一步学习的欲望。

为了让观众特别是青少年全面、直观地了解芝加哥的历史、城市特色，芝加哥历史博物馆特别修建了一间体验室。在这间约为120平方米的体验室内，观众可以通过视觉、听觉、味觉、嗅觉、触觉感受芝加哥。孩子们可以躺在一个形似两块长长的面包的沙发里，往身上盖上仿制的超大沙拉酱条和青菜叶，一份让人垂涎三尺的著名芝加哥小吃——热狗便新鲜出炉了。也可以站在绘有芝加哥地图的柜子旁一一揭开每个神秘的小盖，闻闻属于每个地区特有的气味。也可以爬上高高的老式自行车蹬上几圈，体验独特的芝加哥自行车文化[①]。

五、多元智能理论

多元智能理论，由美国哈佛大学教育研究院的心理发展学家霍华

① 吴镝：《浅谈当代美国博物馆教育——湖南省博物馆教育人员赴美考察报告》，《湖南省博物馆馆刊》（七），文物出版社，2010年，第718页。

德·加德纳（Howard Gardner）在1983年出版的《心智的架构》（*Frames of Mind*）中提出的。

他认为，人类的智能是多元化而非单一的，主要由语言智能、逻辑—数理智能、空间智能、运动智能、音乐智能、人际交往智能、内省智能、自然观察智能八项组成，每个人都拥有不同的智能优势组合。因此，加德纳教授特别强调通过教材及其他课程资源，在教学过程中运用多种智能手段，找到发挥每个学生智能优势的“切入点”“用多元智能而教”。发挥学生主动参与、展示才华，促进其全面发展，并达到“为多元智能而教”的目的。同时，他认为“如果一个人想获得深度了解，势必要超越单一科学的范围，采取跨领域的研究方式”。

在多元智能的教学活动中，教师可以围绕某一主题或核心知识，运用多种智能，把语文、数学、音乐、艺术、表演等学科的相关内容进行整合与贯通，使之形成体系，让学生进行研究与学习，从而达到开发多元智能与对主题深刻理解的目的。此外，多元智能理论还强调在实施课程时要尽可能地开发课程资源。加德纳教授指出：“除了学生的家庭成员及监护人外，企事业单位和社会机构，特别是博物馆都应积极介入教育过程。”最后，多元智能理论强调“评价”在课程实施情境中进行，评价的主体、内容、方式多元化。

如美国国家美术馆名为“拐角艺术”的教育项目，就是以多元教育理论为指导而进行设计的，专门提供给华盛顿公立学校四、五年级的学生。首先，教育工作者根据学生不同的年龄层次和学校教学目标，选择不同材质和主题的艺术品；然后针对这些艺术品，将艺术、文学、音乐、数学、历史、表演相结合，设计形成一整套课程提供给老师和学生。在项目开始之初，老师将对全年的活动安排进行总体介绍，并提出以下两个问题让学生在全年的学习中思考：

1. 艺术品对于我们有什么意义？
2. 艺术家们思考什么和做什么？

同时，老师要求每位学生将当时思考的答案写在小纸条上，并贴在黑板上与大家分享。然后学生将在学校上课3次，赴博物馆参观6次。参观时间每隔一周一次，每次在2小时左右。学生到博物馆后，先在博物馆教育部人员的引导下进入展厅赏析，然后到工作室进行艺术创作。年底时，要求学生对以上两个问题再次作答，与以前的答案进行对比，回顾一年来自己的认识是否有所改变或者加深。同时，举办一次学生艺术展，邀请家长过来欣赏并和孩子一起创作作品，最后家长和孩子一起来到博物馆参加专门为他们举办的特别家庭日活动[①]。

第二节　博物馆教育活动的策划和实施

一个完整的博物馆教育活动，大致可以划分为准备、策划和实施、评估四个阶段。

一、准备阶段

策划教育活动，首先要充分考虑到影响教育活动效果的诸多因素，比如活动资源、活动的受益对象、合作部门和合作机构等。这就需要前期的调研。

（一）活动资源

开展教育活动，首先要考虑两个方面：一是博物馆的面积、藏品、人员等；二是活动可以利用的场地，如展厅、考古工地、自然环境和遗址等。只有这样，博物馆才能充分发掘馆藏资源、有效利用陈列展览、提供

① 吴镝：《浅谈当代美国博物馆教育——湖南省博物馆教育人员赴美考察报告》，《湖南省博物馆馆刊》（七），文物出版社，2010年，第719、720页。

实地的体验场所，从而顺利开展教育活动。

常州博物馆充分利用丰富的馆藏蝴蝶标本，策划了《舞动的精灵》教育项目，引导少年儿童学习科学、探索自然的兴趣。中国国家博物馆的《“说文解字”——博物馆中的教育体验课程》，通过“古代中国”展厅里带有文字符号或文字的珍贵文物，引导青少年了解汉字起源与变化发展的规律。西安大明宫考古探索中心则利用大明宫遗址，开发了《“青少年考古课堂”科教体验平台》。此外，许多博物馆在各自的场馆内设置了体验室、互动体验区，成为教育活动的主要场所。

（二）活动的受益对象

活动的受益对象，也就是目标观众，可以通过年龄、社会地位、活动时间、陪同人的特性以及博物馆专家来设定。

一般来说，教育活动的对象可以分为以下四种类型：

个人：他们通常为了某一特定目的参观博物馆，身为独立的学习者，希望获得与展品、藏品有关的详细信息，或者在指引下获得其他资源。他们还会参与研讨会、系列演讲或导览等。

独立的成人社群：这些人通常是因为某种社交目的而结成的群体，他们可能将在馆内的部分时间用于与他人交谈，或是放松自己。

家庭群组：这一类型的观众群因其年龄与兴趣的不同，产生了相当广泛的需求。鼓励家庭前来参观，意味着博物馆鼓励民众从小培养该兴趣，并为生活创造一种社交行为模式。家庭群组有时还会延伸到表兄弟姐妹以及其他亲戚，博物馆可能是他们旅游的主要组成部分。

教育团体：这一类型的观众主要为大学生、中小学生等，他们参观博物馆的主要目的比较明确，即通过博物馆能增长历史文化知识，培养社会责任意识和环境保护意识，增强他们的创造力和实践能力，提高他们探索创新、动手制作的学习兴趣。

（三）合作部门和合作机构

博物馆教育活动涉及博物馆的方方面面，如需要掌握观众需求、协调专业的科学和非专业的观众之间的关系，以及后勤部门的各种保障。所以，教育活动需要博物馆各个部门的配合与协作，共同来完成教育活动。

同时，博物馆还要和学校、部队、企事业单位、社区协作，发挥博物馆在爱国主义教育、乡土教育、举办纪念活动和团体活动等方面的优势，从而不断扩大博物馆教育活动的外延。

博物馆在策划和实施教育活动时，必须重视学校和教师的参与配合，高校、研究所等科研机构的作用亦不可忽视。高校、研究所等科研机构拥有丰富的学术资源，能为博物馆策划和实施教育活动提供帮助。通常，博物馆展出的藏品仅占总量的一小部分，大多数藏品都无法通过陈列展览的方式与观众见面。专家学者可以通过讲座、出版物等形式解读博物馆中的藏品以及藏品中所蕴含的历史和社会信息。博物馆还可根据馆藏特色，设计一系列课题，面向高校和研究机构征集研究人员，将研究成果用于博物馆教育活动。

二、策划和实施

（一）活动策划理念

博物馆是学校教育的“第二课堂”，有别于单一的、乏味的接受式教育，而是以馆藏的特色文物或文物标本为基础，根据观众的需求出发，充分体现观众的愿望。因此，要针对不同受众群体的特点，设置生动有趣、环环相扣的内容，采取轻松灵活、形式多样的手段，从而达到寓教于乐的教育目标。

（二）活动主题与目标

每项教育活动，都要围绕着一个主题。同时，还要考虑每项教育活动要达到什么教育目标。一般来说，教育目标可以分为认知目标、能力目标和情感目标。

以南京博物院的“古乐悠悠 汉舞轻扬”教育活动为例，活动的主题是中国汉代的乐舞文化。通过活动，让12—18岁的青少年达到以下目标：

1. 认知目标：①学习古代编钟、乐舞陶俑等文物知识。②了解汉代乐舞起源、发展、舞蹈种类以及对后世的影响。③掌握古代编钟等乐器的发声原理和演奏知识。

2. 能力发展目标：①通过展厅参观，锻炼观察能力、信息采集能力。②通过现场模仿，提高动手能力和现场表演能力。

3. 情感培养目标：①激发和增强青少年对传统乐舞的兴趣。②通过亲身体验，提高参与者感受美和表现美的能力。

（三）教具教材和人员培训

开展教育活动，要准备相关的教具教材。教具教材有复制品、幻灯片、录像资料、藏品、手工工具等。此外，一些难度较高、专业程度较高的教育活动，还需要培训相关的人员。

山西博物院的教育活动——“金石拓文”，为了最大限度地调动受众群体的视觉、听觉、触觉等感官功能，进而更好地达到受众审美、接受知识的教育目标，遵循“实物性原则”，工作人员制作了相关的教具。这些教具有：①制作石块上的铭文。博物馆工作人员把18件青铜器铭文拓片上的文字分别刻印在18块10厘米×10厘米的寿山石上，把青铜器上的铭文尽可能真实地在石块上还原，让参与者观察和触摸青铜器上的铭文（图8.1）；②鬃刷；③宣纸；④拓包；⑤墨汁。

图8.1 工作人员指导《太原晚报》记者在寿山石上拓印铭文

（图片来自于山西博物院官方网站）

故宫博物院在策划“霓裳幻彩，手绘龙袍”教育活动时，编写了“清代宫廷服饰”知识介绍、清代宫廷服饰中的文化符号（十二文章小故事）等资料（图8.2），帮助小朋友们了解这些知识：一百年前，皇宫里的人穿什么？皇帝的礼服是怎样搭配成套的？什么样的场合穿什么样的礼服？清朝的宫廷服饰含有哪些独特的民族元素？华丽的图案背后蕴藏了什么样的文化故事……[①]

山西博物院在策划“感受古建 同筑未来”教育活动时，以山西古代木结构建筑为蓝本，选取了中国古代建筑中的斗拱为原型，制作了不同时期典型的木结构模型。这项教育活动专业性较强，为了达到教育的效果，招募了5位指导老师组成活动小组。在活动的前夕，5位老师除了学习古代建筑发展史和古代建筑相关专业知识之外，还要各自独立完成斗拱的搭建，熟悉斗拱上每一个构件的名称及功能。这些培训，确保了活动中每一位参与人员背景知识和技术操作流程的准确性，保证了活动的流畅（图8.3）[②]。

---

① 中国博物馆协会社会教育专业委员会、内蒙古博物院、内蒙古博物馆学会：《首届“中国博物馆教育项目示范案例”评选优秀案例》，科学出版社，2014年，第58、59页。

② 中国博物馆协会社会教育专业委员会、内蒙古博物院、内蒙古博物馆学会：《首届“中国博物馆教育项目示范案例”评选优秀案例》，科学出版社，2014年，第119页。

图8.2　皇宫衣服的种类之一 ——礼服

图8.3　工作人员演示斗拱搭建

（图片来自于山西博物院官方网站）

（四）活动过程

一般来说，一项教育活动主要由参观和互动两大环节组成。此外，博物馆还通过提供讲座的方式，来配合或者替代参观环节。

1. 参观环节

即参观展览教育活动。要做好参观教育，必须要做好人工和机器并行的导览解说，充分利用智能手机的便捷，引导观众去提问、讨论，引导观众细致观察、赏析展品，从而获得感知。

导览解说主要有人工讲解、语音导览和智能手机应用三种方式：

人工讲解 人工讲解最大的挑战在于如何激励观众学习，并让他们保持兴趣。目前，人工讲解越来越注重融入“教育对话”的色彩。一般而言，有效的解说拥有以下共性特征：①激发观众提问，而不仅仅是告诉他们事实；②将观众纳入讨论，而不是让他们保持安静；③不是带着敬畏远观；④尊重每一组参观人群，区别应对他们的兴趣和热情。

语音导览 语音导览，也即使用语音导览器的解说方式，其优势在于能够让观众自由选取段落边走边听。

智能手机应用 针对智能手机越来越普及化，不少博物馆开始提供满足这些用户需求的现场手机服务。希冀通过手机这一媒介，为观众呈现多层次的、可供自由选择的信息。如纽约大都会艺术博物馆准备将Wi-Fi网络覆盖全部21个展馆，把馆藏的160万件作品介绍一一输入网络数据库中。观众只需要下载App软件，打开Wi-Fi浏览功能，所有信息都将一览无遗。

2. 互动环节

在互动环节中，可以设置知识问答和互动体验活动。

（1）知识问答

教育活动的策划者可以根据参观的内容，设计出有趣的问题，制作答题卡。观众们在完成参观任务之后，参与趣味问答，赢取一定的礼品。针对成年人和青少年，题型可以采用多种形式，如选择、填空、连线和趣味找茬，或者是不同难度的寻宝地图等，以满足不同观众的参观需求。

如杭州工艺美术博物馆在引进中国刀剪剑博物馆、中国伞博物馆和中国扇博物馆的展览时，推出了许多“博物馆闯关游戏”，游戏形式就是观众参与趣味的方式。以下是例题[①]：

---

① 以下试题和图片均来自于中国博物馆协会社会教育专业委员会、内蒙古博物院、内蒙古博物馆学会：《首届“中国博物馆教育项目示范案例”评选优秀案例》，科学出版社，2014年，第125页。

例1　选择题（2011年版伞博物馆地图第7题）

7. 晋州官伞舞

晋州官伞舞于2006年被列入“河北省非物质文化遗产保护名录”，由早期的官员仪仗逐步演变成当地一种独特的民间艺术门类。馆内陈列中男性扮演清代的官员持伞，女性扮演的是哪个剧中小旦的角色？

A. 河北梆子　　B. 昆剧　　C. 京剧　　D. 晋剧

例2　连线题（2013年版刀剪剑博物馆地图第1题）

1. 连连看

中国刀剑历史从石器时代开始已经走过了几千年，在不同时期，刀剑的形制、作用也各不相同。小朋友，去找一找下面的刀剑，将图片与名称对应起来吧！

石刀

青铜剑

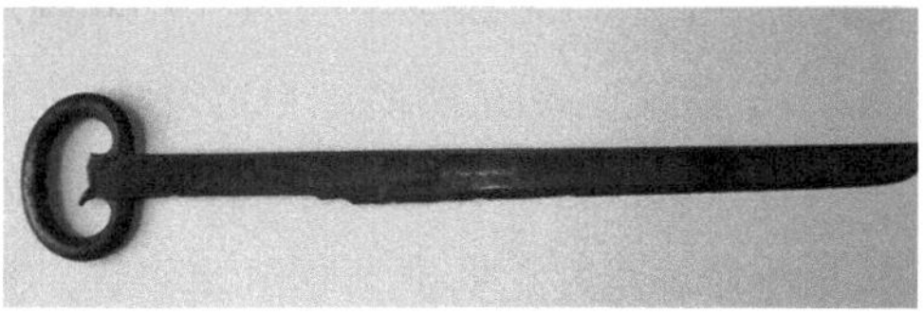

环首刀

例3　观察题（2013年版刀剪剑博物馆地图第5题）

5. 错在哪

除了中国以外，在世界各地还有很多著名的悍刀宝剑，这把就是非常珍贵的白玉嵌宝石乌兹短刀。但是，这把刀上好像少了一颗红宝石，小朋

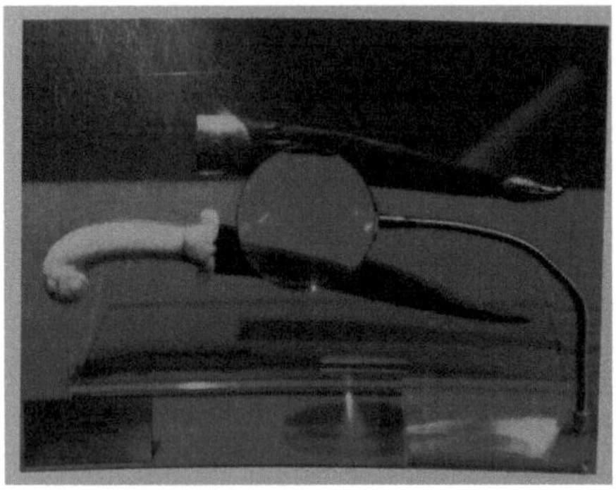

友赶紧去馆里找一找，将红宝石画到正确的位置上吧！

（2）互动体验活动

有效的互动项目，不仅能够加深观众的感知，使其从中感受到学习的乐趣，还能培养其动手实践能力、团队协作能力。目前，博物馆实施的互动体验活动主要有以下几种：

A. 机械互动和多媒体互动

机械装置，可以让观众在触觉上直接互动，在对观众兴趣的全方位和持续调动中帮助他们获得“自助式”学习体验。有些观众曾说：“听讲解的知识，有时听完就忘了，如果我动手做一遍，我就记住了，道理也明白了。”这正是机械互动的魅力所在。

多媒体互动展项是利用多媒体技术和互动技术实现人机交互，通过对视频、音频、动画、图片、文字等媒体加以组合应用，实现普通陈列手段难以做到的动态展览形式。它既有纵向深入解剖，又有横向关联扩展，可以促进观众视觉、听觉及其他感官和行为的配合，提高其观赏、探索的兴趣，从而最大程度领略展览设计者及教育活动策划者的意图。

B. 影剧院

许多博物馆内，开设了形形色色的影院和剧场，受到了各年龄层次观众的欢迎。一系列立体影院（3D影院）、动感影院、4D影院、穹幕影院（亦称天幕影院）、球幕影院、全景影院等，让他们身临其境地领略世界各国的风土人情，体会大自然的壮丽与奇妙，探究科学的奥秘等。

C. 工作坊、探索室、实验室、教室等

对于孩童和青少年来说，游戏在他们的学习过程中占有重要地位。竞争性游戏、技术性游戏、智力游戏、急智问答、历史性游戏等，都可以放到博物馆里进行。当下，欧美博物馆通过开辟工作坊、探索室、实验室、教室等，为观众的探索型学习提供场地、设施和人员，如配合学校课程开展的“第二课堂”教育，引导并鼓励观众亲身实践。更重要的是，借助互动体验区域增加博物馆与观众交流的机会，帮助他们理解展览，并给予他们当下的生活以启迪。

博物馆通过工作坊内的一系列“动手做”活动与实验等，让观众经由实际观察与操作，了解人文历史、传统技艺、生活形态、自然现象或科学原理等，进而激发其想象与创作的潜力。如美国国立自然历史博物馆内的探索室提供孩童操作自然历史标本、参与和自然科学相关的手动活动的场所，已经开设了30多年。在探索室里，观众可接触博物馆真品和复制品，并且依据他们自己的节奏和兴趣来探索自然世界，诸如观察化石、贝壳、矿物；使用显微镜；试穿来自世界各地的服饰等。探索室设有9大活动区域，对应有不同的活动内容。具体包括：书架、生物多样性展墙、奇迹之窗、探索盒、收藏品抽屉、服装角、显微镜、阅读角和大型展品等。

D. 示范表演或演示、节目表演

由博物馆教育人员担任表演人，或者邀请专家，在现场运用各种道具开展示范表演或演示，表现文化、历史、艺术、工艺的风貌与变迁，阐述自然现象、科学原理和应用等。如史密森国立自然历史博物馆在O. Orkin昆虫园内定期开展“活体狼蛛喂食”演示，志愿者们在为观众进行狼蛛喂食演示的同时，还教他们如何触碰各种活体昆虫，并现场回答问题。

节目表演指博物馆工作人员或特邀表演者通过歌舞表演、讲故事、诗歌朗诵以及角色的模仿扮演等方式来表现博物馆里的主题活动或内容。如在美国，国立美洲印第安人代表大会和国立美洲印第安人博物馆联合呈现了土著舞表演，表演家是已经在美国、欧洲和日本等国的文化盛典上表演了近30年的美国新墨西哥州阿卡摩普韦布洛族群。通过表演，观众可了解并感受他们的包括印度土耳其舞蹈、北美野牛舞等在内的社会舞蹈传统以及阿卡摩的生活方式。

3. 其他环节

针对不同的受众群体，博物馆教育者在策划教育活动环节时，还可以采用讲座、座谈会、学术沙龙、研讨会、论坛等方式。

时下，不少博物馆都配合展示、收藏或研究等，举办讲座、座谈会、学术沙龙、研讨会等，赋予观众深层次了解知识和信息的机会，以及直接与专家学者对话交流的机会，并通过“名人效应”进一步扩大博物馆的社会影响力。

英国伦敦科学博物馆（London Science Museum）会定期开展“科学新知”系列讲座，主题涉及天文、物理、生物、环境、健康、通讯、电脑等多个方面的内容；美国大都会艺术博物馆于每年9月至次年6月，会举办艺术、建筑、音乐、文物系列讲座，这些讲座的主讲人包括业务主管和相关领域的专家。纽约现代艺术博物馆曾举办过“当代艺术机构与女权主义政治”座谈会，邀请了许多知名的艺术家、作家、策展人、历史学家。在这场座谈会上，与会者探究了艺术辩论带来的影响、博物馆展览、收藏品、教育学、政治和文化中女权主义等主题。史密森博物学院经常举办各类收藏、研究、展示、教育、经营管理等各领域的国际学术研讨会，邀请世界各地的精英齐聚一堂，集思广益，共同针对关心的议题提出解决方案。

三、评估阶段

教育活动评估是指在设定预定目标的基础上，利用科学的评估手段和方法，通过对活动的各个环节进行考察，评估其绩效，并为下一次的进步提供决策依据。

详细的绩效评估体系涵盖采集数据、监控进程、评估结果等，并运用一系列直接与博物馆目标关联的绩效指标。

博物馆还要建立观众信息反馈机制，与实际观众保持联动，并且收集、梳理他们的意见和建议。因为他们是有发言权的人，所以馆方理应将他们的反馈纳入活动评估及教育评估中。

一般的教育项目评估有到场人数、网站访问人数、成本收回等情况，也有些机构加入了观众满意度。

史密森教育和博物馆研究中心管理的教育信息采集和评估数据库［Education Data Gathering and Evaluation（database），EDGE］，提供了包括参观人数、观众类型、教育项目类型、活动开展方法等在内的多方位信息，并可以输入预期的学习结果，因而被视为一项实用的工具。

史密森博物学院制定的教育活动评估标准为：

（1）所有教育项目都应有明确的理论基础，并与本单位以及史密森的战略规划相契合。

（2）教育工作者理应跨越基于项目的工作方式，根据教育理论和实践，运用框架、结构式的思维方式，并应用在一系列主题领域。

（3）审视和评估以下单项：教育项目的成效，与其设定的目标做比对；教育项目的潜力，能否成为其他组织的典范或模板；教育项目与公共政策的相关性；教育项目的与时俱进性，避免短期内落伍；是否切实运用了史密森的研究、藏品和展览资源；是否满足了观众预期和要求；是否有明确的目标观众，本项目是否契合该群体；是否具备创新性和实验性，延伸至非传统观众，或是超越了现状；是否在很大程度上引起了普通公众的注意力，以及专业人士的关注；是否激励观众继续跟进，并学习到更多；该项目所服务的观众数量、规模，与项目本身所耗费的资源做比对；整个项目与整个教育部门做比对，是否本项目牵扯了过多的部门内资源投入。

（4）现场教育项目理应运用一系列合适的传输媒体，来提高影响力和延伸程度：现场项目应该有配套和对应的网络版本，以传播至更多的人和机构；现场项目需要多发挥社群媒体的力量，移动设备，手机以及游戏等；现场项目理应提供信息，促进观众参观后的后续活动，如发挥网络的力量，于网站上呈现与现场展示、讲座或表演相关的内容。

第三节　国内外博物馆开展的教育活动

《国际博物馆协会职业道德准则》针对“博物馆教育与社会作用”规定：博物馆是一个为社会及其发展服务的机构，博物馆应利用一切机会发挥其作为教育资源的作用。目前，重视博物馆教育活动已经成为各国博物馆界的工作常态。

一、国内开展的博物馆教育活动

2015年，我国颁布了《博物馆条例》，明确规定了要加强学校和博物馆之间的合作，充分发挥博物馆的教育功能。规定指出，相关部门应当制定利用博物馆资源开展教育教学、社会实践活动的政策措施，博物馆应当对学校开展教育教学活动提供支持、帮助，并在学生放假期间免费开放，鼓励学校组织学生到博物馆开展学习实践活动。

目前，我国开展的教育活动有以下特点：

重视展览讲解和辅导咨询　2007年博物馆免费开放以来，博物馆逐步把职能重心从“藏品中心”向“观众中心”转化。尤其是《博物馆条例》颁布以后，教育功能突显。在重视展览教育活动的同时，博物馆也在创新青少年教育服务的内容、形式和手段，尤其重视展览讲解与辅导咨询。一些馆为提高讲解员素质，分别聘请教师、大中专学生和老干部、老劳模担任义务讲解员。例如故宫博物院为贴近少年儿童趣味，聘请了著名少儿节目主持人鞠萍录制导游讲解。又如河南博物院等单位则根据未成年人的心理特点，编写了适合不同年龄段观众的讲解词，努力挖掘文物背后的知识和故事，增强展览内容阐释的知识性和趣味性[①]。

① 国家文物局博物馆司调研组：《关于将博物馆纳入国民教育体系的调研报告》，2010年。

开展各种形式的教育活动　教育活动是发挥各馆教育功能的重要渠道，是将馆方资源呈现给公众并为其提供学习机会的良好方式。为了更好地服务学校教育和青少年学生，不少博物馆都增加了科普内容和互动展厅、展项，比如中国科技馆的“儿童乐园”、河北博物院的“儿童艺术天地”、河南博物院的“历史教室”和湖北省博物馆的公共文化空间“小木屋”等。

推出专题性文化活动　开展包括比赛、展演和知识讲座等专题性文化活动，如2009年，深圳博物馆以“阳光少年”小记者参观采访博物馆为题，举办了征文大赛；周口店遗址博物馆则为培养青少年的科学探索精神，专门推出了模型制作、模拟发掘和科普宣讲等活动。首都博物馆挖掘并整合自身和社会教育资源，针对不同的受众群体策划了各类主题活动。如“博物馆探秘”系列活动聚焦的是学龄前儿童及家长组成的亲子观众；“户外参观”是以“北京通史——城建篇”的陈列内容为基点、创新推出的博物馆主题文化之旅参观活动；“共享同一片蓝天”关注的则是弱势群体，这场在奥运会倒计时500天活动仪式上推出的大型社会公益活动聚焦远郊区县、来京务工子弟、孤残及太阳村的儿童，让他们与其他孩子一样，共享首博的文化资源①。2016年6月，湖北省文物局组织相关博物馆策划编制了“让文物活起来——湖北博物馆游学项目”，结合全省博物馆资源特点，定制了“编钟文化之旅”“楚文化之旅”“武汉红色文化之旅”等10个项目②。

积极探索博物馆和学校的合作　博物馆还积极探索与学校的合作，促进双方教育的有效衔接。内容包括开展形式多样、时效较长、配合学校的博物馆青少年教育活动。同时，各馆还通过为学校提供教具、教学参考材料、教学节目等方式，真正融入中小学教学计划。2004年3月，北京大葆台西汉墓博物馆与北京市教育学院丰台分院联合推出了“中学生

---

① 杨丹丹：《论博物馆教育活动的可持续发展——以首都博物馆青少年教育活动为例》，《中国博物馆》2010年第1期。

② 湖北省文物局：《省文物局部署开展2016年度博物馆青少年教育功能提升项目工作》，湖北省文化厅网站，http://www.hbwh.gov.cn/xwdt/zgyw/15383.htm。

历史教学实践课”项目，以汉代的历史文化为主线进行活动。至2004年10月底，共接待丰台区16所中学的3000多名初中学生，并成为该馆的品牌活动之一[①]。中国国家博物馆、史家教育集团和新蕾出版社三方联合开发了《“写给孩子的传统文化”——博悟之旅》系列博物馆教育丛书（图8.4）。此外，博物馆还以爱国主义教育基地、文博基地、校外实践基地等方式构建与学校的合作。现仅文物系统就有1000多座博物馆、纪念馆，被当地教育部门确定为教育基地，每年接待未成年观众3200多万人次。

图8.4　《“写给孩子的传统文化”——博悟之旅》“规则”分册

重视教育活动的评选工作　全国各地文博界还纷纷开展教育活动的评选活动，如“博物馆青少年教育最佳作法”“博物馆教育活动示范案例”“博物馆教育最佳案例”等。2014年，中国博物馆协会社会教育专业委员会、内蒙古博物院承办的首届“中国博物馆教育项目示范案例”评选出中国国家博物馆、内蒙古博物院、香港历史博物馆等43个优秀教育案例（表8-1）[②]。2016年，江苏省文物局和博物馆协会经过严格评审，遴选

① 靳宝：《北京大葆台西汉墓博物馆教育新探索——兼论中学历史实践课与博物馆历史模拟教育实验的互动关系》，《博物馆研究》2008年第3期。

② 中国博物馆协会社会教育专业委员会、内蒙古博物院、内蒙古博物馆学会：《首届“中国博物馆教育项目示范案例”评选优秀案例》，科学出版社，2014年。

出了省内42个优秀教育案例，建成了“江苏省博物馆青少年教育优秀项目库”，引导江苏省各级博物馆更好地利用文物资源开展乡土教育，展示江苏地域文明和传承中华文明的文化精髓[①]。

表8-1　中国博物馆教育项目示范案例（43个）

序号	博物馆名称	教育项目名称
1	中国国家博物馆	“说文解字”——博物馆中的教育体验课程
2	内蒙古博物院	知识的海洋，欢乐的课堂 ——“欢乐大课堂”知识竞赛活动
3	香港历史博物馆	“一统天下：秦始皇帝的永恒国度”展览 “历史×艺术×科学”教育活动系列
4	内蒙古博物院	博物馆的学生课堂——小学生综合实践课
5	浙江自然博物馆	绿色总动员系列活动之“消失的海冰”
6	苏州博物馆	“印象@苏博”画信活动
7	西安半坡博物馆	穿越石器时代　玩转史前工场 ——西安半坡博物馆“史前工场”教育项目
8	河南博物院	音乐史诗——古代音乐文化讲座与展演
9	湖南省博物馆	开启教师认识博物馆的窗口　打造教师牵手博物馆的平台“教师沙龙”项目
10	广东省博物馆	东张西望——海帆留踪系列教育活动
11	故宫博物院	霓裳幻彩，手绘龙袍
12	常州博物馆	舞动的精灵
13	伪满皇宫博物院	“共享和平的蓝天”——伪满皇宫博物院牵手特殊群体互动教育项目
14	香港历史博物馆	“国采朝章：清代宫廷服饰”展览“全方位认知清代宫廷服饰”教育活动系列
15	福建博物院	“文物在我身边——福建文博进校园、进社区双百活动”之博物馆生态式艺术教育
16	北京自然博物馆	“博物馆之夜”教育项目

① 江苏省文物局、江苏省博物馆学会：《江苏省博物馆青少年教育优秀项目案例·序言》，译林出版社，2016年。

续表

序号	博物馆名称	教育项目名称
17	河南博物院	陈列展览的延伸　互动教育的平台 ——河南博物院“历史教室”
18	西安大明宫考古探索中心	“青少年考古课堂”科教体验平台
19	浙江自然博物馆	“咿呀学玩”早教活动之“美丽的蝴蝶”
20	西安半坡博物馆	“原始部落快乐行”——西安半坡博物馆教育项目
21	山西博物院	“感受古建　同筑未来”教育项目
22	杭州工艺美术博物馆	寓教于乐　推陈出新——“博物馆之旅”知识寻宝游戏
23	陕西历史博物馆	藏在博物馆里的古代发明
24	南京博物院	古乐悠悠　汉舞轻扬
25	成都杜甫草堂博物馆	千年传承　诗歌育人——“草堂一课”我最快乐
26	海南省博物馆	“探秘华光礁一号沉船”之亲子家庭社教活动 ——我是小小航海家
27	四川博物院	“大篷车”流动博物馆
28	首都博物馆	创艺课堂
29	北京自然博物馆	实验乐翻天
30	汉阳陵博物馆	汉风飘荡 薪火相传
31	西安博物院	“快乐中华节”传统文化教育项目
32	北京汽车博物馆	雷锋——一个汽车兵的故事
33	中国妇女儿童博物馆	共享蓝天 快乐成长——特殊困境儿童关注活动
34	山西博物院	金石拓文
35	抗美援朝纪念馆	体验之旅——国防教育伴我行
36	南京博物院	皇帝的生日礼物
37	中国丝绸博物馆	大家来养蚕宝宝——科普养蚕活动
38	湖南省博物馆	馆校合作的有益尝试　课程共建的深入探索——湖南省博物馆与国防科大附中“七年级综合实践活动课”项目
39	伪满皇宫博物院	红星“训练营”
40	陕西历史博物馆	龙形我塑
41	甘肃省博物馆	亲子快乐营
42	广东美术馆	我心中的美术馆 ——“第四届广州三年展”公共教育系列活动
43	山东博物馆	孔子学堂

二、国外开展的博物馆教育活动

在博物馆事业发达的国家，例如美国、英国、日本、法国、加拿大等，都在政府主导下，将博物馆作为重要的教育资源和阵地加以运用。也即通过政府制定法规，明确将博物馆纳入国民教育体系，并要求馆校教育间建立双向机制。

（一）美国的博物馆教育活动

早在1976年，美国《博物馆服务法》就“鼓励和支持博物馆在教育广大的作用，鼓励和支持它们与正规的初等、中等和中等以后教育系统以及与所有不同年龄组的非正规教育活动协力合作”，用博物馆之长补学校之不足，许多博物馆相继推出了面向学校的教育项目。

据统计，21世纪初，美国70%的博物馆专门有人负责教育项目，88%的博物馆提供从幼儿到高中学生的教育项目，每年有5000万学生参加这个项目。70%的博物馆在过去5年中增加了面向教师和学生的服务，其中有部分博物馆每年为学生提供100至223小时的辅导服务。美国博物馆每年用于学生教育项目的开支多达1.93亿美元，教育时间至少400万小时，它们已经成为青少年名副其实的第二课堂。

美国博物馆的教育活动开展具有如下特点：

丰富的馆内学生教育活动　这些活动形式多样，包括放映影片录像、探索实践、开设教学课程和知识讲座、组织学生实习，还有对外开放图书馆等设施设备。例如美国自然历史博物馆的教育部每月举办两次“在博物馆过夜”的活动，孩子们可以观看展览和电影，一直活动到午夜，然后睡在各种生物林立的展厅中。又如史密森弗利尔美术馆（The Freer Gallery of Art）和赛克勒艺术博物馆（The Arthur M. Sackler Gallery），收藏了大量中国古代文物，其制作室内摆满了各种各样的手工作品，有纸做的荷花、船、中国庭院、万圣节面具等，供学生们动手实践。

完善的配套材料 美国博物馆通常会准备多种供学校教育使用的配套材料，包括文字素材、幻灯片、标本实物等。例如大都会艺术博物馆编印了“希腊艺术”“韩国艺术”“东南亚艺术”等系列专题材料（包括文字资料、幻灯片、只读光盘CD-ROM等），向纽约市的每所公立学校赠送一套。克利夫兰艺术博物馆（The Cleveland Museum of Art）特地从馆藏品中选择了大量的一般重复品专供对外教育使用，并且还可外借。

史密森博物学院的教育中心（图8.5）汇聚麾下19所博物馆、艺术馆等机构的教育专业人士以展览为基础设计了“艺术和设计”“科学和技术”“历史和文化”和“语言艺术”四个版块的课程，涵盖了幼儿园到高中等不同年龄段的学生。史密森还面向全美所有教育工作者，在网络上设置了“教育标准数据库”。一方面为教育工作人员“因材施教”提供便利，另一方面也提高了博物馆资源的利用率。据统计，2001年全美国有100多万教育工作者在其课堂上使用了史密森编印的教育资料，数百万学龄前儿童至高中生从中受益，另有35万人参加了其组织的演讲、研讨、培训、学术旅行、表演和社区项目等。

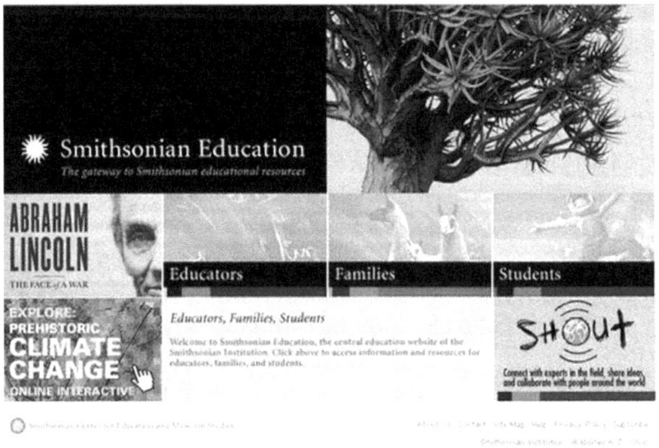

图8.5 史密森博物院教育中心网页

（图片来自于史密森博物院官方网站）

教师职业发展项目 美国博物馆向在校教师提供了多种类型和不同程度的职业发展项目，包括课程和教材。这些项目有讲习班及后续班、专题研讨会、实习（包括驻馆实习）和上岗培训活动等。例如，史密森教育和博物馆研究中心开发了“在线论坛”“在线研讨会”“史密森教师沙龙”“教师咨询委员会”等互动平台。这种做法不仅有助于教师深层次理解和挖掘博物馆资源，更重要的是，他们对教育项目的反馈信息和建议还将为各馆下一步教育工作的开展提供宝贵的参考意见。

专设经费支持　一般而言，美国博物馆每年的财政预算中都保有一定的份额作为教育经费。例如，芝加哥艺术博物馆（Art Institute of Chicago）2006—2007财政年度总支出7475.6万美元，教育经费支出323.4万美元，占总支出的4.33%。芝加哥费尔德博物馆（Field Museum, Chicago）2005—2006年度教育和图书馆经费支出占总预算的4%，高于3. 6%的行政经费预算。大都会艺术博物馆2006年度教育和图书馆经费支出占总预算的7%，高于特展的6%，如此规范化的经费保障也是美国各馆连续举办教育活动的强大后盾。

博物馆学校　博物馆学校是通过学区与博物馆的伙伴关系，共同设计、实施教学项目，并且实践博物馆学习的学校。通过该学校的学习，大家可创设展览，甚至是博物馆。博物馆学校的许多课程设立在博物馆内，又在对口博物馆的支持下，在校园内设计和建立自己的博物馆，以达到在学习中创造的目的。例如，2004年9月9日开学的加利福尼亚科学中心学校，就是加利福尼亚科学中心（California Science Center）和洛杉矶统一学区（LAUSD）十余年合作的结果。其教学目标是将“科学中心型的方式”与通常在学校中实施的教育方法进行整合，从而使得体验性、主动性、参与性学习达到双向和互惠的合作效果。

（二）英国的博物馆教育活动

1988年，英国制定了“国家课程”（National Curriculum），明确指出博物馆教育可与学校课程连接。2006年11月，英国政府在自然历史博物馆发布了“课堂之外的学习”宣言，其中提出学生除了学习学校必修课程外，还有大量的知识要在课外学习，目的就是鼓励学校充分利用校门外的学习机会。英国教育大臣阿兰·约翰森（Allan Johannsson）说：“教育参观会加深年轻人对生活环境、历史文化的理解，可能还会因此改变他们个人的发展方向。”早在宣言发布之前，“保障教师带学生外出所享有的权利”就被明确规定，并且让孩子们走出教室、走向博物馆已成为英国现代教育的发展趋势。

根据英国“博物馆和美术馆研究中心”（Research Centre for Museums and Galleries）的研究报告显示，自2003年至2007年地方中小学校参访博物馆的评鉴中，学生与老师的参访满意度均达到80%以上，多数学生对博物馆游的评价是“相当有趣”和“极为喜欢”。多数老师则表示博物馆教育可达到课程教学和道德教育的双重目标。

英国“馆校合作”机制在多年的探索和实践后，形成了一定的模式和特点，具体表现如下：

教育活动设置丰富自主 英国的“馆校合作”，不是简单地把博物馆与学校合作完成的教学大纲传输给学生。在很多情况下，活动计划只是简单的框架，并在具体实施中更强调学生自身的学习能力、探索能力、动手能力、组织能力和合作能力，激发学生对于艺术、科学等方面的感悟和兴趣。例如2010年2月，一个完全由儿童策划的展览在伦敦华莱士收藏博物馆（The Wallace Collection）举行。此次展览由该馆与当地的圣文斯特小学联合举办，并由高年级学生担当策展人。当时，学校选拔了12名具有不同特长的学生担任策展人，并在博物馆专业人员的指导和帮助下，用一年时间策划和布置了此次特展。其间，他们自己选择展品，撰写展览说明，完成了整个展览的布置。开展后，还由他们担任专业讲解员，向参观者讲解在整个过程中发生的展品背后的故事。这样的活动使得学生们了解了文物，提升了想象力，并在一定程度上建立起了自信心且获得了成就感。

教育共享资源广泛深入 英国自小学起就有在博物馆内教授的课程，并且这些课程还会根据各馆的发展而调整设置，使教学内容与时代同步。授课人员不仅包括学校教师，更有博物馆工作人员，他们的授课形式丰富多彩。例如将历史课放在古城切斯特中的罗马古城内进行，当地博物馆工作人员打扮成古罗马士兵，穿着铁制盔甲，手持尖刺长枪，学生们饶有兴趣地听其讲解，并不时提问。此外，英国的博物馆还建有专门的学生游艺室、校外教室，同时配有特设的活动设施，促使学生对教学内容有感性认识。例如在曼彻斯特科学与工业博物馆（Museum of Science and Industry in Manchester）的学生游艺楼中建有各种专题性中小学生校外教室，学校经预约可在此进行教学，由博物馆专门安排工作人员当老师，介绍并演示各种专题科学知识。

人员培训制度规范完善　英国十分重视馆校合作过程中的专业人员培养，并且博物馆对在职人员和参与活动的教育工作者都有着完善的培训制度。英国设有国家培训部，其历史文化培训处的负责人莎朗·斯坦尼福斯表示，每年该处都会收到大量培训申请，大约每个专题150人左右，内容涉及历史、文化、科技等多个方面。此外，他们还鼓励教育工作者以志愿者的身份直接参与到博物馆教育活动的筹划实施过程中，了解活动细节，并更好地与自身的教学活动结合。

教育资金保障有增无减　英国教育部门十分重视对基础教育的资金支持。例如斯托克港地区，每年预算的教育经费就达14000万英镑之多。另外，学校经费还取决于学生人数，政府规定的标准是每生每年2700英镑。斯托克港中学有1100名学生，政府每年下拨的经费是300万英镑，经校长争取还可达350万英镑，其中很大一部分供校外活动和校外教学使用。

（三）日本的博物馆教育活动

日本在1947年制定的《教育基本法》第七条就“社会教育”明确指出：①国家和地方公共团体应鼓励在家庭、工作单位或社会其他场所进行教育。②国家和地方公共团体应做出努力，通过建立图书馆、博物馆、公众会堂等类似机构，通过使用学校机构以及其他恰当方式，以达到教育的目标。

日本《博物馆法》规定，“博物馆是对历史、艺术、民俗、产业、自然科学等有关资料进行收集、保管，为辅助教育而向大众开放展示，以促进教育、调查研究、娱乐等而举办必要活动的机构”，“以有利于国民教育、学术研究和文化发展为目的”，博物馆“应与学校、图书馆、研究所、文化馆等教育、学术或文化相关的各种机构进行合作，并支持其举办活动”。为便于发挥各馆的教育功能，日本还规定，博物馆归属于都道府县教育委员会管理。

在向学生开放的同时，日本的各个博物馆也在积极探索与学校教育的联动机制，向青少年提供大量的校外学习机会和体验教育，从而极大激发了学生的创造性思维。其特色包括：

“学社融合推进计划” 为了加强馆校合作，日本文部省加强了体制建设，于1996年开始实施“学社融合推进计划”，将博物馆、图书馆、美术馆等纳入学生的社区教育场所。迄今，日本面向青少年开放的社区教育设施已达9万个左右，它们为开展教育活动提供了强有力的保证，而博物馆无疑是其中的重要组成部分。自1997年起，日本又开始实施“青少年野外教育推进计划”，其中重要的一点就是利用博物馆的物质和人力资源为学生课外学习提供必要的支持和帮助，并在学校、家庭与博物馆的联动中构筑“教育网络”，共同为中小学生参加社会和自然体验学习提供信息和咨询。

体验展示丰富新颖 日本几乎所有博物馆的陈列内容和体现方式都具有鲜明的特色，强调与观众的互动，其中不乏针对青少年特别举办的展览和活动，许多展品还与学校的教育内容相结合。例如大阪府吹田市的国立民族学博物馆（National Museum of Ethnology，Osaka，Japan）专门为孩子制作特别展览，展柜全部是带有各种形状小孔的木箱，箱子里面摆放了不同国家的玩具，并以一种充满童真的方式对其进行介绍，吸引了青少年的浓厚兴趣。大阪科学技术馆有5个主题路线，观众们可以按照主题类别进行学习，可以收获许多惊喜，增强对科技的求知欲。在东京的国立科学博物馆（National Museum of Nature and Science，Tokyo）里，观众能直观了解核能发电的原理和过程，以及核废料的无害化处理。其展览通过模拟演示、实际操作、小型讲座和专家答疑等多种形式与青少年及其他观众互动，而这些展品设计的新颖性和趣味性本身也是吸引儿童的重要特质。

基础设施多样齐全 日本有类型丰富、数量庞大的博物馆资源，仅在关西地区的大阪府就有4家科学（技术）博物馆，几乎每个城市都建有体现本地特色的儿童科技馆。同时，许多馆还设置有针对青少年的展示陈列设计和动手实践场所，并在展厅中专门为他们安排了考古工作室，供他们亲自动手挖掘、鉴定、修复和展示文物。一些科技类博物馆还备有图书、标本、简易实验设备、操作仪器等，学生可随时借用，以解决参观中的疑惑。此外，日本几乎所有的博物馆都是学生课外的“第二课堂”，许多课程皆设置在馆内，学生们会携带观察记录单和作业纸。因此不少馆还在展区中央设立了若干组书写区域，方便学生们讨论、记录时使用。

人员构成高质量 在日本，博物馆工作人员往往比在学校从事教育工作的教师具有更高的专业知识水平，前者大多拥有硕士研究生以上学历。对于博物馆工作人员和学校教师在内的社区教育职员、社区教育设施的专职人员等，国家和地方政府共同出资开展了一系列培训工作，如位于茨城县的大洗水族馆（Oarai Aquarium Aque World）就举办有中学生物教师培训。培训教师由县里专门的选拔机构选派，以协助日后各馆开展面向青少年的教育普及活动。东京国立博物馆（Tokyo National Museum）等大型综合馆更是定期举办教师培训项目，向他们提供一系列信息，以帮助学校更好地参观和利用博物馆。

馆校活动长效深入 日本多数博物馆都与附近的中小学结成对子，为学校提供免费参观或是到学校举行讲座普及知识，实现资源共享。东京国立博物馆与21所学校有合作关系，横滨美术馆（Yokohama Museum Of Art）每年免费为幼儿园、中小学提供100场造型活动；位于东京的国立科学博物馆（National Museum of Nature and Science，Tokyo）更是每月举办活动，馆方还经常邀请当地大学、中学或研究机构的老师、研究人员开办各种讲座和综合性鉴定会。

经费保障强大充足 日本政府非常注重教育支出，每年拨给的文化、科学、教育经费都非常充足。2002年的日本政府预算中，文化教育科学部总预算为65783.94亿日元，其中科技经费6311亿日元。如同英美国家一样，如此的财政保障是博物馆开展社会教育的坚强后盾。

（四）法国的博物馆教育活动

2009年4月4日始，法国25岁以下人群及教师都可免费进入法国国家级博物馆和历史遗迹参观游览。时任总统的萨科齐表示，此项决定是为了培养年轻人养成参观博物馆的习惯，帮助博物馆形成较稳定的参观群体。

法国采取了一系列相关措施让孩子们走进博物馆，并提供了一条长期、持久的途径，发展博物馆的教育职能。从2004年起，法国在一年一度的“博物馆之春”活动中，由法兰西博物馆局与教育部联合向儿童推出了“带着你的父母去看博物馆”活动，500家法国博物馆参加了这一活动。在整整一个月的时间里，有40万法国儿童收到一封由活动主办单位发出的盛情的邀请信，他们可以凭着这封邀请信，带着父母一起去参观博物馆，而且一切免费。

法国博物馆作为青少年教育的重要场所，发挥了很好的作用。各种类型的博物馆通过利用藏品、展览等人类文化遗产资源与当代信息资源，为青少年营造第二课堂。并且，它们突破了传统的教育观念，让青少年参与到博物馆的展览与活动当中，切实关心青少年在参与、动手过程中的感受。

每周三下午，法国的小学和初中都不开课。孩子们可以怀着崇敬的心情步入艺术殿堂，在教师和博物馆讲解员的引导下，睁大眼睛去发现真善美的世界。

（五）加拿大的博物馆教育活动

位于多伦多市中心的加拿大皇家安大略博物馆（Royal Ontario

Museum，简称ROM），下设有教育部专门组织学生活动。该部门有5名专职人员和30余名学校教师、艺术家、科学家等兼职人员组成，并在地下二层有11间教室。博物馆专职人员根据不同年龄的学生编班，设计了相关有趣的课程，寓教于乐。每年暑假，教育部还会组织夏令营，并设计相关课程及详细的计划书，寄给学校和家长，鼓励他们把孩子送到博物馆来。安大略省教育部在其法定的历史课程标准中，明确规定了学生在博物馆的学习课时与学分，这种规范也促使了馆校更为紧密的合作，并形成制度保障。

总之，在博物馆事业发达的国家，博物馆纳入国民教育体系已经成为普遍行为。其教育活动不仅丰富多彩，富有成效，更积累了许多成熟经验，并且在国民教育方面发挥了极其重要的作用。同时，教育活动举办的质量和数量，也已成为评估各博物馆经营绩效的一项重要指标。

第九章

博物馆文化产品的开发与经营

博物馆里的藏品蕴涵着丰富的创作元素，文创人员可以据此进行各种文化产品的开发。博物馆应围绕自身职能，挖掘藏品内涵，开发出能够满足观众物质和精神需求的文化产品。

第一节 博物馆文化产品的基本理论

一、博物馆文化产品的概念

什么是博物馆文化产品？首先要明确什么是“文化产品”。一般而言，能够满足人们“精神需求”的产品都可以称之为文化产品。文化产品的概念，可以从分类、特征属性两方面来分析。

首先，从文化产品的分类来看，文化产业活动所提供的产品就是文化产品，它可以分为文化商品和文化服务两大类。文化商品主要包括图书、杂志、多媒体产品、软件、唱片、电影、录像、视听节目、工艺品和设计，且以有偿的形式出现。文化服务指的是政府、私人、半公立机构或公司取得文化利益或满足文化需求的活动。

其次，从文化产品具有的特征与属性来看，文化产品是由文化产业相关人士或部门创作的，以文化或艺术为主要内容，能够满足人类精神需求，反映社会意识形态，满足大众娱乐的文化载体[①]。文化产品应具有文化和商业两重性，并且能够具有促进和保存文化的性质[②]。

博物馆文化产品，是由博物馆藏品和展览衍生出来的一系列具有纪念意义的文化商品，承载着与博物馆主题相关的历史、科学、文化信息，既体现了地方特色、文化个性和艺术品味，又可以发挥科学普及的功能。博物馆创意型文化产品，又称“博物馆文创产品”，它是依靠创新设计理念和运用现代科学技术开发出来的一种博物馆文化产品。

① 臧秀清、游涛：《文化产品：特征与属性的再认识》，《探索》2011年第5期。
② 〔澳〕塔尼亚·芙恩著，裘安曼译：《文化产品与世界贸易组织》，商务印书馆，2010年。

二、博物馆文化产品的四要素

博物馆文化产品具有文化内涵、制作材料、制作工艺、功能用途四个要素：

文化内涵 指的是博物馆文化产品中的文化含义，它是通过外观造型、图案、色彩和装饰等要素来表现的。如西藏博物馆开发的松赞干布迎亲真丝织锦唐卡，图案就是从中国历史题材中选取的，该产品荣获了2010年博物馆文化产品二等奖。

制作材料 指生产和制作博物馆文化产品所使用的原材料。原材料的差异，是文化产品之间差异形成的重要因素。就地取材制作出来的器物，具有较浓厚的当地特色。如河南省三门峡市虢国博物馆和虢国文化艺术研究所，利用当地天然的黄河泥和独特的制作工艺，设计和研发出了阳燧澄泥砚和车马澄泥砚。

制作工艺 指博物馆文化产品的加工制作方法。这些制作方法有：当地与异地制作工艺、手工工艺与机械工艺、传统工艺与现代工艺等。如中国的牙雕艺术品采用了传统的雕、描、刻、烫艺术技法；糖画制作工艺则是艺人用糖做墨，在光洁的大理石板上采用抖、 提、顿、放、收等技法，把飞禽走兽、花鸟虫鱼、神话人物等形象栩栩如生地呈现出来。

功能用途 即博物馆文化产品的物质功能与精神功能。物质功能指的是能满足购买者的某种物质方面的需要，精神功能则是民族特征、价值观念、审美情趣、宗教信仰反映出来的给予购买者的精神享受。如观复博物馆设计的青花佛八宝爆炸式首饰盒，获得了2010年全国博物馆文化产品三等奖。 它美观而又实用，既具有审美的精神功能，又具有收藏首饰的物质功能。

三、博物馆文化产品的主要类型

博物馆文化产品根据内容大致分为四种：

（一）典藏仿制品类

这一类产品是对馆内珍藏精品文物的复制或仿制，属于传统的博物馆文化产品种类。它的主要功用就是满足喜欢珍藏古玩的藏家将“文物”带回家的愿望，满足大众传统的文化和睹物思情的情感认同。这类产品在制作开发的过程中，一定要谨慎地对待藏品的原貌、比例和技术。

（二）出版品类

出版品类主要包括博物馆的一些学术资料、图录等，主要宣传和展示博物馆的理念与研究成果。同时，它也是博物馆重要的一类宣传品。出版品的开发种类繁多，主要包括馆内藏品的相关书籍专刊、学术资料、多媒体光盘、电子出版品和博物馆导览手册等。以博物馆普及读物为例，它用来普及博物馆的研究成果，属于书籍专刊系列。

（三）体验活动类

这一类别主要是博物馆比较特殊的服务项目，诸如加盖博物馆的纪念戳、现场定做的个性化纪念品、学习传统工艺等。这一类型的文化产品由于具有很强的互动性和趣味性，因此对游客的吸引力巨大。如在中国丝绸博物馆内有专门的印染工坊；在南京博物院内开设有专门的趣味陶艺制作馆；在山西博物院内有搭建古代木结构建筑的体验活动。这类产品适应了时代和公众的需求，能够使博物馆教育的对象，从被动接受变为主动探索，有助于推进博物馆教育发生本质的变化，给博物馆的教育职能增添无穷的活力。

（四）创意品类

文化创意产品类不是对馆藏文物图案、纹饰或造型的直接复制，而是加入创意设计，以经典藏品为创意设计元素，并结合创新设计的理念和现代科学技术的运用开发出兼有创意感和实用性、具有更高艺术价值的产品。

四、博物馆创意型文化产品的特征

博物馆创意型文化产品具有以下特征：

（一）创新性

创新是文化创意产品的本质特征。创新性主要是指在开发和生产的过程中，文化产品的生产要具有自主知识产权的原创性研究。博物馆文化创意产品的开发，不是简单的照搬照抄，而是开动脑筋的创意性行为。一流的博物馆文创产品一定是历史和现实的衔接、审美与实用的结合。

（二）文化性

“以文化为根”是开发创意产品的基本原则，博物馆创意型文化产品的开发更倾向于满足人们的精神文化需求，这也是文化产品的基本属性。只有具备了文化内涵，文化产品才能获得真正的生命力，才能突出每个博物馆之间的文化产品差异。只有找准了文化特色的元素，才能创造出具有深厚文化底蕴的产品。

（三）教育性

博物馆文化产品与一般产品最大的不同在于其具有教育性，这是博物馆的职能所决定的。博物馆文化产品作为博物馆教育功能的延伸，是游客“可以带回家的博物馆”。人们可以把这些具有文物符号的产品带回家，细细品味，甚至可以融入我们日常的生活中。

（四）宣传性

宣传性也是博物馆文化产品的特性之一。那些被人们“带回家的博物馆”，不仅走进了人们的日常生活，也将博物馆的历史、艺术、科学信息传播到家家户户。博物馆文化创意产品是博物馆最好的宣传品，也是博物馆最好的“名片”。

（五）品牌性

品牌是代表博物馆和博物馆文化产品的符号。文化创意产品创造的是无形资本，积累的是品牌效应。如台北故宫博物院的文化产品，从钥匙扣、手机链、服饰到家居生活用品、3C 产品等，都印有其品牌标识。正是品牌，将博物馆文化产品从其他文化产品中区分了出来。

（六）知识产权性

文化创意产业的核心生产要素是信息、知识、文化和技术等无形资产，这就是知识产权的内涵。如果博物馆文化创意产品没有知识产权的保护，将会面临被随意复制和盗版的混乱局面，而博物馆文化创意产业也会面临生存和发展的危机。因此，加强知识产权保护是发展博物馆创意型文化产品的必由之路。

第二节　博物馆文化产品的开发和经营

一、博物馆开发文化产品的意义

博物馆开发文化产品的主要意义有以下几个方面：

（一）开发文化产品是博物馆文化教育功能的延伸

博物馆的文化信息量很大，人们深入了解整个博物馆的时间非常有限，要在最有效的时间里了解整个博物馆的精髓，就需要博物馆工作人员从大量的信息中提炼出精华与特色。博物馆开发文化创意产品，是人们深入了解博物馆的另一个重要途径。人们可以将这些具有博物馆文化元素的产品带回家之后细细品味和把玩，其中的部分产品甚至可以融入人们的日常生活。这样，观众不再仅仅局限于到博物馆实地参观才能看到精美的文物，精美文物的文化元素在他们的生活中随处可见。观众既可以从这些文化元素中接受教育，还能加深对其文化内涵的认知与理解，因而博物馆文化产品对博物馆的发展起到了加强与巩固文化内涵、文化知识的教育作用。

（二）开发文化产品是博物馆文化传播和宣传的需要

宣传是博物馆另一个重要的功能。受场地、传播信息深度和广度的限制，人们只能亲自到博物馆现场去体验和感受，所以博物馆传播信息的范围相对较小。如果将文化产品的传播模式作为辅助手段，那么文化商品便可以成为博物馆最好的宣传工具。因此，博物馆的文化产品必须具有本馆的文化内涵、地方特色和艺术品味，并承载着历史文化信息。作为历史文化信息的载体，文化产品可以进入流通领域，伴随着人们走出馆门，走出国门，走进人们的日常生活和工作之中。这些被赋予更深内涵的文化产品被销售出去，也就意味着该博物馆的文化被传播了出去。文化产品销售得越多，博物馆的历史文化信息传播得越广。

（三）开发文化产品可以促进博物馆经济效益的提高

资金短缺一直是困扰博物馆发展的重要因素之一。自从我国博物馆实行免费开放政策以来，观众数量猛增、博物馆维护与发展资金不足，导致经费压力不断加大，这就迫使其在自身的经营和管理上寻求新的思路。博物馆是以非营利为主导的文化事业单位，资金来源主要依托于政府，而这种生存模式必将成为历史，这就需要博物馆探索和开拓新的资金来源。

发展文化产业，带来合理的经济收入，无疑可以在资金上对博物馆文化事业的发展起到支撑和帮助作用。著名的美国大都会艺术博物馆、大英博物馆、法国卢浮宫博物馆非常注重文化产品的开发，并为它们带来了丰厚的经济利润。以台北故宫博物院为例，2013年文创产品的销售收入将近9亿元新台币，逼近当年10亿新台币的门票收入。

二、博物馆创意型文化产品开发的基本原则

博物馆创意型文化产品的开发，是与博物馆宗旨、功能相吻合的。必须坚持社会效益第一、兼顾经济效益的原则，突出博物馆社会教育的作用，体现博物馆文化传播的职责。

博物馆创意型文化产品的开发，除了一般产品所具有的美观和实用原则外，还必须遵循一些特殊的原则。

（一）文化内涵与时代化相结合的原则

博物馆创意型文化产品必须以本馆的特色文化为一切创意的来源。只有具有了文化内涵，博物馆创意型文化产品才能拥有真正的生命力。博物馆开发文化创意产品具有先天优势，即每个博物馆都拥有自己独特的历史文化遗物。只有根据本馆的特色找准自身的文化内涵，才能成功创造出有“灵魂”的文化产品。

博物馆里的藏品或有故事性，或有与众不同的文化内涵。因此，在开发的过程中一定要重视挖掘藏品背后的故事。如南京博物院设计出的一套Q版“竹林七贤”卡通人物，就是根据南朝“竹林七贤”画像砖和“竹林七贤”的历史典故设计出来的。在设计产品之前，设计师先翻阅历史典籍，详细了解了六朝时期的衣着服饰、日常器物以及生活习俗。然后对画像砖的七贤形象采用了夸张形象的卡通手法，刻画出了他们的不同坐姿、神态动作和面部表情。

所谓时代化，是指博物馆创意型文化产品的开发要符合时代的需求和文化特征。每个时代都有属于自己时代的文化，每种文化都有自己所归属的时代。如明代的文物有简约而优雅的特征，而清代的文物则是趋向繁复的特征；原始社会的生活简单纯朴，而现代的生活则是个性十足、夸张幽默。随着社会生活环境的变化，人们的思想和社会心理特征也会发生变化。台北故宫博物院之所以能够引领博物馆创意型文化产品的潮流，正是瞄准了新时代的年轻人已成为现代社会消费的主力军，挖掘符合他们审美情趣的博物馆文化创意产品，从而大获成功。在台北故宫博物院的纪念品中，最受年轻人喜爱的是各种 Q 版的可爱白菜系列和宫仔系列。

博物馆文化创意产品的开发不仅要符合当下消费主力军的文化思想，同时对于馆藏特色的传统文化传承也是博物馆文化创意产品创新开发的根本生命力。但是只有在吸收和借鉴传统文化内涵的基础上创造出新的形式，并与时代观念紧密结合的文化创意产品才能被消费者所广泛接受。

（二）美观性与实用性相结合的原则

“美观”也是吸引消费者前来参观和购买的重要原则之一，人类普遍具有对于美的本能追求，文化产品是在满足人们物质需求之后所追求的精神产品。博物馆是高雅的文化艺术殿堂，博物馆开发的文化产品必须与高雅文化殿堂的身份相适应，哪怕是一个小物件的开发，都要做到设计优美、制作精良。卢浮宫博物馆、大都会艺术博物馆、维多利亚和艾尔伯特博物馆中的文化商品，不管是名贵的，还是普通的物品，都是经过专门精心设计制作的，不仅设计优美，还可以给人以精致典雅的印象。

产品在具有美观性的同时还具有一定的实用价值，对于消费者的吸引力会更大。许多参观博物馆的观众在要求博物馆文化创意产品在具有纪念意义和审美功能的前提下，还希望能够提高其实用价值。在博物馆礼品店中，钥匙圈、笔袋、服饰、冰箱贴、玩具都是非常热销的产品，因为它们具有实用功能。

（三）主题性与系列化相结合的原则

主题的选择和运用，是博物馆文化产品得以长期存在的关键。只有提供不断创新的文化主题，紧跟市场潮流，加强市场调研，才能保持文化产品对游客的持续影响力。

博物馆的种类繁多，每一种类型的博物馆都有不同内涵的藏品、不同的展出方式，所吸引的特定观众群也有所不同。一个富有创意的主题，是观众对藏品获得难忘回忆的关键步骤。卢浮宫博物馆从名画蒙娜丽莎出发，既开发了高档的仿制品和丝网印刷品，也设计了包装和规格大小不一的中低档印刷品，还有明信片系列等。贝多芬纪念馆开发的贝多芬雕塑头像，既有名贵的铜雕和大理石雕，也有普通的石膏雕塑。

在主题性的基础上，博物馆文化创意产品的开发应走向系列化。一个题材的博物馆文化创意产品，可以用不同的表现形式来引发观众的关注和兴趣。台北故宫博物院以“翠玉百菜”为主题，开发出了 81 种相关的创意产品。

系列化的博物馆创意型产品具有以下优势：①“系列化”产品在功能、造型元素、色彩、结构和材质上具有很强的协同关联性，不仅容易引起注意，更有利于元素主题的推广，主题元素在游客的视线中被重复，无疑可以增强游客对于该主题或元素的注意力。功能的不同也使得这样的产品对比单一产品更能满足不同消费者的需求。②系列化产品更有助于产品深度的挖掘和广度的拓展，完善产品结构的系列化和市场化，这样卖点才更有针对性，同时也使品牌中的系列产品形成了亮点和卖点，产品做到了重点突出，推广做到了有的放矢。

文化创意是一个系统，创意开发者只有将创意的主题与系列的产品整体连贯起来，才能开发出获得观众欢迎和业界好评的文化创意产品来。

三、博物馆文化产品的开发和经营模式

（一）博物馆文化产品开发流程

博物馆文化产品具有其特殊性，与一般的产品开发流程有所不同。博物馆是面向各国观众而开放的具有展示、教育和传播功能的公共场所，在开发文化产品时，要遵循以下原则，即以注重观众感受为出发点，以传播传统文化为手段，以教育大众为目的，以获得经济效益和社会效益为最终结果。

博物馆文化产品的开发大致可以分为五个步骤：市场调研——组织策划——实施开发——生产销售——公众反馈（图9.1）。

1. 市场调研

科学的市场调研与评量是博物馆文化产品开发的基础，只有通过对现有观众进行调研，获取博物馆文化产品市场的准确数据，发现市场空白点

及利润增长点，才能为后续的产品开发提供指导方向。

博物馆文化产品的开发调研最有效的方式是问卷调查，这种方法可以得到定量的验证数据，避免采访式的主观引导误区，有比较高的可靠性。问卷调研方法的优点是访问时间短，可以在访问进行时对问卷真实性及质量进行控制，并可以节省抽样环节和费用。

问卷调研的流程又可以分为搜集资料、分析资料、设计问卷、发放预调研、小批量问卷分析、问卷调整、大批量调研和数据分析等步骤，而大批量的问卷调查可以得到更加准确的数据。调研的内容，要采取明确性、合理性、有效性、逻辑性及非诱导性的原则。

博物馆文化产品最基本的调研内容有：参观博物馆观众的年龄组成、性别构成、文化程度、购买的目的及购买倾向、可接受的价位、对现有文化产品的看法以及购买过的印象最深刻的文化产品等。

通过调研，可以统计出消费者对文化产品的期望，诸如做工更精细、更具现代感、种类更具多样性、增强美观性、富有创意感、提高便携性、增加实用性、价格更合理等。

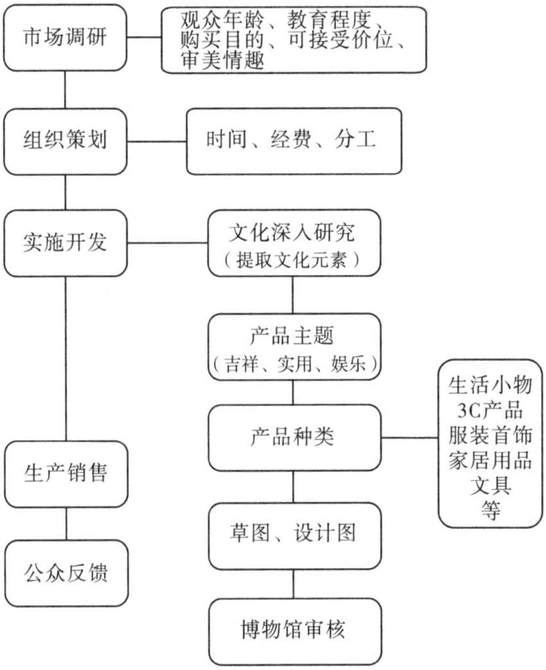

图9.1　博物馆创意型文化产品开发流程图

2. 组织策划

经过市场调查之后，进入组织策划阶段。博物馆文化产品的开发不仅仅是开发部门的工作，还需要陈列展览部、文物保管部、文化服务部等其他各部门的配合和帮助。

在组织策划的过程中，开发部门要与陈列展览部确定馆藏精品文物或临时陈列文物的清单，了解和学习有关文物的文化内涵和背景知识，与文化服务部门确定产品上架售卖的时间与产品的定价等。

目前，我国博物馆文化产品的开发，尚未具备独立开发的能力。许多博物馆是通过与企业合作的双赢方式来完成产品开发的，这就需要博物馆与企业进行沟通合作。在与企业的前期准备过程中，博物馆既要提出自己的需求，也要给企业的开发工作提供力所能及的帮助，还要确定完成开发的时间、所需的经费预算和授权时间等。

3. 实施开发

设计师在设计开发的过程中，首先要对博物馆和馆藏文物有一个全面的认识，要掌握对文物外在的器型、纹饰、质地，把握内在的功能以及精神层次的文化内涵、故事背景，从而有目的地提炼出与展览主题和博物馆特色相关的文化元素，为设计做准备和参考。

对相符的主题文化元素提炼之后，要对这些传统文化元素进行转换，把器型、纹饰等要素用现代人的审美情趣加以变形，并运用好现代科技手段和先进的材料。同时，根据不同年龄层次的观众需求，将文化产品的种类进行分类，并对应转换后的器型和纹饰组合，形成全新的产品构想。再通过草图或设计图，把这些构想表达出来，然后进行细节上的修改。

博物馆需要对设计的构想进行综合的审核，审核的标准有：产品的文化性、实用性、时代感和美观性，是否体现了博物馆的特色，是否具有原创性等。审核之后，决定修改建议和投入生产。

4. 生产销售

文化产品的生产要充分利用地区的闲置资源，通过网络化的管理，形成快速反应的动态制造群，压缩从设计到产品的制造时间，从而降低制造成本。

博物馆一方面要充分依托陈列展览来销售文化产品，另一方面也要积极开拓营销渠道。要对旅游纪念品市场进行分析，要根据不同的产品选择不同的目标市场，产品在规格、档次、款式上也应有所区别。在细分出的子市场中，选择其中一个或多个产品种类作为主打品牌，集中进行营销活动。要创造品牌，使旅游者能够分辨出各种旅游纪念品的不同之处，以利于企业占领自己的目标市场。

为了使旅游者容易识别，经营者要充分利用区域文化的独特性和垄断性，注意突出产品的独特文化特色，加快产品品种和档次的更新，力求适应当时的文化氛围和流行时尚。

5. 公众反馈

博物馆应根据产品的销售情况分析其受欢迎产品取得成功的原因，以及对滞销产品的处理和反思。除了从销售情况获取公众的反馈意见，还可以通过售后市场调查来再次了解公众的审美以及公众对新鲜事物的反应。只有抓住了时代的命脉和观众的喜好，并且随时调整产出最新的产品才能在众多博物馆中脱颖而出。

（二）当前国内文化产品的经营模式

当前国内博物馆文化产品开发和经营模式主要有四种: 一是辟出场地开办文博商店和职工承包经营模式，多为中小型博物馆和西部博物馆采用。二是内部经营模式，如秦始皇兵马俑博物馆设立了内部产业经营部门，建立了自己的经营服务网点。三是内部经营和公司运作混合型模式，如故宫博物院成立了文化服务中心等经营机构。四是公司运作模式，如上海博物馆、湖南省博物馆等将产业部分与公益事业部分相剥离，成立隶属于博物馆的独立公司实体。

（三）文化产品开发和经营的发展方向

2010年2月3日，来自全国各地文化遗产管理机构、博物馆和博物馆文化产品开发服务企业的代表在北京召开“全国博物馆文化产品开发工作座谈会”，会议围绕博物馆文化产品开发议题进行了广泛研讨，并达成四点共识，为博物馆文化产品的开发指明了方向。这四点共识为：

第一，创新博物馆体制机制，深入挖掘与博物馆藏品和展览内容相关的中华民族传统文化元素，设计、制作丰富多彩的博物馆文化产品，拓展和延伸博物馆的教育、传播和服务功能，使博物馆更加贴近实际、贴近生活、贴近群众，是博物馆文化产品开发所应坚持的重要指导思想。

第二，秉承以人为本，不断丰富产品种类，提高产品质量，满足社会公众对博物馆文化产品多样化、多层次的需求，社会效益优先，以文化产品开发促博物馆经营管理能力提升，政府支持，行业组织倡导，博物馆经营，服务社会，是博物馆文化产品开发所应遵循的基本原则。

第三，各博物馆根据自身条件，应采取“系统性规划、阶梯式发展、重点性突破”的文化产品开发战略。

第四，政府管理部门、行业组织、博物馆机构、相关企业和其他社会力量应共同努力营造适宜的政策环境、资源环境、认证评估和市场监管体系，为博物馆文化产品的研发和可持续发展提供必要的条件和保障。

各级博物馆在保持非营利公益事业机构性质的同时，应结合自身情况，立足于市场经济，采取内部经营或公司运作的方式多渠道开发文化产品，并积极探索建立 “政府倡导，博物馆主导，行业协作，企业参与，商业运作”的博物馆文化产品研发和经营机制。这些措施有：

（1）成立研发机构，引领博物馆文化产品的开发。 研发机构的主要任务是：进行市场动态分析，提供开发信息，立足本博物馆藏品研究制定文化产品开发方案和政策；负责文化产品创意设计、研发生产、营销推广；组织参加全国名优文化产品的评选；对研发的产品统一注册商标和产品认证标识，统一设计包装，打造自己的品牌；积极争取政府扶持，大力开展招商引资和宣传促销活动；充分利用现代高新科技创新传统技术，使传统技艺与现代科技有机结合，提升文化产品开发水平。

（2）设立销售机构，扩大博物馆文化产品的市场。获取经济收益是博物馆开发文化产品现实的意义之一，因此要引入市场营销的理论、方法和手段，设立销售机构，最大限度地扩大销售。要广设网点， 不但要在博物馆内设立专门的购物商店，开设网上商店，还要在机场、车站、大型饭店和城市的中心购物区设立专柜，并发行购物指南。逐步建立以省级综合博物馆为中心的区域博物馆文化产品开发销售网络，有效整合中小博物馆资源，形成群体优势。

（3）强化“名牌”战略，实现阶梯式发展。 采取系统性规划，阶梯式发展，重点性突破的文化产品开发战略，深入挖掘博物馆文化遗产资源，确定重点产品，拓展和延伸文化产品的纪念意义、审美功能、收藏价值，制作精品系列，打造知名品牌。不断丰富产品种类，提高产品质量，满足社会公众对文化产品多样化和多层次的需求。递次推出具有“特色性、观赏性、便携性、宣传性、多价性”的博物馆文化产品。逐步形成品种齐全，特色鲜明，优势突出，富有竞争力的文化产品体系，实现经济效益和社会效益。

（4）建立多种平台，搭建博物馆馆际合作开发和销售文化产品的桥梁。为了促进博物馆文化产品的开发和销售，陕西省创建了文化产品交易平台，江苏省创办了博物馆商店联盟。

陕西博物馆文化产品交易平台 2015年5月，陕西省推出了“陕西博物馆文化产品交易平台”，该平台具备网上商铺、网上浏览、网上交易、在线支付等综合功能，采用“网上超市”的概念，全省博物馆都可以在此平台上进行注册、开店，所有商品由网站进行统一平台展示，而各博物馆又有相对独立结算方式。这种模式既可在同一平台相互带动人气，又可促进各博物馆间的产品比对竞争，从而提高文化产品的销售，同时便于商务结算。下一步该平台将加快引入陕西各家博物馆进驻，努力推动陕西博物馆行业文化产品的线上销售。

江苏省博物馆商店联盟 江苏省博物馆商店联盟成立于2012年，采用连锁运营模式，陆续在全省13个省辖市的各级博物馆开设博物馆商店，并使用统一的品牌标识和店面装修，成为真正意义上的“博物馆连锁店”。江苏博物馆商店联盟将与文化创意企业跨界合作，联合组建创意产品研发中心，依托全省博物馆的馆藏文物资源，开发兼具文化价值和实用价值的文化创意衍生品。各地博物馆商店除了销售自己的“主打产品”外，也会推出其他城市的文物衍生品——这也意味着，观众今后无论走进哪一座博物馆，都能在“连锁店”里买到省内其他城市国宝文物的文化衍生品。江苏博物馆商店联盟还将设立“准入门槛”，对开发的文化衍生品进行审核，经审定通过的产品才能进入商店上架销售。

第三节　国内外博物馆文化产品的开发和经营

一、国内博物馆文化产品的开发

（一）北京故宫博物院文化产品的开发

北京故宫博物院文化产品的开发，有以下特点：

（1）种类繁多，且成系列化。数据显示，北京故宫博物院从2002年成立研发部到2014年，已经开发出各种系列的文化产品6746种（表9-1）[①]。同时为了配合每年举办的陈列展览，研发部还研发了具有故宫文化特色、拥有自主知识产权的多种系列文化产品。

（2）自主研发和寻求社会合作。2014年故宫博物院通过自主研发和借助社会优秀企业合作的方式，根据“紫禁城”杯故宫文化产品创意设计大赛的成果，研发了最新的系列文化产品（表9-2）。

① 《致敬传统　创意生活——故宫博物院文创产品研发概况》，http://www.dpm.org.cn/classify-detail/180051.html。

表9-1 2002—2014年故宫博物院研发的文化产品

种类	数量	种类	数量
丝绸系列	692种	陶器系列	366种
瓷器系列	626种	铜器系列	327种
木制系列*	119种	书画系列	665种
贵金属系列	960种	钥匙扣系列	193 种
笔系列	12种	T恤衫系列	191种
首饰系列	321种	领带系列	34 种
箱包系列	195种	伞系列	17 种
文房系列	6种	玩偶系列	93种
其他	1929种		1886种
合计	6746种		

*木制系列包含缩微家具模型

表9-2 “紫禁城”杯故宫文化产品创意设计大赛成果

奖项	产品名称	设计灵感
金奖	“云起如意”领带	故宫博物院藏龙袍中寓意吉祥如意的“云纹”
银奖	“宫门”箱包系列	故宫建筑中的红色宫门、门钉及铺首
铜奖	“天穹”伞	太和殿藻井

（3）精心打造高端产品。针对高端客户，故宫设计研发了一系列品质优良、做工精细的系列文化产品：“铜五牛”将故宫博物院绘画藏品《五牛图》进行了立体化呈现，以全铜材质塑造了逼真的、活灵活现的五头牛摆件，再现了原画中的五头牛的风采；“海水江崖”系列产品包含桌旗、餐垫、纸巾盒、糖果盒、电脑包、钱包、护照夹、名片夹、IPAD包、MINI IPAD包、IPHONE包、手包等多个款式，以故宫博物院织绣龙袍藏品中的元素，外部采用金色海水江崖纹织锦缎，内部采用真皮或真丝衬里，是宫廷皇家气息与现代时尚产品的完美结合；“荷韵天福”“衣锦还返”“如意当头”茶具套装为陶制，以故宫如意、祥云等为元素，施以粉青色釉或炭黑色釉，整体风格简洁典雅。

（4） 做好普通文化纪念品的开发。针对普通观众，故宫博物院制作了成系列便于携带、赠送，物美价廉的故宫文化纪念品。主要有两大类：

第一类就是“宫廷娃娃”家族，受到了青少年观众的青睐（图9.2）。这些娃娃包括小皇帝、小皇后、小阿哥、小格格、和珅、纪晓岚、郎世宁、御前侍卫、八旗娃娃、状元郎等众多“宝贝”形象。这些均以“萌”为设计理念，还有摇头娃娃、车载娃娃、手机座、桌边娃娃、调料罐、存钱罐、小盆栽、创意摆件、便签夹、冰箱贴、钥匙链、首饰盒等丰富多样的类型。

图9.2　宫廷娃娃系列

（图片来自于淘宝网故宫博物院官方网站）

第二类就是故宫元素的时尚生活用品。这类产品包括了各种将实用、创意、文化内涵相结合的产品类型。如不断推陈出新的三星、苹果手机壳；根据宫廷生活习俗推出的端午节香囊、春节红包；以婚庆等宫廷生活为主题的皇帝赐福和皇后赐如意钥匙扣、水晶球、首饰盒；趣味办公用品如水晶笔、尚方宝剑笔、金榜题名笔、花窗书签、皇帝皇后书签、格格书签、雍正行乐图周历、雍正美人图台历；更有“朕就是这样汉子”折扇、“黄袍加身”T恤、“奉旨旅行”和“如朕亲临”行李牌、顶戴花翎官帽伞和藻井伞等各类富有创意和文化内涵的宫廷文化“潮品”，这些文化产品都取材自故宫的建筑、藏品及宫廷文化的细节，史料依据充分可靠。

（二）台北故宫博物院开发的文化创意产品

截至目前，台北故宫博物院共推出2400多种文化创意产品，如“朕知道了”胶带纸、“翠玉白菜”伞和创意T恤等产品。台北故宫博物院开发的7大类35项700余件文化产品，可以在台北故宫博物院网上购物平台上通过网络购买。2013年，台北故宫博物院的文创产品销售收入接近9亿元新台币，逼近当年10亿新台币的门票收入。

台北故宫博物院有一套系统的文化创意产品开发策略：

一是成熟而完整的文化创意产品开发机制，善于调动社会力量参与文创产品设计。台北故宫博物院通过开展文创商品设计竞赛，广泛向社会征集创意作品。在竞赛的过程中，台北故宫博物院给参赛者举办特展和美学解析讲座，方便他们更好地理解院藏文物的内涵及创意化潜力。其中，“朕知道了”胶带纸（图9.3）和“翠玉白菜”伞（图9.4）的创意，就是在2010年的比赛中脱颖而出的。

图9.3 “朕知道了”胶带

（图片来自于台北故宫博物院官方网站）

图9.4 “翠玉白菜”雨伞

（图片来自于台北故宫博物院官方网站）

二是注重品牌建设，通过品牌授权与知名厂商联合生产优质文创商品。截至目前，台北故宫博物院已与90余家台湾本地以及国际知名厂商合作，合力“让文物再生与重生”。台北故宫博物院的一些小物件也都有来头，比如“宫乐美人胡椒瓶”就是与某意大利知名厨具商家合作的。据媒体报道，台北故宫如今还正在酝酿与更多世界大牌商家合作，推出一系列高档手表、珠宝、酒类文创商品。

三是专业化运作，以现代经营管理运作文化创意产品。台北故宫博物院的文化创意不是单兵打游击，而是采用专业化、集团化运作模式。为此，台北故宫博物院成立了文化创意产业园区，将文化、创意和产业结合在一起，对院藏文物和文化进行深耕；与此同时，工作人员还经常以暗访的方式，与消费者攀谈，获知他们对文创商品的意见和建议；此外，台北故宫在广告宣传、产品包装、商品陈列等方面也很讲究。

四是不篡改古代的习语。如“朕知道了”胶带纸被生产，而“臣妾做不到啊”等字样却不被采纳，是因为前者确实出自康熙皇帝的朱批，而后者仅是电视剧中的台词；此外，台北故宫咖啡屋用松子、梅花、佛手柑炮制的“三清茶”，配方也是御医当年给乾隆帝调配的。

（三）南京博物院开发的文化产品

南京博物院开发的文化产品种类有典藏复制品、出版品、体验类和创意产品四种。

典藏复制品类　这一类产品主要是馆内珍藏精品文物的复制或仿制品，是属于传统的博物馆文化产品种类。如仿制的汉代抚琴俑和院藏名人剪纸“西厢记”的复制品。

出版品类　主要包括博物馆的一些学术资料，主要旨在宣传及展示博物馆的理念以及其研究成果。如馆内藏品的相关书籍专刊、学术资料、多媒体光盘、电子出版品和博物馆导览手册等。比如南京博物院编撰出版的《南京博物院藏宝录》《南京博物院藏名画欣赏》《东南文化》《陈列展览》等书刊与杂志。

体验类　这一类别主要是博物馆比较特殊的服务项目，诸如加盖博物馆的纪念戳、现场定做的个性化纪念品等。南京博物院开设有专门的趣味陶艺制作馆，寒暑假时期就会开办中小学生陶艺制作课程，供小朋友们自己亲手制作陶艺作品，并且代为烧制。

创意品类　南京博物院在 2000—2010 年十年期间尝试开发了一些手机链、手镯、筷子、书签、钥匙扣、文房四宝、玩具等创意类产品，受到了社会各界的喜爱（图9.5）。

从2012 年起，南京博物院实施了二期工程创意型文化产品的开发（表9-3），致力于打造“南京博物院文化品牌”，为社会大众服务。南京博物院将采取自行研究和与企业高校合作的方式，开发以中低档文化产品为基础，以高档文化产品为前导，以及地域文化特色的系列产品。

图9.5 南京博物院开发的竹林七贤玩具

表 9-3 南京博物院二期工程文化产品分类表[①]

出版品	典藏复制品		体验类	文创类				
				生活小物	3C产品	服装首饰	家居用品	文具
书籍 期刊 宣传手册 明信片 光盘	工艺艺术	书画艺术	陶艺 数字展示	玩偶 手机链 钥匙扣 扇子 钟表 拼图 磁铁 吸盘 魔方	鼠标垫 U盘 电子产品 保护壳 汽车用品	丝巾 T恤 领带 帽子 包 手镯 耳环 坠饰 手表	筷子 刀叉汤勺 碗 马克杯 随行杯 杯垫 筷架 烟灰缸 桌布 调料盒	书签 文具盒 笔 笔袋 笔筒 便签贴 文件夹

（四）上海博物馆开发的文化产品

近年来，上海博物馆开发的文化产品主要有收藏礼品、文化用品、家居潮品、时尚服饰、专题书籍等种类（表9-4）。其销售策略有：第一，定期为客户提供商品信息；第二，将世博礼品、政府机关出国礼品、公司年会礼品作为销售重要渠道；第三，加强国外随展产品的销售力度；第四，

① 王颖、施爱芹：《论博物馆文化创意产品开发设计的创新思路》，《包装世界》2015年第4期。

网上商店的建立使电话及网上销售大幅提高；第五，开发相对廉价的旅游纪念品，对儿童用品、礼品的需求加大设计力度[①]。

表9-4　上海博物馆开发的文化产品[②]

种类	产品	产品介绍
收藏礼品		仿春秋牺尊 此尊是古代温酒器。尊作水牛状，牛鼻上穿环，说明春秋时代已能驯牛。牛颈及脊背上有三穴，中间的活动的锅形器可容酒，三穴与腹部相通可注入热水温酒
		特制漆器 内外刻花盘 盘为木胎，以红漆髹饰。盘内外刻牡丹花，牡丹象征富贵 、吉祥，是中国民间传统图案。全器采用刻花手法，线条流畅、挺拔
文化用品		手机保护壳 手机壳的图案是按上海博物馆藏精品纹饰设计而成，赋予时尚的元素，彰显出文化气息

① 姚安：《博物馆12讲》，科学出版社，2011年，第504页。
② 本表图片均来自于淘宝网上海博物馆官方网站。

续表

种类	产品	产品介绍
文化用品		艺术签名笔 签字笔纹饰源自上海博物馆馆藏精品青铜器——牺尊、父乙觥，将其卡通拟人化，更贴近生活
家居潮品		特制PVC折叠塑料花瓶 纹饰源自上海博物馆的藏品和专题陈列。可折叠塑料花瓶纹饰独特，器型可折叠，易携带，耐久用，是家居、办公室及拜访亲朋好友的馈赠佳品
		特制木质杯垫 杯垫表面有防水膜覆盖，尺寸适中，图案撷取上海博物馆藏精品绘画或书法作品，将实用与美观相结合，同时更兼具了收藏性
时尚服饰		特制长丝巾 有红色、橘色、湖绿色、蓝色四种。丝巾纹饰源于上海博物馆藏恽寿平《花卉册》，庄严雍容的牡丹，竞相开放的碧桃花，花枝错落的秋海棠及霜后傲然开放的丛菊，都形神兼备，花样物语。丝巾设色鲜明高雅，手感细腻柔和，佩戴在身，回眸间尽显别样风情

续表

种类	产品	产品介绍
时尚服饰		特制文化衫 有黑、白两种。纯棉T恤具有透气、柔软、舒适、凉爽、吸汗、散热等优点。配上传统龙纹图案，无论自穿或是送人都非常体面，还有儿童同款可以配成亲子装
专题书籍		文物游戏书（上下） 上海博物馆携手中国福利会出版社联合打造——玩+乐+学于一体的考古探险游戏书
		千年古港——上海青龙镇遗址考古精粹 展览汇集了一百余件青龙镇遗址出土的文物精品，展现了唐宋时期青龙镇市镇文化、港口贸易、宗教生活等不同领域的面貌。通过展览，我们希望公众更敏捷、有效地分享考古新发现，共同感悟与探讨上海的发展史

（五）山西博物院开发的文化产品

山西博物院深挖馆藏文物和陈列展品的丰富内涵，注重自主研发与合作研发相结合，传统工艺与现代技术相结合的方法来开发文创产品。在研发过程中紧紧围绕山西博物院馆藏文物的特色，创作出了西阴、陶寺彩陶文化艺术珐琅饰品系列、商代最“萌”鸮卣儿童系列（图9.6）、傅山书法纺织品系列、晋侯玉饰品系列、书画精品艺术台灯系列等产品[1]。

山西博物院开发的文化产品主要有配饰配件、文具玩具、艺术珍宝和格调生活四大类。

配饰配件 包括钥匙扣、笔袋和丝巾等。山西博物院以馆藏青铜器为原型，开发出了鸟尊、虎型、鸮卣、青铜羊首纹等系列的钥匙扣（图9.7）；潘璿《花卉册》笔袋和丝巾，图案来自于馆藏书画潘璿的《花卉册》（图9.8）。

文具玩具 有笔记本、儿童玩具和明信片等小类别。如仿晋商存折笔记本（图9.9），原型是晋商存折。鸮卣是山西博物院最萌的文物，自然成为创作的元素，有公仔和储钱罐等产品。此外，还有青铜器、砖雕等系列的明信片以及利用晋祠圣母殿等古建筑做成的立体贺卡（图9.10）。

艺术珍宝 山西博物院充分利用晋侯墓地出土的文物元素，制作出了各种玉类制品，如灰玛瑙龙形佩、玉璜、玉马（图9.11）和玉神面等。

格调生活 利用晋侯墓地出土的文物元素，创作了别有情调的生活用品，如用鸟尊为图案的青花鸟尊和浮雕金鸟尊装饰盘（图9.12）等。

（六）其他博物馆开发的文化产品

作为楚文化的故乡，湖北省博物馆充分提炼楚文化的元素，开发了一系列的文化产品。如钱包、双肩包系列的图案和设计取材于馆藏的秦汉漆器，木质冰箱贴图案设计取材于湖北地区出土文物——彩绘人物画木梳、木篦。2014年，湖北省博物馆还联合荆楚网、楚天都市报、武汉大学国家文化创新研究中心等单位联合主办了“湖北省博物馆文化产品创意设计大赛”，评选出了鱼纹珐琅手镯、钟鼓凤鸣闹钟等18件获奖作品，并与获得创意奖项的设计人达成了合作开发文化产品的意向。

陕西历史博物馆充分提炼馆内藏品文物的元素，开发出了“唐美丽”“汉英俊”（图9.13）“唐妞”“摩登仰韶”和“魔卡”等系列文化

---

① 张晶晶：《文化·创意·生活》，《中国文物报》2016年12月6日第5版。

图9.6　鸮卣系列产品

图9.7　鸟尊钥匙扣

图9.8　潘璿《花卉册》笔袋

图9.9　仿晋商存折笔记本

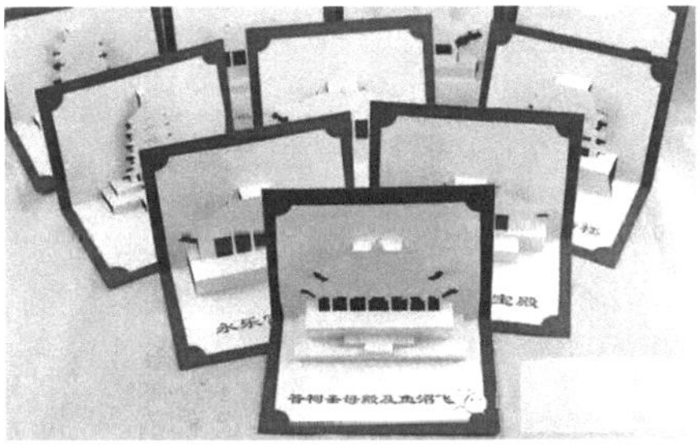

图9.10　立体贺卡

图9.11　灰玛瑙玉马

产品。“唐妞”是从陕西历史博物馆众多唐代粉彩俑中精选出来的形象。现在“唐妞”的形象已被做成了行李牌、冰箱贴、书签、抱枕等产品（图9.14）。在由中国博物馆协会主办、中国博物馆协会文化产品专业委员会承办的“弘博奖·2014中国博物馆文化产品评选活动”中，“仰韶（半坡）文化衍生——时尚系列”荣获服装首饰组“全国博物馆文化产品创意设计推介活动”金奖，“唐妞系列文化产品”获得家居用品组铜奖。此

图9.12　浮雕金鸟尊装饰盘

图9.13　陕西历史博物馆的文化产品——“汉英俊”和“唐美丽”

（图片来自于陕西传媒网）

外，陕西历史博物馆的选送作品“唐白陶舞马U盘”荣获“弘博奖·2014中国博物馆十佳文化产品奖”。在第七届中国（义乌）国际旅游商品博览会暨2015中国旅游商品大赛评选中，“文博星系之摩登仰韶及梦幻三彩系列”文化产品荣获金奖。

湖南省博物馆的主要产品类别为玻璃制品、玻璃饰品、锡制品、雕漆制品、丝织品、茶具、酒具、小饰品等。湖南省博物馆文化产品的经营策略有：第一，重大活动期间馆内增设文化产品销售点；第二，配合临时

图9.14　陕西历史博物馆的文化产品——“唐妞”系列产品

（图片来自于淘宝网陕西历史博物馆官方网站）

陈列，筹备文化产品销售活动；第三，派工作人员赴义乌小商品城调查市场，制定营销策略；第四，搭建电视、网络等立体化销售平台；第五，积极参加各类展销会和行业大赛，树立产品品牌；第六，加强与兄弟博物馆的联系，积极实施“代销”的模式；第七，积极推介原创产品赴外馆展销①。

二、国外博物馆文化产品的开发和经营

（一）美国博物馆的文化产品开发和经营

美国博物馆的文化产品开发，以商店经营为主要形式。

1. 美国大都会艺术博物馆

美国大都会艺术博物馆的商店，除了馆内5000多平方米的营业厅外，还在纽约的一些大商场设置了8家分店，同时其他城市和海外也有分店。

① 姚安：《博物馆12讲》，科学出版社，2011年，第506页。

其中，澳大利亚、日本、墨西哥及泰国等地有11家海外分店。据资料显示，该馆商店1949年全年营业额仅有10万美元，1972年上升为200万美元，1987年猛增到5500万美元，2002年已超1亿美元大关①。

大都会艺术博物馆商店的每件商品都是经过博物馆的艺术家、历史学家、设计师仔细研究，由专家操作以确保最大可能地模仿原作，例如依照数幅名画里人物所戴的项链样式开发的女性饰品系列。根据圣诞节礼品的市场特点，每年5月必请几十位设计师从馆藏文物中挑选元素设计新品，10月开始陆续推出；同时，针对企业的礼品定制服务也已经推出市场。

除了实体商店，大都会艺术博物馆还拓展了线上商店，为消费者提供2000种以上的相关产品，为会员提供网购及邮购服务，并结合现场消费提供各种优惠政策。文化衍生品商店经营模式，是对大都会艺术博物馆品牌形象的延伸，让观众把美的经验带回家；也是公共服务和美术教育的一部分，以产品延续服务与教育；更是品牌建立的一个重要组成部分，以产品丰富品牌内涵。

2. 史密森博物学院

史密森博物学院是位于美国首都华盛顿国家广场上的世界最大的博物馆群，共包括19个博物馆和美术馆。尽管博物馆的入场是免费的，但电影票、食物和小装饰品、纪念品等的销售却在快速增长，2004年销售收入达1.563亿美元，为博物馆带来了2670万美元的净利润。

3. 纽约现代艺术博物馆

纽约现代艺术博物馆（MoMA）在博物馆内和馆外的Spring街苏荷区共开设了3家自营的艺术商店MoMAStore。游客在这里可以买到艺术品、书签、生活小摆件、手提包、装饰品等以MoMA命名的系列商品。“MoMAStore实际上就是MoMA收藏的一个衍生展台”，MoMAStore零售部主任邦尼·麦凯说，“店里的很多东西都是MoMA收藏的设计品，同

① 戴晓琍：《把博物馆“带”回家》，《中国文物报》2014年7月22日第8版。

时我们也非常注重材料的创新使用。”MoMAStore主打的口号是“买得起的艺术”，这大大吸引了对艺术有兴趣但是资金实力不够或者纯粹出于装饰需求和好奇心的顾客。

纽约现代艺术博物馆官网上的MoMAStore对MoMA元素衍生品做了更细致的分类，包含日常起居用品、办公用品、绘画、图书、珠宝、儿童用品等各个门类，人们可以很方便地在线买到自己心仪的产品。MoMAStore的收入在2007年统计的财务报表已是1.7亿美金①。

美国博物馆文化产品开发和经营案例展现给我们的不仅是文化衍生品对博物馆品牌内涵的拓展，更是经过策略性的定位、组织、开发、营销和运营后，文化衍生品对博物馆品牌提升的附加值，是对文化衍生品科技性和创新性的最佳诠释。

（二）英国博物馆文化产品的开发和经营

博物馆开设商店出售其文化产品以获得经济利益，扩大博物馆的社会影响力，在英国已成为一种常例。

1. 英国维多利亚和阿尔伯特博物馆

英国维多利亚和阿尔伯特博物馆长期经营着三个固定商店，同时，还随临时展览的举办增设临时商店。英国维多利亚及阿尔伯特博物馆中的商品一般由博物馆专门设计制作，产品设计优美、制作精良，不仅包括文物复制品、图片、画册等，还包括大量加入了博物馆藏品的文化元素设计制作的生活用品。为塑造优秀文化产品品牌，英国维多利亚及阿尔伯特博物馆不惜在世界各地寻找合作人和制造商。目前，该博物馆的产品开发合作人已有85个之多。他们分布在英国、欧洲大陆、北美和日本等地，其品牌的影响力也随之蔓延到世界各地。为了有效地经营和管理博物馆相关文化产业，维多利亚及艾尔伯特博物馆由其董事会组建了维多利亚和艾尔伯特

---

① 戴晓琍：《把博物馆“带”回家》，《中国文物报》2014年7月22日第8版。

有限公司。该公司全部利润上缴博物馆，并享有国家的免税待遇，主要经营范围为：零售业务、颁发许可证、邮购业务、场地出租和出版业务。

2．大英博物馆

大英博物馆凭借着馆藏来自世界各地的优势，占据了设计开发上的地利。该馆的文化产品有两大特色：一是把某件藏品当作super star，拼命开发。如镇馆之宝罗塞塔石碑，作为一块历史意义大于美学意义的大玄武岩石头，它在文化产品上的老大地位不可撼动。围绕着罗塞塔石碑，产品有：拼图、笔记本、笔（铅笔、圆珠笔、钢笔）、钱包、卡套、电脑包、鼠标垫、T恤、伞、单肩背包、双肩背包、镇纸、茶巾、围裙、隔热手套、杯子（玻璃杯、瓷杯、随行杯）、杯垫、海报、明信片、钥匙圈、U盘（图9.15），甚至还有发泄的海绵。

图9.15 罗塞塔石碑U盘

二是结合馆藏开发有英国特色的产品。如小黄鸭在西方文化中占有重要的地位，而大英博物馆纪念品商店里，有身披各国特色服饰的小黄鸭。萌萌的鸭子们或装扮成古埃及的狮身人面像斯芬克司，或身披古罗马战士或者维京海盗的铠甲，或头戴印第安人的羽毛头饰。通过深得英国人喜爱的小黄鸭，来展示大英博物馆包罗万象的收藏品（图9.16）。

图9.16　小黄鸭系列产品

（三）法国博物馆文化产品的开发和经营

互动性、文化性和教育性，是法国博物馆文化产品的开发与经营的主要特点。巴黎的文化产品尤其注重对互动性和文化性的要求，尤其是由互动性来吸引参观者的注意，用文化性和教育性来赢得消费者的青睐。

在大大小小的巴黎地区的博物馆里，艺术品商店和书店经常是博物馆最人头攒动的地点之一。除了独立商店之外，卢浮宫、凡尔赛宫、枫丹白露城堡等很多大型博物馆还在一些展示的楼层设置零售商店和柜台，以方便参观者购买文化产品。

巴黎几乎所有公立博物馆的衍生品开发都加入了法国国立博物馆联盟以及巴黎市立博物馆联盟，以确保艺术衍生品的版权和销售渠道的通畅。博物馆的文化产品从最初的卡片、画册、藏品仿制品慢慢向玩具、日用品、服饰、仿制珠宝等新形式的产品过渡，吸引了大众的眼球。最受欢迎的产品是与展览相关的明信片、导览手册、笔、冰箱贴和画册等。

在这些博物馆中，蓬皮杜艺术中心（Le Centre national d'art et de culture Georges-Pompidou）可谓是异军突起。2007年，该中心只有30款产品，而到2013年底，该中心向大众提供了800余款文化产品（包括临展研发的产品），收入占中心总营业额的三分之一。在5年的时间里，他们将文化产品业务扩张成了颇具规模的营利部门。在这个过程中，蓬皮杜中心不断地突显出其作为公共机构的多元化服务方向。在衍生品的开发上，他们注重与大师们的沟通合作，在选择及创作艺术衍生品的过程中，最先考虑的是其学术价值，看其是否能够成为传递文化资讯的载体[①]。

法国国立博物馆联盟曾做过分析，在其管理的40多家艺术机构中，2008年共售出250万本书籍、650万张图片，销售额合计3000多万欧元。其中男性消费者以购买书籍、画册以及印花领带或钱包为主，而女性消费者则会寻找有“漂亮”设计和有女性图案的物品。

（四）韩国博物馆文化产品的开发和经营

2001年8月，韩国成立了文化产业振兴院，这是一家为构筑文化产业的创作基础、培养人才、活跃对韩国文化的开发之制作、流通和市场营销、促进对国外市场的开拓而设立的综合产业支援机构。

2007年，韩国文化产业振兴院与韩国国立故宫博物馆、韩国国立文化财研究所、韩国文化财保护财团、京畿文化财团共4个机关签署了有关公共文化内容著作权委托管理的MOU协议。截至目前. 韩国国立民俗博物馆、国立中央图书馆等15个公共机关参与了振兴院的著作权委托管理。通过此次MOU协议，振兴院将信托管理及流通19个公共机关的19000件著作物。此举是韩国文化产业振兴院帮助相关机构将持有的优秀文化内容活用在产业界，为各机关管理著作权的有益行动。

韩国在组织管理、人才培养、资金支持、生产经营等方面逐步加强机制建设，对包括博物馆在内的文化产品的研发、制作、经销、出口等方

① 彭子琪：《法国　浓缩的艺术记忆》，《艺术银行》2012年第7期。

面实施系统扶持。为了改变其市场流通落后状况，减少流通环节和成本。国家加强立法立规，加强市场流通信息化、国际化和现代化建设。同时，大力开拓国际市场，集中力量开发名牌产品，利用品牌取得更大的市场效益。韩国计划利用先进的网络、外国代理商，开发直销、合作经销等多种手段，逐步构建起国际营销网。

结　语

当前中国博物馆发展新趋势与高校文博人才培养

第一节　博物馆发展新趋势

博物馆是社会文化事业的重要组成部分，随着时代的前进与社会的发展，博物馆作为全民共享的文化机构，在社会中发挥着越来越重要的作用。21世纪以来，博物馆发展迅速，且呈现出新的趋势，主要表现在以下几个方面：

一、博物馆数量不断增多

近年来，博物馆数量不断增多，截至2016年底，全国登记注册的博物馆已达到4873家，比2015年增加了181家，保持了稳定增长的态势。博物馆体系更加健全，行业博物馆和非国有博物馆如雨后春笋般蓬勃发展。目前，文物部门所属博物馆2818家，其他部门所属行业博物馆758家，非国有博物馆1297家。全国共有4246家博物馆向社会免费开放，占全国博物馆总数的87.1%。近年来，全国博物馆每年举办展览超过3万个，举办专题教育活动约11万次，参观人数约9亿人次。博物馆在传承中华优秀传统文化、弘扬社会主义核心价值观方面发挥的作用更加突出。

据《博物馆事业中长期发展规划纲要（2011—2020年）》，到2020年，博物馆公共文化服务人群覆盖率明显提高，从40万人拥有1个博物馆发展到25万人拥有1个博物馆。也就是说到2020年，博物馆的总量预计将达到6000座左右。

二、各级博物馆改建、扩建

各级博物馆的改建、扩建也是21世纪博物馆事业发展的一个显著特点。中国国家博物馆是中国文化事业的重要象征之一，其组建是中国博物馆事业发展的集中体现。2003年，文化部发布文件，决定在中国历史博物馆与中国革命博物馆的基础上组建中国国家博物馆。2007年，中国国家博物馆改扩建工程正式动工。2011年3月，新馆开放，进入试运营阶段。改扩建后的中国国家博物馆建筑面积19.8万平方米，是世界上建筑面积最大的博物馆①。除中国国家博物馆外，天津博物馆、安徽博物院、福建博物院、河北博物院、南京博物院、内蒙古博物院等数家省级博物馆已相继完成了改建或扩建。改扩建工程启动较晚的湖南省博物馆也已于2017年11月开馆，并提出了“以新馆开放为契机，全面展示湖南省博物馆全新的事业面貌，全面提升湖南文化软实力和综合竞争力”的目标②。这些改扩建后的博物馆在基础设施、陈列展示与社会服务等方面都有了大幅提升，已经接近或赶上国际博物馆的先进水平。

地市级博物馆不仅担负着收藏地方文化遗产的重任，也是展示本地区历史文化和社会发展的窗口，更是传播知识、启迪智慧，给民众带来精神享受的重要场所。近年来，一些地市级博物馆积极推进场馆建设，提升陈列水平，突出地方文化特色，加强微信、微博、VR等新技术的应用，积极开展社会教育活动，不断提高服务社会的水平。2017年1月，中国博物馆协会公布了第三批国家一级博物馆名单，新增国家一级博物馆34座，其中包括邯郸市博物馆、烟台市博物馆、开封博物馆等地市级博物馆15座。

县市级、县级、区级博物馆也是博物馆体系中的重要组成部分。以河北省为例，截至2015年，登记在册的博物馆共有107座，其中县级与县

---

①　李守义：《中国国家博物馆馆舍变迁史略》，《中国国家博物馆馆刊》2012年第12期。

②　湘文：《湖南省博物馆发布“十三五”发展规划》，《中国文物报》2017年1月10日第3版。

市级博物馆有56座，区级博物馆12座[①]。保定地区登记在册的博物馆共16座，其中县级博物馆11座。望都、易县、顺平、定兴等县亦正在筹建博物馆，在以后相当长的时期内，县市级、县级、区级等基层博物馆仍是博物馆数量的主要增长点。

三、新型博物馆的发展

20世纪80年代以来，在“新博物馆学”理念的影响下，博物馆工作的重心由“物”转移到“人”，更关注博物馆的展示、教育与传播功能，由此数字博物馆、智慧博物馆、生态博物馆、社区博物馆以及各具特色的专题类博物馆得到了很大的发展。

数字博物馆在博物馆藏品数字化的基础上产生，是通过对互联网与各类智能终端的应用，建立的数字文物展示与信息服务体系。数字博物馆的发展改变了固守场馆为唯一服务场所的定位，通过网站、微信、微博、App等多种应用方式，使博物馆以随处可在性走进公众的生活，为公众提供文化服务。近年来，在数字博物馆发展基础上出现的智慧博物馆，是充分利用物联网、云计算等新技术构建的以全面透彻的感知、宽带泛在的互联、智能融合的应用为特征的新型博馆形态[②]。智慧博物馆通过传播方式的个性化智能交互体验，更好地沟通了“人”与“物”的关系，实现了“以人为本”。

社区博物馆、生态博物馆等新型博物馆在我国也得到了很大的发展。1971年法国生态博物馆的倡导者雨果·戴瓦兰正式提出了生态博物馆的概念[③]。20世纪80年代，以生态学为基础，以文化人类学现象为基本内容，以原汁原味的“活态人文遗产”为展示重点的生态博物馆理念传入中国。

---

① 河北省文物局：《河北省文物业统计资料（2015年度）》（内部资料），2016年。

② 陈刚：《智慧博物馆——数字博物馆发展新趋势》，《中国博物馆》2013年第4期。

③ 宋向光：《生态博物馆理论与实践对博物馆学发展的贡献》，《中国博物馆》2005第3期。

1995年我国决定在贵州梭嘎开始建设第一座生态博物馆，其后几年又在贵州、云南、广西、内蒙古等地区兴建了11个生态博物馆。2005年贵州省生态博物馆群建成暨生态博物馆国际论坛在贵阳召开，来自15个国家的近100位代表，在论坛上交流了近40个生态博物馆的实践经验和做法。至2015年，全国各地在建和拟建的生态博物馆约有80座①。

社区博物馆在国外已有近半个世纪的实践，英国、法国、德国、澳大利亚、日本以及肯尼亚、摩洛哥等国家都有许多社区博物馆，而我国博物馆服务社区建设的活动才刚刚起步。福州“三坊七巷社区博物馆”是我国首座完整概念上的社区博物馆。生态博物馆、社区博物馆的发展，突破了传统博物馆“建筑+收藏+专家+观众”的组织模式，以“地域+传统+记忆+居民”的模式重新组织保护与展示，做到了物质文化遗产和非物质文化遗产保护的完美结合。生态博物馆和社区博物馆这两种“新博物馆”的重要类型，越来越受到博物馆学界的重视②。

进入21世纪后，形式多样、各具特色的专题博物馆也发展迅速。专题博物馆的发展是社会分工更加细化的表现，其内容几乎囊括人类生产、生活的各个方面，涉及科技、地质、煤炭、金融、消防、公安、茶叶、烟酒等众多领域③，如中国煤炭博物馆、华侨博物院、中国文字博物馆、青岛啤酒博物馆、青岛电影博物馆、国家海洋博物馆等，这些专题博物馆不仅有利于保护和传承文化传统，展示自己独特的行业技术与文化，也可以提高城市的品位、满足观众多元的文化需求，为博物馆事业的发展注入新的活力。

---

① 潘守永：《中国生态博物馆现况扫描》，《中国文化报》2015年7月16日第8版。

② 吕建昌、严啸：《新博物馆学运动的姊妹馆——生态博物馆与社区博物馆辨析》，《东南文化》2013年第1期。

③ 单霁翔：《构建多元、开放、包容的博物馆体系》，《中国博物馆》2014年第2期。

第二节　博物馆人才现状

博物馆事业的持续发展，急需大量具有广博知识、创新精神和较强实践能力的复合型专门人才，但目前博物馆的人才现状并不乐观，主要体现在以下几个方面。

一、专业技术人才比例过低、基层博物馆人才缺乏

从目前全国博物馆总体人才数量来看，专业技术人才比例过低，所占比例为全部人数的36.4%，具有正高级职称的仅占1.7%[①]。专业人才尤其是高级专业人才的缺乏抑制了博物馆的发展。在各级博物馆中，人才分布也不平衡，地市级、县级、区级等基层博物馆专业人才严重缺乏，馆内的文博专业毕业生寥寥无几，甚至都没有历史相关专业的毕业生，这种情况在县级、区级博物馆中相当普遍。由于工作环境与待遇等问题，很多毕业生不愿意到基层博物馆去，对这些博物馆来讲，如何吸引并留住人才是关键。

二、科研型与应用型专门人才缺乏

从博物馆人才的素质来讲，科研型与应用型人才缺乏。学术研究是博物馆的重要功能之一，也是解析藏品信息、指导陈列展览的基础性环节。展览应建立在充分的学术研究上，体现学术研究的成果，科研型人才缺乏导致文物的历史价值、艺术价值及科学价值无法被深入挖掘，陈列展览的

① 中华人民共和国文化部：《中国文化文物统计年鉴2016》，国家图书馆出版社，2016年。

水平较低，影响了文物或博物馆公共文化服务或社会教育功能的发挥。根据国家文物局的规划，“到 2020 年，省级以上博物馆和国家一级博物馆的研究水平和能力达到与普通高校基本相当”①。要完成此规划，科研型人才的引入和培养势在必行。此外，文物保护修复、藏品管理、文物摄影、绘图技术等应用型技术人才严重缺乏。仅就文物修复工作一项而言，根据中国博物馆学会理事长张柏先生在2011年提供的统计数据，我国急需修复的馆藏文物有230余万件，但具有一定保护修复技术的专业人员只有6000余人，拥有专业资质的单位不足200家②，博物馆文物保护修复技术人员的队伍亟待补充。

三、新技术人才缺乏

当代博物馆的发展与新技术息息相关，藏品管理、陈列设计、资料查询等方面都离不开计算机技术。早在2001年，国际博协的会议章程就把数字创造行为（Digital Creative Activity）纳入了博物馆范畴③。此举说明数字化技术的应用正逐渐成为博物馆工作的日常。博物馆的陈列展览中，常常需要推出一些运用新技术的互动项目来鼓励观众参与博物馆探索，加深观众的体验。在数字博物馆的建设中，数字信息网络技术发挥着主导作用，不只突破了传统博物馆展示在空间和时间上的局限，也增加了文物的展示数量，丰富了展陈的内容。尤其是近年来，以物联网、移动互联网、云计算为基础的智慧博物馆的发展，更是需要大量掌握创新科技的人才。目前大型博物馆一般都设有信息技术部，但有的并没有发挥应有的作用，甚至成为馆内的闲散部门，而一些小型博物馆中掌握现代信息技术的人才更是寥寥无几，从而影响了博物馆建设的现代化进程与教育功能的发挥。

---

① 国家文物局：《博物馆事业中长期发展规划纲要（2011—2020）》，文物博函〔2011〕1929号。

② 赵萧萧：《试论文物修复技术人才对于博物馆发展的重要性》，《才智》2014年第8期。

③ 陈刚、祝孔强：《数字博物馆及其相关问题分析》，《智能建筑与城市信息》2004年第9期。

四、现代管理人才缺乏

博物馆的发展需要具有现代经营管理理念的人才。管理者的行政能力、对外交往能力、专业素质直接决定了博物馆事业发展的成败。高水平的管理能激发馆内人员的工作热情，发掘建筑、设备、藏品、资金等方面的资源潜力，促进博物馆各项功能的充分发挥，实现与国际博物馆的成功接轨。不过正如单霁翔先生曾经指出的那样，“由于经济与文化之间的巨大差异性，现成的众多企业管理改革成果不可能直接移植到博物馆的管理模式中来，博物馆必须根据自身的性质和特点，摸索出实现科学管理的正确途径”[①]。所以，博物馆管理人才需要接受博物馆学与管理学的交叉培养。但现在博物馆的管理人员往往知识结构单一，既懂博物馆业务又懂现代管理的高素质管理人才较少，部分基层博物馆管理人员没有受过正规的博物馆学与管理学教育，这些均严重影响了博物馆的发展。

第三节　文博人才培养的途径

博物馆发展的日新月异，要求博物馆人才不仅要掌握博物馆学特有的学科特点，掌握藏品管理、陈列设计、博物馆经营管理与文创产品开发等应用技能外，还要懂得文物考古、历史、人类学、民俗学、社会学、心理学等相关学科的知识。如何培养“学以致用”型的博物馆人才，满足各类文博单位的人才需求，是当前亟待解决的问题。

① 单霁翔：《博物馆管理浅析》，《中国博物馆》1997年第2期。

一、课程设置与教材建设

1980年教育部批准南开大学成立博物馆学专业，使得南开大学成为全国高等院校中成立博物馆学专业最早的高校。1988年北京大学考古系成立博物馆学专业，西北大学、吉林大学、四川大学、南京大学等高校也先后成立博物馆学专业。2011年考古学成为一级学科后，发展迅速，作为二级学科下的博物馆学专业也在更多的高校设立，但与考古学的发展相比，博物馆学的发展仍比较缓慢。很多高校中，博物馆学师资力量薄弱，课程设置主要以考古学为依托，博物馆学方面的课程仅有博物馆学概论、藏品管理、博物馆陈列内容设计、博物馆陈列艺术设计等几门课程，设立博物馆营销管理学、博物馆数字化、博物馆教育等反映博物馆发展新趋势课程的学校并不多。高校中的博物馆课程设置更应该体现知识的全面性，除加强文化遗产、博物馆学等基本理论和基本知识的学习以及增加方法论、新技术运用、现场实践等课程外，也要使学生得到历史、艺术、文化和科技等综合知识的训练。因此专业设置应打破院系的藩篱，在强化专业基础课程学习的同时，鼓励学生根据自己的兴趣，选修文化学、人类学、艺术学、社会学、心理学等学科的课程，以避免学生知识结构单一，同时在教学中也要不断探索新思路、新方法与新手段。

教材建设是博物馆人才培养的基础与关键。现有的博物馆教材已远远跟不上博物馆发展的步伐。目前，各高校考古与博物馆学专业大多使用的是王宏钧先生编著的《中国博物馆学基础》。此书出版于1990年，再版于2001年，距今已有十几年的时间，而这十几年正是博物馆事业发展最快的时期，博物馆种类增多，数字博物馆发展，新技术在博物馆中广泛应用，宣教形式改变，文创产品蓬勃发展，与此相适应地，博物馆的定义、理论与方法也有了很大的改变，这些新变化、新趋势、新观念也应该融入教材，才能使学生建立适应博物馆事业与学科发展的知识结构。2014年，姜涛、俄军编写的《博物馆学概论》出版，该书结合当前博物馆的发展，更新了博物馆发展史、博物馆建筑、陈列设计等方面的内容，增加了博物馆营销、博物馆改扩建、博物馆如何吸引更多的观众等章节，但对文创产品开发、虚拟博物馆、智慧博物馆等博物馆热点问题涉及较少，本书希望能对上述问题有些许弥补。

二、加强高校博物馆与考古文博实验室的建设

博物馆学专业具有很强的实践性，对工作人员操作能力要求非常高。如果学生的实践环节得不到重视，单纯依靠课堂讲授的基础理论知识，进入工作岗位后，往往难以承担博物馆的相关工作，比如文物保护修复专业，除基本理论知识外，更多的教学应在博物馆中借助博物馆藏品或文物标本展开。因此在对博物馆专业学生的培养中，必须充分发挥高校博物馆与考古文博实验室的作用，贯彻落实“让库房的文物活起来”的工作方针，加强实践教学。

欧美著名大学的博物馆不但数量多、馆藏丰富，而且在专业教学与公众教育中均发挥着非常重要的作用。牛津大学于1683年创立了阿什莫林博物馆，目前牛津大学有7座博物馆。剑桥大学有9座博物馆。美国哈佛大学有19座博物馆。德国莱比锡大学拥有3座大的博物馆，分别为埃及博物馆、古典古代博物馆与乐器博物馆，各馆均馆藏资源丰富，尤其乐器博物馆是德国乃至欧洲最大的乐器收藏中心。这些博物馆除用于教学与科研外，也面向公众开放。除此之外，欧美大学非常注重利用高校博物馆资源进行实践教学。美国爱荷华大学自1901年就开设有博物馆研究课程。自2004年起，主要依托自然历史博物馆、艺术博物馆、前州首府遗址博物馆这3座校内博物馆资源，开设面向本科生与研究生的博物馆课程。

我国的高校博物馆得到蓬勃发展始于20世纪90年代。据笔者不完全统计，目前，我国高校博物馆已达300多座，有的高校博物馆文物资源非常丰富，如北京大学赛克勒考古与艺术博物馆是亚洲最大的高校博物馆，馆藏文物万余件，除了固定展览外，还不时有特展。四川大学博物馆建立

于1914年，是国内高校最早建立的博物馆，现有藏品4万余件，设有7个常设展厅。河北大学博物馆馆藏文物7000余件，陶、瓷、铜、玉、书画、甲骨种类齐全，时代从旧石器时代至近现代，除库房收藏与陈列展览的文物外，还有石器、陶片、瓷片等大量的标本。有的高校博物馆则藏品较少，由于经费或其他问题，在藏品征集上亦面临困境。目前，高校博物馆的发展也还存在各种问题，主要表现在大部分文物收藏在库房中，陈列水平较低，辅助展品缺乏，展陈说明枯燥单调，新技术应用较少，缺乏吸引力，专业人员不足，有的博物馆为了安全等问题的考虑只对校内定时开放，并没有有效地将文物资源利用到博物馆教学中去。

高校博物馆作为博物馆专业的教学基地与科研基地，是进行实践教学的主要场所，应在积极推进高校博物馆建设的基础上充分利用高校博物馆的资源为教学服务，把课堂搬到博物馆里，利用博物馆的文物、标本、陈列等资源优势进行现场教学。有的高校在这方面已经走在了前列，如北京林业大学标本馆馆长张志翔在第二届博物馆论坛发言时说："北京林业大学标本馆共承担了29门课的教学任务，每年实习实践类的现场教学百余次。"笔者在讲授博物馆陈列设计课程时亦利用河北大学博物馆的文物、标本、陈列等资源优势进行现场教学。

同时，文物鉴定、保护与修复是博物馆人员必备的基本技能之一，应加强标本室与考古文博实验室建设。目前，掌握文物保护修复技术的人才严重不足，而一些高校培养的文博人才缺乏实际操作能力，无法胜任具体的文物保护与修复工作，而考古文博实验室的建立与应用是培养实践能力强、具有创新精神的复合型人才的重要途径。北京联合大学即建有多个实验室，如金属文物保护与修复实验室、陶瓷文物保护与修复实验室、非物质文化遗产保护和利用实验室、文物鉴定与展示实验室等，每个实验室都有不同种类的文物标本与特有的实践课程，学生可以在其中观摩、学习、培养实践技能①，经过在文博实验室的长期实践，学生的实际操作能力得以提高，走上工作岗位后，能更快地适应工作。

① 黄可佳：《文博类实验室的建设与功能发挥》，《实验技术与管理》2011年第9期。

三、探索高校与文博单位联合办学的模式

虽然现在一些高校建立了博物馆与考古实验室，但文物标本相对较少，陈列类型单一，资源有限，因此与各级博物馆、文物考古所合作，有重点、有目的地建设长久稳定的实习基地，针对培养方向，共同研究与实施教学内容，探索联合培养的模式是加强学生实践能力、培养“学以致用”型人才的关键。

博物馆学专业本身特有的学科特点，决定学生在学习期间必须去文化遗产地进行实地考察、调研，以增强其对各种类型博物馆与文化遗产的直观认识，提高鉴赏能力，开阔学术视野。但这仅仅是最初级的实践。博物馆学专业本科生、研究生的实践、实习更应该深入到博物馆等文博单位具体工作的各个领域，通过实习、实践，了解和掌握博物馆日常工作的全部内容，提高学生的实际操作能力，如博物馆的陈列设计团队，在资料搜集、陈列大纲设计、展览文本撰写、布展、讲解等各个环节均可吸纳一定比例的研究生参加，使研究生的策展、布展能力得到全面的提高。

近年来，高校与文博单位在人才培养上的合作也越来越多。2015年新颁布的《博物馆条例》也进一步强调了博物馆与学校合作，充分发挥资源优势开展教育教学与实践实习的职能与作用①。2016年10月，中国文化遗产研究院与浙江大学签订了联合举办硕士研究生课程进修班协议，协议提出将结合中国文化遗产研究院承担的文物保护工程、科研课题及相关项目的重点与难点，为浙江大学文博人才培养提供实习、实训机会，并强调将不断优化培养模式，建立联合培养的长效机制。

加强学校与文博单位的合作，在具体合作方式上，高校可以聘请文博单位专家担任客座教授，定期讲述博物馆与文化遗产方面的发展趋势与

① 《博物馆条例》第三十五条明确规定：“国务院教育行政部门应当会同国家文物主管部门，制定利用博物馆资源开展教育教学、社会实践活动的政策措施。地方各级人民政府教育行政部门应当鼓励学校结合课程设置和教学计划，组织学生到博物馆开展学习实践活动。博物馆应当对学校开展各类相关教育教学活动提供支持和帮助。”

热点问题，或提供一些专业课程。文博机构也可以为高校文博专业学生设立专门的教学场所与实验室。在研究生的培养上可以实行校内校外双导师制。目前有一些高校也实行了双导师制，但有的培养效果并不理想，对学生的管理也存在弊端。因此应该根据专业方向与用人单位需求，具体明确校外导师与校内导师的职责，如天津师范大学文博硕士中的古籍修复与出版方向，即实行双导师制。按照培养计划，校内导师负责基础文化知识与理论的指导，校外导师（校外导师为古籍修复与出版行业的专家）负责指导实习实践，实践时间为六个月，即将毕业的第一届古籍保护方向的研究生的信息已刊布在国家古籍保护中心网站，便于用人单位参考。高校与博物馆等文博单位充分合作、联合办学，是培养高素质、创新型、复合型人才的重要途径。

综上所述，根据新时期博物馆发展的趋势和特点，今后高校在对文博人才的培养上，一方面应及时调整课程设置，增加适应博物馆发展新趋势的课程，加强教材建设，并在教学中不断探索新思路、新方法与新手段；另一方面也要根据博物馆专业实践性较强的学科特点，加强高校博物馆与考古文博实验室的建设与利用，同时探索高校与文博单位联合办学的模式，培养实践能力强、具有创新精神的复合型文博人才。

参 考 文 献

中文著作

蔡琴：《博物馆学新视域》，浙江人民出版社，2003年。

曹兵武、崔波：《博物馆展览——策划设计与实施》，学苑出版社，2005年。

曹兵武、李文昌：《博物馆观察——博物馆展示宣传与社会服务工作调查研究》，学苑出版社，2005年。

段勇：《当代美国博物馆》，科学出版社，2003年。

段勇：《中国博物馆学研究论著目录》，新华出版社，2010年。

段勇：《当代中国博物馆》，译林出版社，2017年。

国家文物局：《博物馆藏品保管工作手册》，群众出版社，1993年。

国家文物局：《王冶秋文博文集》，文物出版社，1997年。

国家文物局：《中华人民共和国文物博物馆事业纪事1949—1999》，文物出版社，2002年。

国家文物局：《博物馆条例释义》，中国法制出版社，2015年。

国家文物局、中国博物馆学会：《博物馆陈列艺术》，文物出版社，1997年。

国家文物局博物馆与社会文物司：《新形势下博物馆工作实践与思考》，文物出版社，2010年。

郝国胜、黄琛：《博物馆社会服务功能研究》，知识出版社，2005年。

黄光男：《博物馆行销策略》，艺术家出版社，1997年。

黄光男：《博物馆企业》，文化艺术出版社，2011年。

黄淑芳：《现代博物馆教育理念与实务》，台湾省立博物馆，1997年。

姜涛、俄军：《博物馆学概论》，兰州大学出版社，2014年。

李慧竹：《博物馆学体系初探》，山东大学出版社，2016年。

李文儒：《全球化下的中国博物馆》，文物出版社，2002年。

陆建松：《博物馆展览策划：理念与实务》，复旦大学出版社，2016年。

吕济民：《当代中国的博物馆事业》，当代中国出版社，1998年。

吕济民：《中国博物馆史论》，紫禁城出版社，2004年。

马继贤：《博物馆学通论》，四川大学出版社，1994年。

南京博物院：《宋伯胤文集：博物馆卷》，文物出版社，2009年。

齐玫：《博物馆陈列展览内容策划与实施》，文物出版社，2015年。

单霁翔：《从“数量增长”走向“质量提升”——关于广义博物馆的思考》，天津大学出版社，2014年。

单霁翔：《从“馆舍天地”走向“大千世界”——关于广义博物馆的思考》，天津大学出版社，2014年。

单霁翔：《浅谈博物馆陈列展览》，故宫出版社，2015年。

史吉祥、郭富纯：《2002博物馆公众研究——以旅顺日俄监狱旧址博物馆为例》，吉林人民出版社，2003年。

水涛、贺云翱、王晓琪：《考古学与博物馆学研究导引》，南京大学出版社，2011年。

宋伯胤：《博物馆人丛语》，陕西人民出版社，2002年。

宋向光：《物与识——当代中国博物馆理论与实践辨析》，科学出版社，2009年。

苏东海：《博物馆的沉思——苏东海论文选》，文物出版社，1998年。

苏东海：《博物馆的沉思——苏东海论文选（卷二）》，文物出版社，2006年。

苏东海：《博物馆的沉思——苏东海论文选（卷三）》，文物出版社，2010年。

王宏钧：《中国博物馆学基础（修订版）》，上海古籍出版社，2001年。

文化部文物局：《中国博物馆学概论》，文物出版社，1985年。

徐坚：《名山——作为思想史的早期中国博物馆史》，科学出版社，2016年。

徐玲：《博物馆与近代中国公共文化》，科学出版社，2015年。

严建强：《博物馆的理论与实践》，浙江教育出版社，1998年。

杨玲、潘守永：《当代西方博物馆发展态势研究》，学苑出版社，2005年。

姚安：《博物馆12讲》，科学出版社，2011年。

甄朔南、沈永华：《现代博物馆学基础知识问答》，中国自然科学博物馆协会，2000年。

甄朔南：《甄朔南博物馆学文集》，中国大百科全书出版社，2004年。

郑奕：《博物馆教育活动研究》，复旦大学出版社，2015年。

中华人民共和国文化部：《中国文化文物统计年鉴2016》，国家图书馆出版社，2016年。

中国国家文物局、中国博物馆协会：《博物馆法规文件选编》，科学出版社，2010年。

中国博物馆学会：《2005年中国博物馆学会学术研讨会文集——回顾与展望中国博物馆发展百年》，紫禁城出版社，2005年。

中国大百科全书出版社编辑部：《中国大百科全书：文物·博物馆卷》，中国大百科全书出版社，1993年。

邹瑚莹、王路、祁斌：《博物馆建筑设计》，中国建筑工业出版社，2002年。

外文著作

〔美〕爱德华·P.亚历山大、玛丽·亚历山大著，陈双双译：《博物馆变迁——博物馆历史与功能读本》，译林出版社，2014年。

〔英〕艾琳·胡珀—格林希尔著，蒋臻颖译：《博物馆与教育——目的、方法及成效》，上海科技教育出版社，2016年。

〔美〕大卫·卡里尔著，丁宁译：《博物馆怀疑论》，江苏美术出版社，2014年。

〔英〕蒂莫西·阿姆布罗斯、克里斯平·佩恩著，郭卉译：《博物馆基础》，译林出版社，2016年。

〔美〕G.Ellis Burcaw 著，张云、曹志建、吴瑜、王睿译，李奉栖审校：《新博物馆学手册》，重庆大学出版社，2011年。

〔英〕肯尼斯·赫德森著，王殿明等译：《八十年代的博物馆——世界趋势综览》，紫禁城出版社，1986年。

〔日〕伊藤寿郎、森田恒之主编，吉林省博物馆学会译：《博物馆概论》，吉林教育出版社，1986年。

〔美〕珍妮特·马斯汀编著，钱春霞、陈颖隽、华建辉、苗杨译：《新博物馆理论与实践导论》，凤凰出版传媒集团、江苏美术出版社，2008年。

后　记

近十年来，正是我国博物馆事业迅速发展的时期。博物馆种类增多，新技术在博物馆中广泛应用，宣教形式改变，文创蓬勃发展，博物馆在社会中的地位与作用日益突出，与此相适应的博物馆的定义、理论与方法也有了很大的改变。笔者自2012年起，承担了硕士研究生《博物馆学历史与理论》的教学工作，2015年又开始给本科生讲授《博物馆陈列设计》。在教学过程中，逐渐萌生了自己编撰一本博物馆教材的想法，将博物馆近年的变化、发展全面呈现给读者。

为了更好地完成本书的编写，在研读大量博物馆学论著的同时，也实地考察了国内诸多博物馆，以及美国芝加哥艺术博物馆、科学与工业博物馆、菲尔德自然史博物馆、纽约大都会艺术博物馆、史密斯博物馆群、俄罗斯博物馆、艾尔米塔什博物馆、普希金造型艺术博物馆、特列季亚科夫画廊等国外著名博物馆。同时，这个想法得到了陆青松、彭志才、刘迪、鲁鑫等学友的积极响应与支持，大家齐心协力，分工合作，于是有了这本呈现给读者的小书。

本书是集体合作的产物，由河北大学耿超、江西师范大学刘迪、吴江博物馆陆青松、江西科技师范大学彭志才、天津师范大学鲁鑫共同完成。各位作者或在博物馆一线工作，或在高校从事博物馆学的教学与研究工作，均有较强的博物馆理论与实践经验，本书的具体分工为：

第一章：耿超

第二章：耿超、刘迪

第三章：鲁鑫

第四章：彭志才、刘迪

第五章：刘迪

第六章：刘迪

第七章：彭志才、鲁鑫

第八章：陆青松

第九章：陆青松

结语：耿超

耿超与刘迪作为全书的主编，对内容设计、写作体例做了安排，初稿完成后，又做了统稿、定稿工作。

在编著过程中，得到了南开大学刘毅先生的指导与帮助。刘先生是笔者硕士阶段的导师，多年来一直从事文物与博物馆学研究，治学严谨。笔者从跟随先生读书至今，一直得到先生的教导与关心。书稿完成后，先生又于百忙之中赐序，实为对学生莫大的鼓励，在此向恩师表达诚挚的谢意！

首都师范大学钱益汇先生亦是博物馆学方面的专家，在写作过程中，曾多次向钱师兄请教博物馆学问题，在此表示真诚的感谢！

在本书的资料搜集与写作过程中，得到了河北省文物局韩立森先生、李宝才先生、姚飞先生、河北博物院黎波先生、刘德发先生、吴宁先生、成彩虹女士、首都博物馆冯好先生、天津博物馆于悦女士、浙江博物馆牟宝蕾女士、上海交通大学钱学森图书馆茅艳雯女士、江西省博物馆高劲松先生、河南大学曹建墩先生、保定市莲池博物馆于素敏女士、河北大学博物馆李文龙先生、邵凤芝女士等师友的无私帮助。另外，笔者亲爱的同事申慧青、何慕、孙艳萍、郭云艳等也都给予本人诸多支持与帮助。硕士研究生李鹏、张晓莉、赵越帮忙查阅资料，校对文字。在此向各位表示由衷的感谢！

在本书的出版方面，河北大学历史学院李维意书记、肖红松院长、范铁权副院长、衣长春副院长等领导积极支持，使本书得到河北大学历史学强势特色学科学术出版基金的资助，科学出版社编辑张亚娜女士为本书的顺利出版付出了辛苦的劳动。在此向各位表示诚挚的谢意！

由于水平有限，书中错谬之处必不可免，恳请读者批评指正！

耿　超
2018年6月13日
于南开水上寓所